DR. OETKER

SCHUL
KOCH
BUCH

DR. OETKER

SCHUL KOCH BUCH

Dr. Oetker Verlag

Seit Generationen garantierter Genuss

In Millionen von Küchen gehören die gelingsicheren Rezepte vom Dr. Oetker Schulkochbuch zur Grundausstattung. Bei unterschiedlichen Schwierigkeitsgraden können Anfänger und Fortgeschrittene die ganze Bandbreite leckerer Gerichte vom klassischen Wiener Schnitzel und der Rinderroulade bis zum veganen Tomatenreis mit Auberginen auf den Teller zaubern.

Der erweiterte und überarbeitete Rezeptteil wird wie immer ergänzt durch viele Tipps und Tricks aus der Küche für die Küche. Macht Spaß und macht satt.

Am besten heute schon mal ausprobieren!

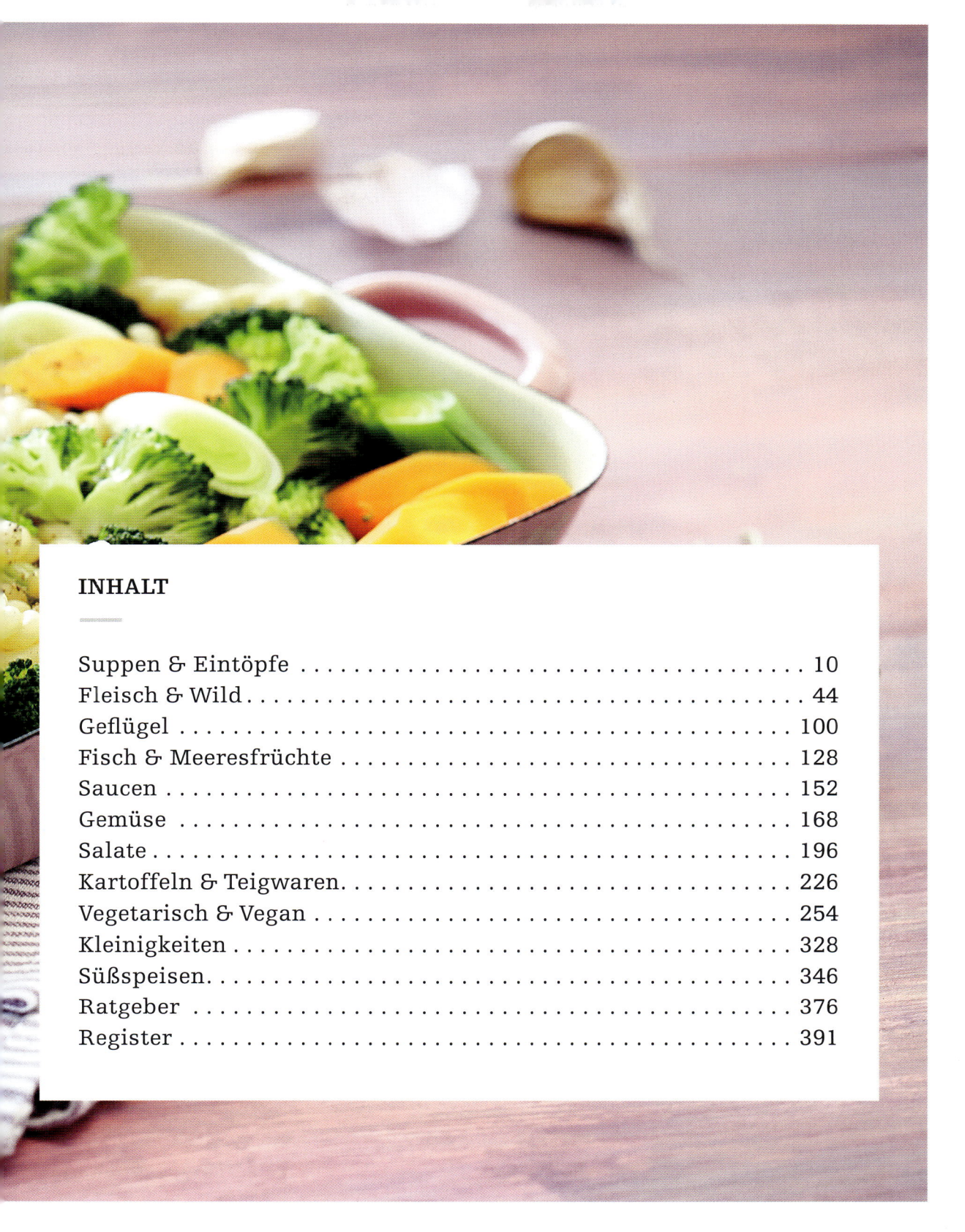

INHALT

ZEHN BASICS FÜR DEN RICHTIGEN START

Rezepte lesen

So viel Zeit muss sein: Am besten das Rezept vor der Zubereitung einmal in Ruhe lesen. Dann ist klar, welche Zutaten und Küchengeräte man braucht, wie die Arbeitsabläufe sind und welche Zeitplanung realistisch ist. **Wenn nicht anders angegeben, sind alle Rezepte für 4 Portionen berechnet.**

Mengenangaben beachten

Ungefähr gibt es nicht: Mengen-angaben wie „EL" oder „TL" sollten immer ganz genau beachtet werden – dann gelingen die Rezepte auch bestimmt. In den Umschlaginnen-seiten dieses Buches stehen die Löffelmengen für viele Lebensmittel des alltäglichen Gebrauchs sowie genaue Gewichts- und Flüssigkeits-mengen. Damit es keine Missver-ständnisse gibt, ist auch eine Übersicht der verwendeten Abkürzungen aufgeführt.

Nährwerte kennen

Da weiß man, was auf den Teller kommt: Die bei jedem Rezept angegebenen Nährwerte sind gerundete Orientierungswerte und immer auf die angegebenen Portionen oder auf die Gesamt-menge bezogen.

Temperaturen anpassen

Eigene Werte ermitteln: Die angegebenen Gartemperaturen und -zeiten sind in den Rezepten immer als Durchschnittswert für Elektrobacköfen angegeben. Da diese unterschiedliche Hitze-leistungen haben, sollte immer die Gebrauchsanleitung des Herstellers zu Rate gezogen werden. Vor allem die Einstellmöglichkeiten bei Gasbacköfen schwanken je nach Gerät sehr stark, sodass hier gar keine allgemeinen Angaben gemacht werden können.

Zeitplanung machen

Lieber etwas Luft lassen: Die in den Rezepten angegebene Zu-bereitungszeit bezieht sich auf den tatsächlichen Aufwand für Vor-bereitung und Zubereitung. Dieser Richtwert ist natürlich abhängig von der Routine und Erfahrung, aber es sollten auch zusätzliche Zeitfaktoren berücksichtigt werden, die in diesen Angaben nicht ent-halten sind, aber je nach Rezept hinzukommen – wie Marinieren, Auftauen oder Abkühlen.

Schwierigkeitsgrade einschätzen

Manche Gerichte sind ganz einfach, andere verlangen etwas mehr Übung und Erfahrung. Um das richtig einschätzen zu können, ist für jedes Rezept ein Schwierigkeitsgrad angegeben.

Für Anfänger

Für Geübte

Für Fortgeschrittene

Abkürzungen verstehen

Damit es keine Missverständnisse gibt – das bedeuten diese Abkürzungen:

TL	= Teelöffel	geh.	=	gehäuft
EL	= Esslöffel	gem.	=	gemahlen
Msp.	= Messerspitze	ger.	=	gerieben
Pck.	= Packung / Päckchen	gestr.	=	gestrichen
g	= Gramm	TK	=	Tiefkühlprodukt
kg	= Kilogramm	°C	=	Grad Celsius
ml	= Milliliter	Ø	=	Durchmesser
l	= Liter	E	=	Eiweiß
evtl.	= eventuell	F	=	Fett
		Kh	=	Kohlenhydrate
		kJ	=	Kilojoule
		kcal	=	Kilokalorien
		BE	=	Broteinheiten

Weitere Symbole in diesem Buch

VEGAN Besuch kündigt sich an und mit ihm der Hinweis, dass die Ernährung auf vegan umgestellt wurde. Mit unserem Vegan-Hinweis ist gesichert, dass das passende Rezept ausgewählt werden kann.

Gerichte, die so gekennzeichnet sind, können eingefroren werden.

Portionsgrößen planen

Zu viel oder (noch schlimmer) zu wenig kochen ist schnell passiert – vor allem, wenn es bei größeren Essen mit Familien und Freunden mehr als die gewohnten 2–4 Personen sind. Deshalb sollte beim Einkauf schon passend geplant werden. Dabei helfen diese Durchschnittsangaben für Zutatenmengen, die pro Portion etwa benötigt werden.

Ernährungsformen berücksichtigen

Immer mehr Menschen haben Allergien oder bevorzugen besondere Formen der Ernährung. Darauf kann man Rücksicht nehmen, deshalb sind in diesem Buch auch vegane und vegetarische Rezepte enthalten. Bei veganer Ernährung wird auf tierische Lebensmittel verzichtet (wie Fleisch, Wurst, Fisch, Eier, Honig, Milch und Milchprodukte). Deshalb sollte bei Fertigprodukten wie Nudeln, Senf, oder Fertigsaucen auf jeden Fall in der Zutatenliste überprüft werden, ob diese ohne den Zusatz von Eiern, Milch und Honig hergestellt wurden. Vorsicht: Man sollte sich nicht auf die Produktbezeichnungen wie „Bio" oder „Öko" verlassen, da sich diese nicht auf die Zusammensetzung der Lebensmittel, sondern auf die Anbauweise beziehen.

Hygiene einhalten

Lebensmittel sind Naturprodukte und müssen so hygienisch wie möglich gelagert und verarbeitet werden. Deshalb ist die Einhaltung der persönlichen Hygiene in der Küche absolut wichtig. Darauf sollte man besonders achten:

» Alle Arbeitsgeräte sollten sauber sein und einwandfrei funktionieren. Zerkratzte Brettchen besser austauschen.

» Alle Lebensmittel müssen vom Einkauf bis zur Zubereitung angemessen transportiert, gelagert und vorbereitet werden.

» Kühlschrank immer sauber halten und mit etwa 6 °C die richtige Temperatur einstellen.

» Regelmäßig Hände waschen, saubere Kleidung tragen und bei Schnittverletzungen wasserdichte Pflaster verwenden.

» Den Küchenarbeitsplatz regelmäßig reinigen, Abfälle entsorgen, Spüllappen und Geschirrtücher häufiger wechseln.

Vorsuppe:
150–250 ml (fertiges Gericht)

Hauptgerichte:

Suppe:	375–500 ml (fertiges Gericht)
Eintöpfe:	500–600 g (fertiges Gericht)
Fleisch ohne Knochen:	etwa 150 g (Rohware)
Fleisch mit Knochen:	etwa 200 g (Rohware)
Fischfilet:	150–200 g (Rohware)
Fisch, ganz:	200–300 g (Rohware)
Teigwaren:	100–125 g (Rohware)

Beilagen:

Sauce:	etwa 100 ml (fertiges Gericht)
Gemüse:	etwa 200 g (geputzt)
Salat:	40–50 g (geputzt)
Kartoffeln:	etwa 200 g (geschält)
Reis, Hirse, Graupen usw.:	50–75 g (Rohware)
Teigwaren:	60–80 g (Rohware)

Dessert:

Obstsalat:	150–200 g (fertiges Gericht)
Kompott:	100–150 g (fertiges Gericht)
Pudding:	125–175 g (fertiges Gericht)

Mit dem Löffel durch dick & dünn

Mit Suppen kann man das ganze Jahr über das passende Essen servieren. Es ist nicht schwer, eine aromatische Brühe und einen intensiven Fond zuzubereiten. Zutaten auswählen, würzen und so richtig durchziehen lassen. Fertig ist der gerührte Genuss!

Tipps & Tricks

▶ *Getrennt garen: Nudeln, Reis oder Klößchen in klaren Brühen nicht miterhitzen, sondern getrennt in Salzwasser garen. Dann wird die Brühe nicht trüb.*

▶ *Vorsichtig salzen: Brühe erst am Ende der Garzeit salzen. Sonst wird sie durch das Kochen noch salziger.*

▶ *Timing beachten: Fleisch bleibt saftig, wenn es erst in das kochende Wasser gegeben wird.*

▶ *Richtig servieren: Teller für heiße Suppen im Backofen oder in der Mikrowelle vorher anwärmen.*

▶ *Portionsweise einfrieren: Klare Suppen bleiben 4–6 Monate haltbar, gebundene Suppen nur 2 Monate. Gewünschte Menge einfach unaufgetaut mit wenig Wasser erhitzen.*

Heiße und kalte Alleskönner

Suppen und Eintöpfe sind zu allen Jahreszeiten vielseitige Energiespender und können warm oder kalt, vegetarisch oder deftig zubereitet werden. Sie sind preiswert, machen ohne schlechtes Gewissen richtig satt und lassen sich gut vorbereiten. Ob als Start eines schönen Menüs oder als kräftiger Eintopf – entscheidend für den Geschmack sind eine gute Brühe, frische Zutaten und zum Verfeinern Suppengrün, eine gespickte Zwiebel und Kräuter. Wenn saisonale Produkte verwendet werden, kann man Löffel für Löffel die Jahreszeit schmecken. Und wer auf Vorrat kocht, kann intensive Geschmackserlebnisse auf Abruf bereithalten.

Suppe: Vorspeise mit viel Substanz

Hier sind die „Einlage-Möglichkeiten" riesig: gedünstetes Gemüse, Fleisch- oder Grießklößchen, Würfel aus abgezogenen und entkernten Tomaten, geschnittene Kräuter, Pfannkuchenstreifen (Flädle), Eierstich, geröstete Brotwürfel (Croûtons), Mandeln, Pesto, Krabben, Lachsstreifen, Mettenden, Wiener Würstchen und vieles mehr. Die Einlagen am besten getrennt in Salzwasser garen und erst kurz vor dem Servieren in die Brühe geben.

Eintopf: Hauptgericht mit vielen Zutaten

Eintöpfe sind in vielen Kombinationen durch ihre Mischung aus Mineralstoffen und Vitaminen ein gesunder Sattmacher. Beliebte Zutaten sind Hülsenfrüchte wie Erbsen, Bohnen oder Linsen, Gemüse wie Kohl, Möhren oder Kartoffeln und auch Getreideprodukte wie Nudeln, Graupen oder Brot. Je nach Geschmack kann das durch Sellerie, Zwiebeln, Fleisch oder Speck ergänzt werden. Eintöpfe lassen sich gut in großen Mengen vorbereiten und perfekt einfrieren. Aufgewärmt schmecken sie noch besser!

Brühe: Basis mit vielen Möglichkeiten

Selbst machen ist gar nicht so schwer: Ob Hühner-, Gemüse-, Rinder- oder Fischbrühe – die Zutaten immer in kaltem Wasser aufsetzen. Gemüse vorher in Würfel schneiden, in Speiseöl anbraten und dann ablöschen. Einzige Ausnahme: Wenn das Fleisch weiter verwendet werden soll, kommt es erst ins kochende Wasser. Man sollte genug Zeit einplanen: Fleischbrühe kann bis zu 2 ½ Stunden köcheln. Die fertige Brühe wird durch ein Sieb gegossen und die mitgekochten Zutaten können klein geschnitten je nach Geschmack wieder in die Brühe gegeben werden. Für alle Brühen gilt: Wichtigste Zutat ist Suppengrün (Foto 1) – also 1–2 Möhren, ein Stück Knollensellerie und eine Porreestange (Lauch). Faustregel: 200–300 Gramm reichen für 1–2 Liter Flüssigkeit. Diese Zutaten vorher kurz anbraten, dann wird die Brühe noch aromatischer. Nach dem Abkühlen können klare Brühen problemlos in kleinen Gefrierdosen oder Eiswürfelbehältern eingefroren werden.

Fond: Konzentrat mit viel Geschmack

Ob aus Knochen, Fleischstücken und Krustentieren oder Gemüse, Fisch und Kräutern – ein Fond lässt sich durch das längere Einkochen einer Brühe zubereiten. Dadurch entsteht ein sehr intensiver Geschmack, und die Basis für schmackhafte Suppen oder Saucen ist gelegt.

Bouquet garni: Würzen mit viel Aroma

Diese kleinen Gewürzsträußchen aus Petersilie, Lorbeer, Thymian und Liebstöckel dürfen zum Würzen nicht fehlen. Putzen, abspülen, mit Küchengarn zusammenbinden und mit den übrigen Zutaten in die Brühe geben. Einfach wieder aus dem Topf nehmen, wenn die Brühe fertig ist. Auch eine gespickte Zwiebel (Foto 2) verstärkt das Aroma: Äußere Schale entfernen, Zwiebel 2 cm tief einschneiden, ein Lorbeerblatt in den Spalt schieben

und dann noch Gewürznelken mit dem Stiel in die Zwiebel stecken. Kleiner Aufwand – große Wirkung!

Bindung: Rühren mit viel Gefühl

Für die richtige Konsistenz von gebundenen Suppen ist Fingerspitzengefühl gefragt, aber das Ergebnis überzeugt: Cremesuppen zergehen auf der Zunge und gelingen leicht durch Bindemittel wie Mehl, Speisestärke oder Crème fraîche. Auch Eigelb eignet sich gut, dann darf die Suppe aber nicht wieder aufgekocht werden, da es sonst gerinnt. Gemüsesorten wie Kartoffeln oder Kürbisse enthalten Stärke und sind daher besonders gut zum Pürieren geeignet. Einfach das Gemüse vorher in der Brühe weich kochen, pürieren, abschmecken, fertig!

2

SOS

➤ *Zu dünn:*
Einfach 1–2 Esslöffel Kartoffelpüreeflocken oder etwas Grieß unterrühren oder mit angerührter Speisestärke binden (nicht bei Hühner- oder Rindfleischsuppen).

➤ *Zu dick:*
So lange mit Brühe verdünnen, bis die Konsistenz stimmt.

➤ *Zu viel Fett:*
Fettaugen vorsichtig mit einem großen, flachen Löffel abschöpfen oder mit Küchenpapier an der Oberfläche aufsaugen. Bei einer erkalteten Brühe entfernt man einfach das Fett mit einem Löffel.

➤ *Zu viel Salz:*
Zwei geschälte Kartoffeln in Scheiben schneiden, zehn Minuten mitkochen und wieder herausnehmen. Reicht das nicht, dann etwas Milch oder Sahne unterrühren.

Hühnerbrühe/Hühnersuppe

FÜR GÄSTE – KLASSISCH – 6 PORTIONEN

Vorbereitung:
1 Tag im Voraus
Zubereitungszeit:
etwa 30 Minuten
Garzeit:
etwa 1 ½ Stunden

2 l Wasser
1 Bund Suppengrün
(Sellerie, Möhren, Porree)
1 Zwiebel
1 küchenfertiges Suppenhuhn
(1–1 ½ kg)
Salz
200 g gekochte, grüne und
weiße Spargelstücke
125 g gekochter Langkornreis
(etwa 50 g Rohgewicht)
2 EL klein geschnittene
Petersilie

Pro Portion (Hühnersuppe):
E: 32 g, F: 15 g, Kh: 6 g,
kJ: 1191, kcal: 285, BE: 0,5

1 Wasser in einem großen Topf zum Kochen bringen. In der Zwischenzeit Sellerie und Möhren putzen, schälen, abspülen und abtropfen lassen. Porree putzen, die Stange längs halbieren, gründlich waschen und abtropfen lassen.

2 Vorbereitetes Suppengrün grob würfeln (Foto 1). Zwiebel abziehen. Suppenhuhn mit Küchenpapier abtupfen und in das kochende Wasser geben. 1 Teelöffel Salz hinzufügen, erhitzen (nicht kochen lassen) und abschäumen (Foto 2). Suppengrün und Zwiebel in die Brühe geben. Das Huhn ohne Deckel bei schwacher Hitze in etwa 1 ½ Stunden gar kochen.

3 Dann die Brühe durch ein Sieb gießen, evtl. das Fett abschöpfen. Die Brühe mit Salz abschmecken.

4 Für eine Hühnersuppe Fleisch von den Knochen lösen (Foto 3), Haut entfernen, das Fleisch in kleine Stücke schneiden. Fleisch-, Spargelstücke und Reis in die Brühe geben, erhitzen. Suppe mit Petersilie bestreut servieren.

TIPPS:
Sie können die Hühnerbrühe auch mit Eierstich, Grießklößchen, Fleischklößchen oder Glasnudeln als Einlage servieren.
Wenn Sie die Hühnersuppe ohne Einlage am Tag vor dem Verzehr zubereiten und erkalten lassen, können Sie das fest gewordene Fett mithilfe eines Löffels abschöpfen. Die Hühnerbrühe ohne Deckel auf einem Rost abkühlen lassen, dann zur Aufbewahrung zudecken.

Eierstich (im Foto Seite 19 links vorne)

BELIEBT

Vorbereitung:
max. 1 Tag im Voraus
Zubereitungszeit:
etwa 5 Minuten
Garzeit: 25–30 Minuten

2 Eier (Größe M)
125 ml Milch (3,5 % Fett)
Salz, ger. Muskatnuss

Pro Portion:
E: 4 g, F: 5 g, Kh: 2 g,
kJ: 307, kcal: 73, BE: 0,0

1 Eier mit Milch, Salz und Muskat verschlagen, in eine gefettete, hitzebeständige, verschließbare Form füllen. Form verschließen, in einen weiten, hohen Topf stellen. So viel heißes Wasser hinzugießen, bis die Form halb im Wasser steht.

2 Den Topf verschließen. Eiermilch bei schwacher Hitze 25–30 Minuten

stocken lassen. Anschließend den Eierstich aus der Form lösen, stürzen und etwas abkühlen lassen. Den Eierstich nach Belieben in Rauten oder Würfel schneiden.

TIPP:
Bereiten Sie den Eierstich im Dampfgarer zu. Beachten Sie auch die Angaben des Herstellers.

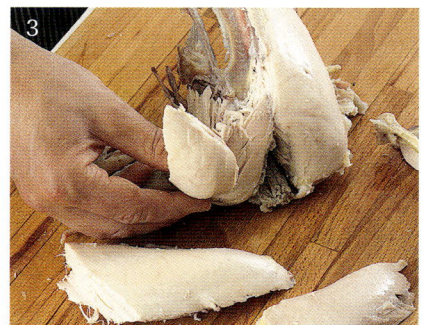

Fischbrühe

GUT VORZUBEREITEN

Vorbereitung:
1 Tag im Voraus
Zubereitungszeit:
etwa 35 Minuten
Garzeit: etwa 20 Minuten

1 Bund Suppengrün
(Sellerie, Möhren, Porree)
1 kg Fischreste bzw. -gräten,
z. B. kleine Abschnitte
von Seezunge,
Pangasius, Steinbutt
1 Zwiebel
2 EL Speiseöl, z. B.
Sonnenblumen- oder Olivenöl
2 l Wasser
Salz
1 kleines Lorbeerblatt
1 Gewürznelke
5 Pfefferkörner
gem. Pfeffer
evtl. 2 Döschen
(je 0,1 g) Safran

Pro Portion:
E: 9 g, F: 7 g, Kh: 4 g,
kJ: 485, kcal: 115, BE: 0,5

1 Sellerie und Möhren putzen, schälen, abspülen, abtropfen lassen. Porree putzen, die Stange längs halbieren, gründlich waschen und abtropfen lassen. Vorbereitetes Suppengrün grob würfeln.

2 Fischreste bzw. -gräten so lange unter fließendem kalten Wasser abspülen, bis das Wasser klar abläuft. Zwiebel abziehen und vierteln.

3 Speiseöl in einem großen Topf erhitzen. Suppengrünwürfel darin unter Rühren andünsten. Wasser, 2 Teelöffel Salz und Fischreste hinzugeben. Zwiebelviertel mit Lorbeerblatt, Gewürznelke und Pfefferkörnern in die Brühe geben. Die Zutaten zum Kochen bringen und ohne Deckel etwa 20 Minuten bei mittlerer Hitze kochen lassen.

4 Die Fischbrühe durch ein Sieb gießen, mit Salz, Pfeffer und evtl. Safran abschmecken.

TIPPS:
Für einen Fischfond die Brühe nochmals um die Hälfte einkochen lassen.
Sie können die Fischbrühe als Grundlage für Fischsuppen oder -saucen verwenden.

» REZEPTVARIANTE:
Feine Fischsuppe (Foto). 150 g Fenchelknolle putzen, Fenchelgrün abschneiden und beiseitelegen. 150 g Möhren putzen, schälen. Fenchel und Möhren abspülen, abtropfen lassen. 75 g Porree putzen, abspülen, abtropfen lassen. Vorbereitetes Gemüse in feine Streifen schneiden. 1 kleine Zwiebel und 2 Knoblauchzehen abziehen. Zwiebel fein würfeln, Knoblauch fein hacken. 500 g Fischfilet (z. B. Tilapia, Seelachs) kurz unter fließendem kalten Wasser abspülen, trocken tupfen, evtl. von Gräten befreien und in etwa 2 ½ cm große Würfel schneiden. 2 Esslöffel Speiseöl in einem großen Topf erhitzen. Zwiebelwürfel, Knoblauch und Gemüsestreifen darin unter Rühren andünsten. 1 Liter Fischfond hinzugießen und zum Kochen bringen. Fischfiletwürfel hinzugeben und wieder zum Kochen bringen. Suppe ohne Deckel bei schwacher Hitze etwa 8 Minuten kochen lassen. 100 g Garnelen oder Shrimps kurz unter fließendem kalten Wasser abspülen, trocken tupfen, evtl. entdarmen. Die Suppe mit Salz, Pfeffer und Cayennepfeffer abschmecken. Garnelen oder Shrimps in die Suppe geben und etwa 2 Minuten mitgaren. Beiseitegelegtes Fenchelgrün abspülen und trocken tupfen. Die Suppe mit dem Fenchelgrün garniert servieren.

Rindfleischbrühe

KLASSISCH

Vorbereitung:
1–2 Tage im Voraus
Zubereitungszeit:
etwa 30 Minuten
Garzeit: 2 ½–3 Stunden

750 g Rindfleisch, z.B.
Bugschaufel, Beinfleisch
2 l kaltes Wasser
Salz
1 Bund Suppengrün
(Sellerie, Möhren, Porree)
2 Zwiebeln
1 Lorbeerblatt
3 Gewürznelken
5 Pfefferkörner

Pro Portion:
E: 38 g, F: 7 g, Kh: 3 g,
kJ: 970, kcal: 230, BE: 0,0

1 Rindfleisch mit Küchenpapier abtupfen, mit kaltem Wasser und 2 Teelöffeln Salz in einem großen Topf zum Kochen bringen. Zugedeckt etwa 60 Minuten bei mittlerer Hitze kochen, dabei ab und zu mit einer Schaumkelle den Schaum abschöpfen.

2 In der Zwischenzeit Sellerie und Möhren putzen, schälen, abspülen und abtropfen lassen. Porree putzen, die Stange längs halbieren, gründlich waschen und abtropfen lassen. Vorbereitetes Suppengrün grob würfeln. Zwiebeln abziehen, 1 Zwiebel mit dem Lorbeerblatt und den Gewürznelken spicken.

3 Suppengrün, Zwiebeln und Pfefferkörner zu dem Rindfleisch geben, wieder zum Kochen bringen und ohne Deckel 1 ½–2 Stunden bei schwacher Hitze kochen.

4 Dann das Fleisch herausnehmen und die Brühe durch ein feines Sieb oder durch ein mit einem Geschirrtuch ausgelegtes Sieb gießen. Die Brühe mit Salz abschmecken.

TIPPS:

Sie können die Rindfleischbrühe als Grundlage für viele Rezepte verwenden, in denen Fleischbrühe benötigt wird.
Kochen Sie noch Fleisch- oder Markknochen in der Brühe mit. Die Rindfleischbrühe mit einer Einlage (Foto) aus Spargelspitzen, feinen Suppennudeln, Eierstich und mit klein geschnittener Petersilie bestreut als leichte Vorsuppe servieren.

Croûtons (Geröstete Weißbrotwürfel, Foto Seite 21)

SCHNELL GEMACHT

Vorbereitung:
1 Woche in gut
schließender Dose
Zubereitungszeit:
etwa 10 Minuten

3 Scheiben Toastbrot
evtl. 1 Knoblauchzehe
30 g Butter, Margarine oder
3 EL Olivenöl

Pro Portion:
E: 1 g, F: 7 g, Kh: 9 g,
kJ: 455, kcal: 109, BE: 1,0

1 Toastbrotscheiben evtl. entrinden und in Würfel schneiden. Nach Belieben Knoblauch abziehen und klein würfeln.

2 Butter, Margarine oder Olivenöl in einer Pfanne erhitzen. Die Brotwürfel darin unter gelegentlichem Rühren von allen Seiten knusprig braun braten.

3 Knoblauchwürfel unter die Brotwürfel mischen und kurz mit anrösten, aber nicht braun werden lassen, da diese sonst bitter werden. Die Croûtons kurz vor dem Servieren in die Suppe geben.

TIPP:

Croûtons passen besonders gut zu Gemüsecremesuppen und zu Blattsalaten.

Flädle (ohne Foto)

KLASSISCH – GUT VORZUBEREITEN

Vorbereitung:
1 Tag im Voraus
Zubereitungszeit:
etwa 40 Minuten, ohne
Ruhe- und Abkühlzeit

½ Bund Petersilie
125 ml Milch (3,5 % Fett)
50 g Weizenmehl
Salz
ger. Muskatnuss
3 Eier (Größe M)
etwa 30 g Butterschmalz
oder 3 EL Speiseöl

Pro Portion:
E: 4 g, F: 6 g, Kh: 6 g,
kJ: 3, kcal: 94, BE: 0,5

1 Petersilie abspülen und trocken tupfen. Die Blättchen von den Stängeln zupfen. Blättchen klein schneiden. Milch in eine Rührschüssel geben. Mehl, 1 Prise Salz und Muskat hinzufügen und mit einem Schneebesen verschlagen. Eier und Petersilie unterschlagen. Den Teig 20–30 Minuten ruhen lassen.

2 Etwas Butterschmalz oder Speiseöl in einer beschichteten Pfanne (∅ etwa 30 cm) erhitzen. Den Teig gut durchrühren und eine dünne Teiglage mit einer drehenden Bewegung gleichmäßig auf dem Boden der Pfanne verteilen. Sobald die Ränder goldgelb sind, den Pfannkuchen vorsichtig mit einem Pfannenwender wenden und die zweite Seite ebenfalls goldgelb backen. Bevor der Pfannkuchen gewendet wird, wieder etwas Butterschmalz oder Speiseöl in die Pfanne geben.

3 Den restlichen Teig auf die gleiche Weise backen, dabei den Teig vor jedem Backen umrühren. Die Pfannkuchen erkalten lassen, dann vierteln und in feine Streifen schneiden.

TIPP:
Als Suppeneinlage für klare Suppen verwenden.

Grießklößchen (im Foto hinten)

SCHMECKT VOR ALLEM KINDERN

Zubereitungszeit:
etwa 20 Minuten

125 ml Milch (3,5 % Fett)
1 EL (10 g) Butter
1 Msp. Salz
ger. Muskatnuss
50 g Hartweizengrieß
1 Ei (Größe M)
Salzwasser
(auf 1 l Wasser 1 TL Salz)
oder Brühe

Pro Portion:
E: 4 g, F: 5 g, Kh: 10 g,
kJ: 428, kcal: 102, BE: 1,0

1 Milch mit Butter, Salz und Muskat zum Kochen bringen. Den Topf von der Kochstelle nehmen. Weizengrieß einrühren, zu einem glatten Kloß rühren, dann noch etwa 1 Minute auf der Kochstelle erhitzen. Den heißen Kloß in eine Schüssel geben und das Ei unterrühren.

2 So viel Salzwasser oder Brühe zum Kochen bringen, dass die Klößchen in der Flüssigkeit „schwimmen" können. Aus der Grießmasse mithilfe von 2 in heißes Wasser getauchten Teelöffeln Klößchen formen, in das kochende Salzwasser oder die kochende Brühe geben und ohne Deckel etwa 5 Minuten gar ziehen lassen (Flüssigkeit muss sich leicht bewegen).

» REZEPTVARIANTEN:
Süße Grießklößchen
Dafür die Grießmasse mit 1 Prise Salz und ½ Esslöffel Zucker zubereiten. Reichen Sie die süßen Grießklößchen mit Pflaumenkompott (S. 350).

TIPP:
Grießklößchen passen als Einlage in klare Brühen und Suppen, z. B. Hühnerbrühe.

Tomatensuppe

ZUM WEGLÖFFELN

Vorbereitung:
max. 2 Tage im Voraus
Zubereitungszeit:
etwa 30 Minuten
Garzeit: etwa 15 Minuten

1 ½ kg Fleischtomaten
2 Zwiebeln
2 Knoblauchzehen
2 EL Speiseöl, z.B. Olivenöl
500 ml Gemüse- oder
Geflügelbrühe
Zucker
Salz
gem. Pfeffer
Cayennepfeffer
1 Lorbeerblatt
gerebelter Oregano
einige Basilikumblättchen

Pro Portion:
E: 5 g, F: 6 g, Kh: 13 g,
kJ: 535, kcal: 126, BE: 0,0

1 Tomaten abspülen, abtropfen lassen, vierteln und die Stängelansätze herausschneiden. Tomaten würfeln. Zwiebeln und Knoblauch abziehen, klein würfeln.

2 Speiseöl in einem Topf erhitzen. Zwiebel- und Knoblauchwürfel darin unter Rühren andünsten. Tomatenwürfel, Brühe, 1 Prise Zucker, Salz, Pfeffer, Cayennepfeffer, Lorbeerblatt und Oregano hinzufügen. Die Zutaten zum Kochen bringen und zugedeckt etwa 15 Minuten bei schwacher Hitze kochen.

3 Das Lorbeerblatt herausnehmen, die Suppe pürieren und anschließend durch ein Sieb streichen. Die Suppe nochmals aufkochen lassen und mit den Gewürzen abschmecken. Mit abgespülten, trocken getupften Basilikumblättchen bestreut servieren.

TIPPS:
Anstelle von frischen Tomaten können Sie auch 800 g geschälte Tomaten (aus der Dose) verwenden.
Verwenden Sie als Einlage abgetropfte Mini-Mozzarella-Kugeln.

EXTRA-TIPP:
Servieren Sie die Suppe mit etwas Olivenöl beträufelt.

Erbsensuppe

SUPPENGLÜCK

Vorbereitung:
max. 2 Tage im Voraus
Zubereitungszeit:
etwa 15 Minuten
Garzeit: etwa 25 Minuten

250 g mehligkochende
Kartoffeln
2 Zwiebeln
2–3 EL Speiseöl, z.B. Rapsöl
450 g TK-Erbsen oder frische,
vorbereitete Erbsen
1 l Gemüsebrühe
1 TL gerebelter Majoran
Salz
gem. Pfeffer
1 EL Zucker
evtl. 1–2 EL
klein geschnittene,
glatte Petersilie

Pro Portion:
E: 10 g, F: 7 g, Kh: 27 g,
kJ: 898, kcal: 215, BE: 2,0

1 Kartoffeln schälen, abspülen, abtropfen lassen und grob würfeln. Zwiebeln abziehen und ebenfalls grob würfeln. Speiseöl in einem Topf erhitzen, Zwiebel- und Kartoffelwürfel darin unter Rühren andünsten. Erbsen hinzufügen und die Brühe hinzugießen. Die Zutaten zum Kochen bringen und zugedeckt etwa 25 Minuten bei mittlerer Hitze kochen, nach Belieben pürieren.

2 Die Suppe mit Majoran, Salz, Pfeffer und Zucker abschmecken.

3 Die Suppe evtl. mit Petersilie garniert servieren.

TIPPS:

Nach Belieben können Sie die Suppe mit Crème fraîche servieren. Als Einlage können Sie in Scheiben geschnittene Wiener Würstchen, Rauchenden, Lammfilet, Räucherlachsstreifen, Croûtons oder kross gebratene Knoblauchscheiben in die Suppe geben.

EXTRA-TIPP:

1 Esslöffel klein geschnittene Kräuter entspricht, je nach Kraut (z. B. Petersilie, Pfefferminze, Kerbel), etwa 5 Stängeln von dem jeweiligen Kraut (abgespült, trocken getupft und klein geschnitten).

» ABWANDLUNGEN:

Verwenden Sie statt TK-Erbsen 250 g getrocknete Erbsen. Diese müssen in 1 ½ Liter Wasser etwa 60 Minuten gekocht werden, beachten Sie auch die Packungsanleitung.

Anstelle von 1 Liter Gemüsebrühe 800 ml ungesüßte Kokosmilch und 200 ml Gemüsebrühe verwenden. Als Einlage passen dann geröstete Kokosraspel und Chiliflocken.

Käse-Porree-Suppe (Foto)

LÖFFEL FÜR LÖFFEL GENIESSEN – 6 PORTIONEN

Vorbereitung:
max. 2 Tage im Voraus
Zubereitungszeit:
etwa 20 Minuten
Garzeit: etwa 15 Minuten

1 kg Porree (Lauch)
3 EL Speiseöl
500 g Gehacktes (halb Rind-,
halb Schweinefleisch)
Salz, gem. Pfeffer
1 l Fleischbrühe
200 g Sahne-Schmelzkäse
315 g abgetropfte Champignonscheiben (aus dem Glas)

Pro Portion:
E: 23 g, F: 29 g, Kh: 7 g,
kJ: 1589, kcal: 380, BE: 0,5

1 Porree putzen, die Stangen längs halbieren, gründlich waschen, abtropfen lassen und in feine Scheiben schneiden.

2 Speiseöl in einem großen Topf erhitzen. Gehacktes darin unter Rühren anbraten, dabei die Fleischklümpchen mit einer Gabel zerdrücken. Mit Salz und Pfeffer würzen. Porreescheiben hinzugeben und kurz mitdünsten. Fleischbrühe hinzugießen, zum Kochen bringen und zugedeckt etwa 15 Minuten bei mittlerer Hitze garen.

3 Schmelzkäse unterrühren und in der heißen Suppe unter Rühren schmelzen lassen (nicht mehr kochen). Champignonscheiben unterrühren. Die Suppe mit Salz und Pfeffer abschmecken.

TIPPS:
Nach Belieben die Suppe mit abgespülten, trocken getupften Petersilienblättchen garniert serviert.
Statt Sahne-Schmelzkäse können Sie auch Kräuter-Schmelzkäse verwenden.

Gulaschsuppe (ohne Foto)

DAUERT LÄNGER

Zubereitungszeit:
etwa 15 Minuten
Garzeit: etwa 75 Minuten

250 g Zwiebeln
250 g Gulaschfleisch
3 EL Speiseöl
Salz, gem. Pfeffer
Paprikapulver edelsüß
2 EL Tomatenmark
etwa 1 l heißes Wasser
je 1 rote und
1 gelbe Paprikaschote
1–2 Spritzer Tabasco
1 EL Schnittlauchröllchen

Pro Portion:
E: 15 g, F: 11 g, Kh: 8,
kJ: 819, kcal: 196, BE: 0,5

1 Zwiebeln abziehen, klein würfeln. Rindfleisch mit Küchenpapier abtupfen und in etwa 2 cm große Würfel schneiden.

2 Speiseöl in einem Topf erhitzen. Die Fleischwürfel darin von allen Seiten kräftig anbraten. Zwiebelwürfel hinzufügen und mitbraten. Mit Salz, Pfeffer und Paprika würzen. Tomatenmark unterrühren. Heißes Wasser hinzugießen und zum Kochen bringen. Das Fleisch zugedeckt etwa 60 Minuten bei mittlerer Hitze garen.

3 In der Zwischenzeit Paprikaschoten halbieren, entstielen, entkernen, weiße Scheidewände entfernen. Schoten abspülen, abtropfen lassen, in Streifen schneiden. Paprikastreifen zum Fleisch in den Topf geben und weitere etwa 15 Minuten mitgaren. Sollte zu viel Flüssigkeit verdampfen, evtl. noch etwas Wasser hinzugießen.

4 Die Gulaschsuppe mit Salz, Pfeffer, Paprika und Tabasco abschmecken, in Tellern anrichten und mit Schnittlauchröllchen bestreut serviert.

Pichelsteiner (Foto)

KLASSISCH

Vorbereitung: 1 Tag im Voraus
Zubereitungszeit:
etwa 20 Minuten
Garzeit: etwa 60 Minuten

500 g gemischte Fleischsorten
aus Schulter oder Nacken
(Lamm, Schwein, Rind)
2 Zwiebeln
30 g Butterschmalz oder
Margarine oder 3 EL Speiseöl
Salz, gem. Pfeffer
gerebelter Majoran
gerebeltes Liebstöckel
500 ml Gemüsebrühe
250 g Möhren
375 g festkochende Kartoffeln
350 g Porree (Lauch)
300 g Weißkohl
2 EL gehackte Petersilie

Pro Portion:
E: 30 g, F: 19 g, Kh: 19 g,
kJ: 1550, kcal: 370, BE: 1,0

1 Fleisch mit Küchenpapier abtupfen, in etwa 2 cm große Würfel schneiden. Zwiebeln abziehen, in Scheiben schneiden.

2 Fett in einem Topf erhitzen. Die Fleischwürfel darin von allen Seiten leicht anbraten. Dann die Zwiebelscheiben hinzufügen und kurz mitbraten.

3 Das Fleisch mit Salz, Pfeffer, Majoran und Liebstöckel würzen. Gemüsebrühe hinzugießen, zum Kochen bringen. Das Fleisch zugedeckt etwa 40 Minuten bei mittlerer Hitze kochen.

4 In der Zwischenzeit Möhren putzen, schälen, abspülen, abtropfen lassen. Kartoffeln schälen, ab-
spülen, abtropfen lassen. Beides in Würfel schneiden. Porree putzen, die Stangen längs halbieren, gründlich waschen, abtropfen lassen, in Scheiben schneiden. Von dem Kohl die äußeren welken Blätter entfernen. Kohl vierteln, abspülen, abtropfen lassen, Strunk herausschneiden. Kohl in schmale Streifen schneiden.

5 Nach Ende der Kochzeit vorbereitetes Gemüse und Kartoffeln hinzufügen, wieder zum Kochen bringen. Mit Salz und Pfeffer würzen. Den Eintopf zugedeckt weitere etwa 20 Minuten garen.

6 Den Eintopf nochmals mit den Gewürzen abschmecken und mit Petersilie bestreut servieren.

Weiße-Bohnen-Eintopf (ohne Foto)

WÄRMSTENS ZU EMPFEHLEN – 8 PORTIONEN

Vorbereitung: 1 Tag im Voraus
Zubereitungszeit:
etwa 20 Minuten
Garzeit: etwa 30 Minuten

500 g Hähnchenbrustfilet
375 g mehligkochende
Kartoffeln
1 Stange Porree
(Lauch, etwa 200 g)
300 g Möhren
75 g Knollensellerie
2 Zwiebeln

1 Hähnchenbrustfilet mit Küchenpapier abtupfen und in etwa 1 cm große Würfel schneiden.

2 Kartoffeln schälen, abspülen, abtropfen lassen und würfeln. Porree putzen, die Stange längs halbieren, gründlich waschen und abtropfen lassen. Möhren und Sellerie putzen,
schälen, abspülen, abtropfen lassen. Zwiebeln abziehen. Vorbereitetes Gemüse in Würfel oder Scheiben schneiden.

3 Oliven- oder Rapsöl in einem großen Topf erhitzen, Hähnchenfleischwürfel darin von allen Seiten anbraten.

(Fortsetzung Seite 30)

(Fortsetzung von Seite 28)

2 EL Oliven- oder Rapsöl
530 g abgetropfte weiße
Bohnen (aus der Dose)
1 l Gemüse- oder Geflügelfond
200 g Cabanossi
Salz, gem. Pfeffer
2 EL klein geschnittene
Thymianblättchen

Pro Portion:
E: 24 g, F: 11 g, Kh: 19 g,
kJ: 1136, kcal: 271, BE: 1,5

4 Vorbereitetes Gemüse und die Kartoffeln zu den Fleischwürfeln geben, kurz mitdünsten lassen. Bohnen hinzugeben und den Fond hinzugießen. Den Eintopf zum Kochen bringen. Die Cabanossi in Stücke schneiden und in den Eintopf geben. Den Eintopf zugedeckt bei mittlerer Hitze etwa 30 Minuten garen.

5 Den Eintopf mit Salz und Pfeffer abschmecken, anrichten und mit Thymian bestreut servieren.

Wirsingeintopf

MACHT RICHTIG SATT

Vorbereitung:
max. 2 Tage im Voraus
Zubereitungszeit:
etwa 30 Minuten
Garzeit: etwa 45 Minuten

500 g Rind- oder Lammfleisch
(aus der Schulter)
2 Zwiebeln
3 EL Speiseöl, z.B.
Sonnenblumen- oder Rapsöl
Salz
gem. Pfeffer
gem. Kümmel oder
Kümmelsamen
750 ml Gemüsebrühe
1 kg Wirsing
375 g mehligkochende
Kartoffeln
evtl. 2 EL klein geschnittene
Petersilie

Pro Portion:
E: 33 g, F: 16 g, Kh: 17 g,
kJ: 1458, kcal: 349, BE: 1,0

1 Das Fleisch mit Küchenpapier abtupfen und in etwa 2 cm große Würfel schneiden. Zwiebeln abziehen, halbieren und in Scheiben schneiden.

2 Speiseöl in einem großen Topf erhitzen. Die Fleischwürfel darin von allen Seiten leicht anbraten. Zwiebelscheiben hinzufügen und kurz mit andünsten.

3 Die Fleischwürfel mit Salz, Pfeffer und Kümmel würzen. Gemüse-brühe hinzugießen, zum Kochen bringen und zugedeckt etwa 30 Minuten bei mittlerer Hitze kochen.

4 In der Zwischenzeit vom Wirsing die äußeren welken Blätter ent-fernen. Wirsing vierteln, abspülen, abtropfen lassen und den Strunk herausschneiden. Wirsing in Streifen schneiden. Kartoffeln schälen, abspülen, abtropfen lassen und in Würfel schneiden.

5 Nach Ende der Kochzeit Wirsing-streifen und Kartoffelwürfel hinzufügen und wieder zum Kochen bringen. Den Eintopf zugedeckt in weiterer etwa 15 Minuten fertig garen.

6 Den Eintopf nochmals mit den Gewürzen abschmecken und nach Belieben mit Petersilie bestreut servieren.

TIPPS:

Für 500 g schieres Lammfleisch aus der Schulter benötigt man eine Lammschulter von etwa 900 g (mit Knochen).
Statt mit Wirsing können Sie den Eintopf auch mit Spitzkohl (Garzeit etwa 25 Minuten) oder China-kohl (Garzeit etwa 20 Minuten) zubereiten.

Feiner Hähnchenfleischtopf

FETTARMER GENUSS

Vorbereitung:
max. 1 Tag im Voraus
Zubereitungszeit:
etwa 25 Minuten
Garzeit: etwa 40 Minuten

800 g Hähnchenbrustfilet
250 g festkochende Kartoffeln
1 Kohlrabi (etwa 200 g)
2 dicke Möhren (etwa 200 g)
1 Bund Frühlingszwiebeln
(etwa 250 g)
250 g grüner Spargel
2 EL Speiseöl, z.B.
Sonnenblumenöl
Salz
gem. Pfeffer
1 EL Tomatenmark
500 ml Hühnerbrühe
½ Bund Kerbel

Pro Portion:
E: 51 g, F: 7 g, Kh: 18 g,
kJ: 1439, kcal: 344, BE: 1,0

1 Hähnchenbrustfilet mit Küchenpapier abtupfen und in kleine Stücke schneiden.

2 Kartoffeln und Kohlrabi schälen, abspülen und abtropfen lassen. Möhren putzen, schälen. Frühlingszwiebeln putzen. Möhren und Frühlingszwiebeln abspülen, abtropfen lassen. Frühlingszwiebeln in etwa 3 cm lange Stücke schneiden. Kartoffeln, Kohlrabi und Möhren zuerst in Scheiben, dann in Stifte schneiden.

3 Vom Spargel nur das untere Drittel schälen und die unteren Enden abschneiden. Spargel abspülen, abtropfen lassen und in etwa 3 cm lange Stücke schneiden.

4 Speiseöl in einem großen Topf erhitzen. Hähnchenfleischstücke darin portionsweise von allen Seiten anbraten, mit Salz und Pfeffer würzen. Kartoffel-, Kohlrabi- und Möhrenstifte hinzugeben und mitdünsten. Tomatenmark unterrühren. Die Brühe hinzugießen. Die Zutaten zum Kochen bringen und zugedeckt etwa 30 Minuten bei mittlerer Hitze kochen lassen.

5 In der Zwischenzeit Kerbel abspülen und trocken tupfen. Die Blättchen von den Stängeln zupfen.

6 Spargel- und Frühlingszwiebelstücke zum Hähnchenfleischtopf geben, mit Salz und Pfeffer würzen. Einige Kerbelblättchen unterrühren, Suppe wieder zum Kochen bringen und weitere etwa 10 Minuten bei schwacher Hitze garen.

7 Den Hähnchenfleischtopf mit Salz und Pfeffer abschmecken, mit den restlichen Kerbelblättchen bestreut servieren.

BEILAGE:
Weißbrot mit Kräuterbutter.

TIPP:
Statt 500 ml Hühnerbrühe können Sie 100 ml Brühe durch trockenen Weißwein ersetzen.

» REZEPTVARIANTEN:

Schneller Hähnchenfleischtopf mit weißem Spargel

Statt grünem Spargel abgetropfte, weiße, gekochte Spargelstücke (aus dem Glas) verwenden. Diese 3–5 Minuten in der Suppe erwärmen.

Hähnchenfleischtopf mit Paprika

Statt Spargel 1 rote Paprikaschote verwenden. Schote halbieren, entstielen, entkernen und die weißen Scheidewände entfernen. Schote abspülen, abtropfen lassen und in kleine Würfel schneiden. Paprikawürfel mit den Frühlingszwiebelstücken in der Suppe garen.

Linseneintopf

BELIEBTER KLASSIKER

Vorbereitung:
max. 2 Tage im Voraus
Zubereitungszeit:
etwa 25 Minuten
Garzeit: etwa 40 Minuten

1 Bund Suppengrün
(Sellerie, Möhren, Porree)
250 g getrocknete Tellerlinsen
500 g vorwiegend
festkochende Kartoffeln
2 Zwiebeln
2 EL Speiseöl, z. B.
Sonnenblumen- oder Rapsöl
1 ½ l Gemüsebrühe
Weißweinessig
Salz
gem. Pfeffer
Zucker
2 EL klein geschnittene,
glatte Petersilie

Pro Portion:
E: 20 g, F: 7 g, Kh: 48 g,
kJ: 1489, kcal: 354, BE: 4,0

1 Sellerie und Möhren putzen, schälen, abspülen und abtropfen lassen. Porree putzen, die Stange längs halbieren, gründlich waschen und abtropfen lassen. Vorbereitetes Suppengrün würfeln.

2 Linsen in ein Sieb geben, mit kaltem Wasser abspülen und abtropfen lassen. Kartoffeln schälen, abspülen, abtropfen lassen und würfeln. Zwiebeln abziehen, halbieren und in Scheiben schneiden.

3 Speiseöl in einem Topf erhitzen, vorbereitetes Gemüse und Kartoffelwürfel darin andünsten. Gemüsebrühe und Linsen hinzugeben, zum Kochen bringen und zugedeckt etwa 40 Minuten bei mittlerer Hitze kochen.

4 Den Eintopf mit Essig, Salz, Pfeffer und 1 Prise Zucker abschmecken, mit Petersilie bestreut servieren.

TIPPS:

Nach Belieben 1 Lorbeerblatt mitkochen und vor dem Servieren herausnehmen.
Als Fleischeinlage können sie 4 Mettwürstchen (Rauchenden, je etwa 90 g) nach etwa 10 Minuten Garzeit zur Suppe geben. Dann nehmen Sie nur 375 g Kartoffeln.

» REZEPTVARIANTEN:

Schneller Linseneintopf

Dafür Linsen aus der Dose verwenden. Dazu die vorbereiteten Kartoffeln in 750 ml Gemüsebrühe zugedeckt etwa 15 Minuten bei mittlerer Hitze kochen. Zum Schluss 800 g Linsen mit Suppengrün (aus der Dose) hinzufügen, alles weitere etwa 5 Minuten kochen. Mit Salz, Pfeffer, Essig und Zucker abschmecken.

Kürbis-Linsen-Eintopf

3 Zwiebeln und 2 Knoblauchzehen abziehen, beides klein würfeln. 500 g Kürbis halbieren, entkernen, schälen, Fruchtfleisch in Stücke schneiden. 200 g Staudensellerie putzen, abspülen, abtropfen lassen, würfeln. 450 g Kartoffeln schälen, abspülen, abtropfen lassen, würfeln. 100 g Tellerlinsen mit kaltem Wasser abspülen, abtropfen lassen. 2 Esslöffel Kürbiskernöl in einem Topf erhitzen. Zwiebel- und Knoblauchwürfel darin andünsten. Vorbereitetes Gemüse mit Linsen und 1 Liter Gemüsebrühe hinzugeben, zum Kochen bringen, zugedeckt 20–25 Minuten bei mittlerer Hitze kochen. 200 g Wiener Würstchen in Scheiben schneiden. 1 Bund Zitronenthymian abspülen, trocken tupfen. Blättchen von den Stängeln zupfen. Würstchenscheiben und Thymian in die Suppe geben, zugedeckt noch 10 Minuten garen. Die Suppe mit Salz und Pfeffer abschmecken. Nach Belieben mit 2 Esslöffeln Kürbiskernöl beträufelt servieren.

Mediterraner Fischeintopf

SCHMECKT NACH MEER – 6 PORTIONEN

Zubereitungszeit:
etwa 40 Minuten,
ohne Auftauzeit
Garzeit: etwa 10 Minuten

500 g kleine TK-Tintenfische
225 g TK-Shrimps
300 g TK-Tilapia- oder
Rotbarbenfilet
2 mittelgroße Zucchini
(etwa 400 g)
3 Fleischtomaten
6 EL Olivenöl
800 ml Fischfond oder
Gemüsebrühe
3 Knoblauchzehen
25 g TK-Kräuter der Provence
Salz
gem. Pfeffer
120 g abgetropftes
Miesmuschelfleisch
(aus dem Glas)
1 Bund Zitronenthymian

Pro Portion:
E: 34 g, F: 13 g, Kh: 7 g,
kJ: 1177, kcal: 280, BE: 0,5

1 TK-Meeresfrüchte und Fischfilet nach Packungsanleitung auftauen lassen, anschließend unter fließendem kalten Wasser abspülen und trocken tupfen. Fischfilet in Stücke schneiden, dabei evtl. Gräten entfernen.

2 Zucchini abspülen, abtrocknen und die Enden abschneiden. Zucchini längs halbieren und in dünne Scheiben schneiden.

3 Tomaten kreuzweise einschneiden und mit kochendem Wasser übergießen. Nach 1–2 Minuten herausnehmen und mit kaltem Wasser abschrecken. Tomaten häuten, halbieren und die Stängelansätze herausschneiden. Tomaten entkernen, in Würfel schneiden und beiseitelegen.

4 Olivenöl in einem großen Topf erhitzen. Meeresfrüchte und Fischstücke darin portionsweise dünsten. Zucchinischeiben hinzufügen. Fischfond oder Gemüsebrühe hinzugießen. Knoblauch abziehen, durch eine Knoblauchpresse drücken, mit den Kräutern unter den Fischeintopf rühren, mit Salz und Pfeffer würzen. Den Fischeintopf zum Kochen bringen und etwa 10 Minuten bei schwacher Hitze ziehen lassen. Beiseitegelegte Tomatenwürfel und Muschelfleisch unterrühren, kurz miterhitzen.

5 Zitronenthymian abspülen und trocken tupfen, etwa die Hälfte davon klein hacken und unter den Fischeintopf rühren. Von den restlichen Thymianstängeln die Blättchen abzupfen. Den Eintopf mit Thymianblättchen garniert servieren.

BEILAGE:
Knoblauchbutter mit frischem, gehacktem Basilikum vermengen und mit Baguette oder Brötchen zum Eintopf reichen.

TIPP:
Den Zitronenthymian können Sie durch getrockneten Thymian und 1–2 Teelöffel Zitronensaft ersetzen.

EXTRA-TIPP:
So vermeiden Sie Fischgeruch an den Händen: Hände vor dem Waschen mit Zitronensaft oder Essig einreiben.

Steckrübeneintopf (Kohlrübeneintopf)

PREISWERT

Vorbereitung:
max. 2 Tage im Voraus
Zubereitungszeit:
etwa 30 Minuten
Garzeit: etwa 50 Minuten

500 g Kasseler (ohne Knochen)
2 Zwiebeln
1 EL Speiseöl, z.B.
Sonnenblumenöl
Salz
gem. weißer Pfeffer
etwa 500 ml Gemüsebrühe
750 g Steckrüben
500 g vorwiegend
festkochende Kartoffeln
1 EL klein geschnittene,
glatte Petersilie

Pro Portion:
E: 26 g, F: 13 g, Kh: 25 g,
kJ: 1390, kcal: 332, BE: 2,0

1 Kasseler mit Küchenpapier abtupfen und in kleine Würfel schneiden. Zwiebeln abziehen und würfeln.

2 Speiseöl in einem Topf erhitzen. Fleischwürfel darin von allen Seiten hellbraun anbraten. Zwiebelwürfel hinzufügen und kurz mitdünsten. Das Fleisch mit Salz und Pfeffer würzen. Etwa die Hälfte der Gemüsebrühe hinzugießen, zum Kochen bringen und zugedeckt etwa 30 Minuten bei mittlerer Hitze garen.

3 In der Zwischenzeit Steckrüben und Kartoffeln schälen, abspülen, abtropfen lassen und in Stifte schneiden. Steckrüben- und Kartoffelstifte mit der restlichen Brühe zu dem Fleisch geben. Den Eintopf mit Salz und Pfeffer würzen, zugedeckt weitere etwa 20 Minuten garen.

4 Den Eintopf nochmals mit den Gewürzen abschmecken und mit Petersilie bestreut servieren.

TIPPS:

Schmecken Sie den Eintopf mit mittelscharfem Senf ab. Würzen Sie den Eintopf nach Belieben zusätzlich mit gerebeltem Majoran oder bestreuen Sie den Eintopf vor dem Servieren mit 1–2 abgespülten, abgetropften, in feine Scheiben geschnittenen Frühlingszwiebeln. Anstelle von Kasseler können Sie auch Lammfleisch (aus der Schulter) verwenden.
Statt der Steckrüben können Sie auch Mairüben verwenden.

» REZEPTVARIANTEN:

Steckrübeneintopf mit Linsen

Dafür zusätzlich 100 g Linsen (z. B. Berglinsen) nach Packungsanleitung mitgaren. Dafür etwa 1 Liter Gemüsebrühe verwenden.

Steckrübeneintopf mit Süßkartoffeln

Anstelle der Kartoffeln orangefleischige Süßkartoffeln verwenden. Den Eintopf mit schwarzem Sesam (Asialaden) bestreut servieren.

Bulgur-Eintopf

ZUM WEGLÖFFELN

Zubereitungszeit:
etwa 30 Minuten
Garzeit: etwa 15 Minuten

Für den Dip:
5 Blättchen Zitronenverbene
oder Zitronenmelisse
150 g griechischer Joghurt
(10 % Fett) oder Crème fraîche
Salz
gem. Pfeffer

Für den Eintopf:
25 g Cashewkerne
200 g Möhren
1 Zwiebel
1 Bund Frühlingszwiebeln
350 g Schweinefilet
Salz
gem. Pfeffer
5 EL Speiseöl
200 g Bulgur
(Hartweizengrieß)
½ TL gem. Kardamom
Chiliflocken
250 ml heller Traubensaft
1 l Gemüsebrühe

Pro Portion:
E: 28 g, F: 24 g, Kh: 56 g,
kJ: 2344, kcal: 561, BE: 4,5

1 Für den Dip Zitronenverbene- oder Melisseblättchen abspülen und trocken tupfen. Die Blättchen klein schneiden. Joghurt oder Crème fraîche mit Salz, Pfeffer und den Kräutern verrühren und abschmecken.

2 Für den Eintopf Cashewkerne grob hacken und in einer beschichteten Pfanne ohne Fett goldgelb rösten, dann erkalten lassen. Möhren putzen, schälen, abspülen, abtropfen lassen. Zwiebel abziehen. Möhren und Zwiebel in kleine Würfel schneiden. Frühlingszwiebeln putzen, abspülen, abtropfen lassen und in feine Scheiben schneiden.

3 Das Schweinefilet mit Küchenpapier abtupfen, mit Salz und Pfeffer würzen. 1 Esslöffel Speiseöl in einer Pfanne erhitzen. Das Schweinefilet darin von allen Seiten scharf anbraten und in weiteren etwa 5 Minuten bei mittlerer Hitze fertig garen. Schweinefilet herausnehmen, in Alufolie wickeln und ruhen lassen.

4 Restliches Speiseöl in einem Topf erhitzen. Möhren- und Zwiebelwürfel darin andünsten. Bulgur, Kardamom und Chiliflocken hinzugeben. Traubensaft und Brühe hinzugießen. Die Zutaten zum Kochen bringen und zugedeckt bei schwacher Hitze etwa 15 Minuten kochen lassen, dabei gelegentlich umrühren. Frühlingszwiebelscheiben in den Eintopf geben und den Eintopf abschmecken.

5 Das Schweinefilet in Scheiben schneiden. Mit den Cashewkernen in den Eintopf geben. Den Eintopf in Tellern oder Schalen anrichten. Nach Belieben mit jeweils einem Klecks von dem Dip servieren. Oder den Dip dazureichen.

TIPP:
Sie können das Schweinefilet durch Lammfilet ersetzen.

Chili con carne

Vorbereitung:
max. 2 Tage im Voraus
Zubereitungszeit:
20 Minuten
Schmorzeit: etwa 15 Minuten

400 g Tomaten oder
400 g stückige Tomaten
(aus der Dose)
2 Zwiebeln
2 Knoblauchzehen
75 g durchwachsener Speck
je 1 rote und grüne
Paprikaschote (je etwa 150 g)
1–2 EL Speiseöl, z.B.
Sonnenblumenöl
400 g Rindergehacktes
Salz
gem. Pfeffer
250 ml Gemüsebrühe
500 g abgetropfte
Kidney-Bohnen
(aus der Dose)
Chilipulver
1–2 TL Paprikapulver edelsüß
1 TL gerebelter Oregano

Pro Portion:
E: 29 g, F: 19 g, Kh: 22 g,
kJ: 1589, kcal: 379, BE: 1,5

1 Tomaten kreuzweise einschneiden und mit kochendem Wasser übergießen. Nach 1–2 Minuten herausnehmen und mit kaltem Wasser abschrecken. Tomaten häuten, halbieren und die Stängelansätze herausschneiden. Tomaten in Würfel schneiden.

2 Zwiebeln und Knoblauch abziehen, klein würfeln. Speck ebenfalls in kleine Würfel schneiden. Paprikaschoten halbieren, entstielen, entkernen und die weißen Scheidewände entfernen. Schoten abspülen, abtropfen lassen und in Streifen schneiden.

3 Speiseöl in einem großen Topf erhitzen. Zwiebel-, Knoblauch- und Speckwürfel darin andünsten. Gehacktes hinzugeben und unter Rühren braun und gar braten. Dabei die Fleischklümpchen mit einer Gabel zerdrücken. Mit Salz und Pfeffer würzen.

4 Paprikastreifen und Gemüsebrühe hinzugeben, zum Kochen bringen und zugedeckt etwa 5 Minuten bei mittlerer Hitze schmoren.

5 Bohnen in ein Sieb geben, mit kaltem Wasser abspülen und abtropfen lassen. Tomatenwürfel (Dosentomaten mit dem Saft) und Bohnen unterrühren. Mit Chili, Paprika und Oregano würzen und zugedeckt noch etwa 10 Minuten bei schwacher Hitze kochen. Das Chili mit Salz und Pfeffer abschmecken.

BEILAGE:
Warmes Fladenbrot, Roggenbrötchen oder Reis.

» REZEPTVARIANTE:
Chili sin carne
Für eine vegetarische Variante Speck und Gehacktes durch 200 g Möhren, je 200 g rote und gelbe Paprikaschoten, 300 g Auberginen und 1 Zucchini ersetzen. Das Gemüse putzen, schälen, abspülen, abtropfen lassen und in kleine Würfel schneiden. Zuerst Zwiebel- und Knoblauchwürfel in dem erhitzten Speiseöl andünsten, dann das gewürfelte Gemüse sowie Tomatenwürfel hinzugeben. Mit 500 ml Gemüsebrühe auffüllen und etwa 15 Minuten bei mittlerer Hitze garen. Dann 300 g Zucchini abspülen, abtrocknen und die Enden abschneiden. Zucchini in Würfel schneiden. Mit 530 g abgespülten, abgetropften Kidney-Bohnen (aus der Dose) zum Gemüse geben und in weiterer etwa 5 Minuten fertig garen. Chili sin carne mit Salz, Pfeffer, Chiliflocken und Oregano abschmecken.

Saftig, würzig und voller Geschmack

—

Schnitzel, Rouladen, Braten oder Kasseler sind eine verlockende Möglichkeit, Eiweiß zu sich zu nehmen. Und wenn sogar Hirschkalbsmedaillons unter einer Haselnusskruste, Tafelspitz mit Meerrettichsauce oder marinierte Wildsteaks auf den Teller kommen, ist die Kombination aus purem Genuss und wichtigen Proteinen perfekt.

Tipps & Tricks

> ❯ *Nicht waschen: Unzerkleinerte Fleischstücke besser vorsichtig mit Küchenpapier abtupfen.*

> ❯ *Ruhen lassen: Braten und Steaks vor dem Anschneiden kurz ruhen lassen, damit sie schön saftig bleiben.*

> ❯ *Leichter formen: Beim Verarbeiten von Hackfleisch zu Frikadellen, Hackbällchen oder Cevapcici die Hände vorher anfeuchten. Für eine bessere Konsistenz pro 500 g Hack 1 Eiweiß oder 1 Ei untermengen.*

> ❯ *Spät salzen: Salz entzieht dem Fleisch Flüssigkeit, deshalb erst nach dem Braten hinzugeben, damit es nicht trocken wird. Nur Paniertes wird vor dem Braten gesalzen.*

Fleisch:
Qualität zahlt sich aus

Kompakter kann man hochwertiges Eiweiß, Vitamine, Mineralstoffe und wichtige Aminosäuren nicht bekommen: Fleisch ist ein biologisch wertvolles Nahrungsmittel und kann auf vielfältige Art genossen werden. Entscheidend ist, schon beim Einkauf auf Qualität zu achten. Diese ist abhängig von der Aufzucht, dem Alter und dem Gewicht der Tiere und zu erkennen an der Farbe, dem Geruch und der Struktur des Fleisches. Grundsätzlich gilt: Fleisch sollte möglichst frisch verarbeitet werden, da es durch seinen hohen Eiweiß- und Wassergehalt leicht verderblich ist.

Vielfalt: Eigener Charakter

Jedes Tier liefert Fleischstücke mit einem ganz eigenen Geschmack: Kalbfleisch stammt von höchstens drei Monate alten Rindern und ist besonders zart und mild. Lammfleisch hat eine kräftige Note und stammt von bis zu einem Jahr alten Lämmern. Schweinefleisch ist würzig und kommt von 7–8 Monate alten Tieren. Das dunkle und deftige Rindfleisch stammt auch von jungen Schlachttieren und wird nach dem Abhängen mürbe und zart.

Aufschneiden: Ruhen lassen

Große Fleischstücke, z. B. Braten müssen vor dem Zubereiten geschnitten werden. Vor dem Aufschneiden zugedeckt oder in Alufolie eingewickelt etwa 10 Minuten ruhen lassen, damit sich der Fleischsaft setzt. Dann das Fleisch immer quer zur Faser aufschneiden (Foto 1) – möglicherweise austretenden Fleischsaft für die Sauce verwenden.

Panade: Saft erhalten

Panieren ist eine sehr schmackhafte Möglichkeit, Bratgut mit einer Hülle (Panade) vor dem Austrocknen zu schützen. Es bietet sich besonders bei Portionsstücken wie Schnitzel oder Koteletts an und geht ganz einfach: 3 tiefe Teller vorbereiten. In den ersten Teller kommt Mehl, in den zweiten 1 Ei oder mehrere mit einer Gabel verschlagene Eier und in den dritten Semmelbrösel. Das mit Küchenpapier abgetupfte und gewürzte Fleisch nacheinander in Mehl, Ei und Semmelbröseln wenden, leicht andrücken und überschüssige Semmelbrösel abschütteln, da sie beim Braten schnell verbrennen. Sofort weiterverarbeiten, damit die Panade nicht weich wird.

Garprobe:
Messen oder drücken

Es gibt verschiedene Methoden, um den Garzustand von Fleisch zu überprüfen. Entweder mit

| Schabefleisch | Rinder-hackfleisch | Schweine-hackfleisch | Mett | gemischtes Hackfleisch (halb und halb) |

SOS

einem Fleischthermometer, das die Kerntemperatur anzeigt, oder durch die Farbe des austretenden Fleischsaftes – bei garem Fleisch ist er klar und nicht mehr rosa oder rot. Ganz schonend geht es mit einem Löffeldruck: ein weicher Braten ist innen rot, ein leicht nachgebender rosa und festes, nicht nachgebendes Fleisch ist durchgegart.

Steaks: Richtig braten

So lange werden 2 cm dicke Steaks von jeder Seite gebraten - je nach Geschmack:

» *Roh (raw):* dünne braune Kruste, innen blutig. Etwa 1 Minute bei starker Hitze.
» *Blutig (rare):* braune Kruste, innen rosa, blutiger Kern. Etwa 2 Minuten bei starker Hitze.
» *Rosa (medium):* außen braun, innen rosa. Etwa 1 Minute bei starker Hitze braten. Danach etwa 3 Minuten bei mittlerer Hitze.
» *Durchgebraten (well done):* innen völlig grau. Etwa 1 Minute bei starker Hitze braten. Danach etwa 5 Minuten bei mittlerer Hitze.

Hack: Schnell verarbeiten

Hackfleisch kann aus vielen Fleischsorten hergestellt werden.

Angeboten werden Schabefleisch (Beefhacksteak, Tatar) vom Rind mit 6 % Fettgehalt, grobes Rinderhack mit höchstens 20 % Fett, 35 % fettes Schweinehack (gewürzt nennt man es Mett) und Kalbsbrät aus fettarmen Fleisch von Jungrindern (Foto).

Sehr beliebt ist das gemischte „halb und halb" aus Rind und Schwein mit 30 % Fett. Ob vom Kalb, Rind, Schwein und Lamm – rohes Hackfleisch darf nur am Tag der Herstellung verkauft werden. Wegen der stark vergrößerten Oberfläche bietet es einen optimalen Nährboden für Mikroorganismen und ist daher schnell verderblich. Deshalb sollte es möglichst schnell weiterverarbeitet werden.

Um eine lockere Konsistenz der Hackfleischgerichte zu erreichen, kann man pro 500 g Gehacktes entweder 1 eingeweichtes, ausgedrücktes Brötchen (Semmel), 1 große, durchgepresste Pellkartoffel, 1–2 Esslöffel gegarten Reis oder Bulgur (Weizengrütze), einige Esslöffel Quark oder 2 Esslöffel eingeweichte, abgetropfte Getreideflocken (z. B. Haferflocken) unter die Fleischmasse mengen.

RIND

Rindfleisch: Gut abgehangen

Fleisch von jungen Tieren hat eine kräftige hell- bis ziegelrote Farbe, mit weiß bis hellgelben Fettäderchen. Die Schnittfläche ist glänzend und die Faserung fein bis mittelfein. Fleisch von älteren Tieren hat eine dunkle, rotbraune Farbe mit gelblichen Fettadern und grober Faserung. Rindfleisch muss gut abgehangen sein. Diese alte Reifungs-Methode ist immer noch aktuell: Dadurch wird das Fleisch mürbe, es ist zarter und saftiger, hat viel mehr Geschmack und wird nach dem Garen vom Körper auch besser vertragen.

Je nach Zubereitungsart sind unterschiedliche Fleischstücke geeignet:

» *Braten:* Roastbeef, Filet (Lende), Hohe Rippe, Oberschale, Schwanzstück, Kugel und Hüfte.
» *Schmoren:* Oberschale, Schwanzstück (mit Schwanzrolle), Querrippe, Kugel, Schulterspitze und Schulter.
» *Kurzbraten und Grillen:* Scheiben von Roastbeef (Entrecôte), von der Hüfte, Filet (Chateaubriand), Oberschale, Kugel und Leber.
» *Kochen:* Kamm, Nacken (Hals), Brust, Hohe Rippe, Flach- oder Querrippe, Schulter, Lappen, Beinscheibe und Schwanz, Lunge, Herz, Zunge, Nieren.

Rindersteaks: Geballte Power

» *Filetsteak:* Besonders saftig, aus der Mitte des Rinderfilets, 150–200 g, Dicke: 3–4 cm.

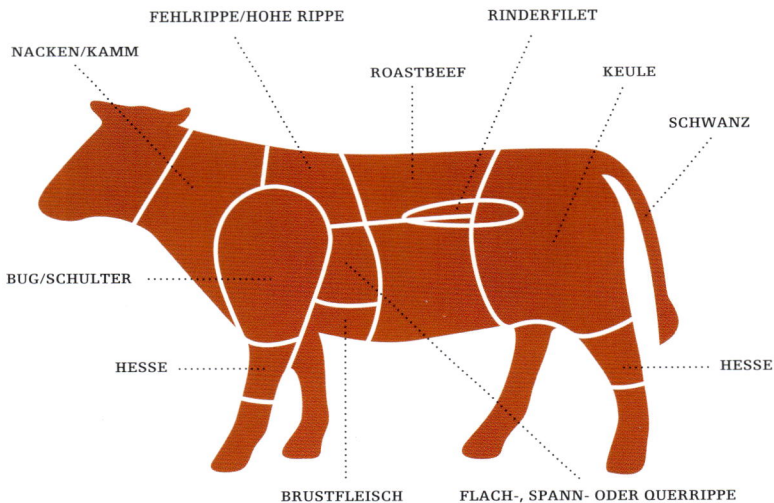

FEHLRIPPE/HOHE RIPPE · NACKEN/KAMM · RINDERFILET · ROASTBEEF · KEULE · SCHWANZ · BUG/SCHULTER · HESSE · BRUSTFLEISCH · FLACH-, SPANN- ODER QUERRIPPE · HESSE

» *Chateaubriand:* Doppelt geschnittenes Filetsteak. Etwa 400 g, Dicke: etwa 8 cm.
Rumpsteak: Aus dem flachen Teil des Roastbeefs. Dünner Fettrand, der vor dem Braten angeschnitten wird. 200–250 g, Dicke: 2–3 cm.
» *Hüftsteak:* Aus der Hüfte (gut abgehangen). Etwa 200 g, Dicke: 2–3 cm.
» *Entrecôte:* Aus dem hinteren Teil des Roastbeefs. Etwa 400 g.
» *T-Bone-Steak:* Aus dem Roastbeef mit Knochen und Filetanteil. Etwa 600 g.

Rind: Stück für Stück

Hals (Nacken): Mit durchwachsenem Muskelfleisch und kräftiger Faser.
Bugschaufel: Durchwachsenes Fleisch, das sich gut für Eintöpfe verwenden lässt.
Hohe Rippe (Hochrippe): Aus dem Mittelteil dieses Stückes geschnitten gibt es die zarten Steaks.
Roastbeef: Aus dem mittleren Rinderrücken. Aufgeteilt in Rumpsteaks und Entrecôtes.
Unterschale (Schwanzstück): Mageres Muskelfleisch zum Schmoren, für große Rouladen und Gulasch.

Lappen (Bauchlappen, Spannrippe): Mit Sehnen und Fett durchwachsen.
Filet (Lende): Wertvollstes Stück. Sehr zart, gut geeignet für Steaks.
Hüfte: Mageres, zum Schwanz hin gelegenes Teilstück. Obere Preisklasse.
Kamm (Zungenstück, Halsgrat): Unterer Teil des Halses.
Kugel (Blume, Rose): Sehr zartes Stück aus der Keule. Obere Preisklasse.
Oberschale (Kluft): Mageres Stück aus der Keule mit feinen Fettadern durchzogen.
Quer- oder Flachrippe: Hinter der Vorderkeule gelegenes Stück.
Beinscheiben aus dem Beinfleisch (Hesse): Mager, mit Sehnen durchwachsen. Mark im Knochen mit hohem Fettanteil, zum Kochen und Braten, beim Kalb Osso buco.
Dickes Bugstück: Das wertvollste Teilstück des Bugs. Aus ihm werden zartfaserige Bratenstücke geschnitten.
Schulterfilet (Falsche Lende): Zartes Stück aus der Vorderkeule. Etwas grobfaseriger. Für Tafelspitz geeignet.
Unterschale mit Rolle: Spezielle Teilstücke sind Rolle und Tafelspitz.

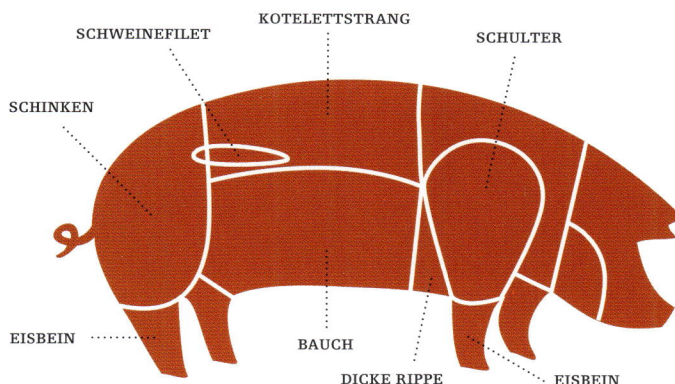

Diagram labels: SCHWEINEFILET, KOTELETTSTRANG, SCHULTER, SCHINKEN, EISBEIN, BAUCH, DICKE RIPPE, EISBEIN

SCHWEIN

Schweinefleisch: Schnell auf den Tisch

Schweinefleisch ist bei jungen Tieren blassrot bis rosarot, zartfaserig, mager bis leicht marmoriert (mit feinen Fettäderchen durchzogen). Fleisch von älteren Tieren ist dunkelrot und grobfaserig. Am besten schmeckt es frisch geschlachtet. Nach nur zwei Tagen ist es schon ausgereift und kann seinen würzig-pikanten Geschmack entfalten.

Je nach Zubereitungsart sind unterschiedliche Fleischstücke geeignet:

» *Kochen:* Bauch, Eisbein, Zunge, Herz, Nieren.
» *Kurzbraten und Grillen:* Ober- und Unterschale, Hüfte, Nuss (Kugel), Filet (Lende), Kotelett, Nacken (Kamm), Bauch.
» *Braten:* Ober- und Unterschale, Hüfte, Nuss (Kugel), Filet (Lende), Rücken, Nacken (Kamm).
» *Schmoren:* Schulter (Bug), Brust (Dicke Rippe), Bauch, Eisbein (Haxe), Leber, Niere, Herz.

Schwein: Stück für Stück

Eisbein (Hämmchen, Haxe): Besonders hoher Knochen- und Sehnenanteil. Zum Braten und Kochen verwendbar. Gibt es auch gepökelt.
Oberschale: Mageres, etwas trockenes, grobfaseriges Stück aus der Keule. Klassisches Stück für Schnitzel.
Nacken (Kamm, Hals): Mit Fett marmoriertes saftiges Bratenstück.
Schulter (Bug, Vorderschinken): Typisches Bratenstück.
Kotelettstrang (Karbonade, Karree, Rippenspeer): Relativ mager, gleichmäßige Faserung. Mit Knochen als Koteletts, nach Auslösen des Knochens als Braten oder Steaks und gepökelt und geräuchert als Kasseler angeboten.
Dicke Rippe: Fortsetzung der Kotelett-Rippenknochen.
Bauch (Lappen, Wammerl): Saftiges, etwas langfaseriges, mit Fett durchzogenes Stück. Magere Stücke werden zum Grillen angeboten. Ansonsten Weiterverarbeitung z. B. zu durchwachsenem Speck, Frühstücksspeck.

Filet (Lende): Sehr zartes fettarmes Stück. Obere Preisklasse.
Hüfte: Oberer Teil der Keule. Teilstück mit Fettschwarte.
Unterschale (Schinkenstück): Mageres und zartes Stück aus der Keule. Klassisches Stück für Schnitzel.
Nuss (Kugel, Nussschinken): Besonders zartes Teil aus der Keule. Obere Preisklasse.

Tipps & Tricks

▶ *Den Sinnen vertrauen: Farbe und Geruch des Fleisches sind beim Kauf von Wildfleisch wahrnehmbare und entscheidende Qualitätskriterien.*

▶ *Temperatur beachten: Wild sollte bei einer Temperatur von 80 °C mindestens 10 Minuten erhitzt werden.*

▶ *Direktverkäufer suchen: Neben tiefgekühltem Wildbret im Supermarkt kann das Fleisch auch direkt von Jägern in der Region bezogen werden. Dabei gelten strenge Hygiene- und Qualitätsstandards.*

▶ *Nicht sofort parieren: Haut, Fett und Sehnen beim Wild erst unmittelbar vor dem Zubereiten entfernen und nicht vor dem Einfrieren. Sonst wird es schneller trocken.*

Wild: Echter Bio-Genuss

Wild oder Wildbret ist ein saisonales Naturprodukt, es ist fett- und kalorienarm und überzeugt durch hohe Qualität. Oft ist der Weg vom Jäger zum Endverbraucher sehr kurz, deshalb gilt es als biologisch besonders wertvoll. Ergänzend zu frischem Wild ist auch tiefgekühlte Ware ganzjährig erhältlich. Vor allem im Herbst und Winter sind frische Wildgerichte beliebt; gerade Weihnachten kommen oft ein gespickter Rehrücken oder ein gefüllter Fasan auf den Festtagstisch.

Vielfalt: Haare oder Federn

Zum Haarwild gehören:
Rehwild: Wohlschmeckendes, rotbraunes Fleisch. Rehrücken und Rehkeule sind ideal zum Braten. Kommt von Mai bis Februar frisch auf den Markt.

Rotwild (Hirsch): Sehr zartes, feinfaseriges, dunkles Fleisch. Von Mai bis Februar frisch auf dem Markt.

Damwild (Damhirsch): Zarteres Fleisch als Rotwild, mit mehr Fettadern durchzogen. Im Geschmack dem Rehwild sehr ähnlich. Jagdzeit ist von Juli bis Februar.

Schwarzwild (Wildschwein): Perfekt für saftige Braten, Steaks und Ragouts. Fleisch von jungen Tieren bevorzugen, die von Juni bis Januar gejagt werden. Fleisch von älteren Tieren ist zäher, fetter, schwerer verdaulich und bekommt eine Speckschicht.

Hasen (Feldhasen): Tiere bis zu 8 Monaten haben ein sehr zartes Fleisch mit rotbrauner Farbe. Fleischqualität abhängig von Alter und Lebensraum. Jagdzeit ist von Oktober bis Januar.

Wildkaninchen: Zartes und fettarmes Fleisch mit viel Eiweiß, aber wenig Fett und Cholesterin.
Zum Federwild gehören unter anderem:

Fasanen: Bratfertig etwa hühnergroß mit zartem, saftigem Fleisch vor allem bei jüngeren Tieren. Jagdzeit ist von Oktober bis Januar.

Rebhühner: Taubengroß und besonders bei Jungtieren zartes Fleisch mit feinem Geschmack. Jagdzeit ist von September bis Dezember.

Wildteile:
Abgezogen und zerlegt

Die handelsüblichen Wildteile sind:
» Rücken, Keulen (Schlegel), ganze Hasen zum Braten.
» Schulter (Blatt), Vorderläufe zum Schmoren.
» Hals, Bauch, Brust zum Kochen.

Wildfleisch: Immer häuten

Spitzes, sehr scharfes Messer vorsichtig unter die sehnige Haut schieben und einschneiden (Foto 1). Das abgeschnittene Sehnenende mit der Hand etwas abziehen, das Messer mit der Klinge etwas nach oben richten und die Häute in breiten Streifen ablösen.

1

Beizen (Marinieren): Aroma pur

Früher diente das Einlegen von Fleisch in Essig-, Wein- oder Buttermilchbeize zunächst der Konservierung, heute „beizt" man, um ein besonderes Aroma zu schaffen, älteres Fleisch zarter zu machen oder den manchmal starken Wildgeschmack abzumildern. Die Beize enthält auch Gewürze und Zwiebeln. Die Gewürze sollten nicht zu stark dosiert werden, um ein Überwürzen zu vermeiden. Nicht salzen, da Salz das Fleisch austrocknet. Soviel Beize verwenden, dass das Wildfleisch vollständig bedeckt ist, zudecken und in den Kühlschrank stellen.

Grundrezept für eine Rotweinmarinade: 200 g Zwiebeln, 150 g Möhren, 150 g Knollensellerie putzen, in grobe Stücke schneiden, mit 2 Stängeln Thymian, 1 Esslöffel leicht zerdrückten Wacholderbeeren, 1 Esslöffel schwarzen Pfefferkörnern, 4 Gewürznelken und 2 Lorbeerblättern mischen und auf dem Fleisch verteilen. 1 Liter Rotwein mit 40 ml rotem Portwein mischen und darübergießen.

Saftig: Bardieren und spicken

Um das Austrocknen des Fleisches (vor allem von Wildgeflügel) beim Garen zu vermeiden, wird mageres Wild mit fetten oder durchwachsenen Speckscheiben umwickelt (bardiert) und der Speck mit Küchengarn festgebunden (Foto 2). Der Speck kann nach dem Garen wieder entfernt und mitgegessen werden, das Fleisch bleibt saftig. Beim Spicken werden Speckstreifen mithilfe einer Spicknadel schräg zur Fleischfaser eingezogen.

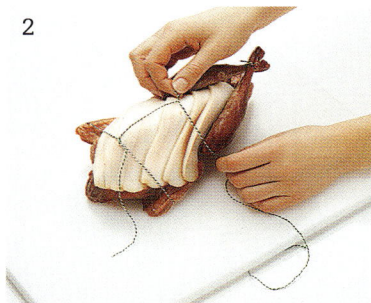

2

Wildfleisch: Tiefgefroren zarter

Das Fleisch wird durch den Gefriervorgang zarter. Gefrorenes Wildfleisch kann bei 18 °C bis zu einem Jahr, Wildgeflügel 8–10 Monate aufbewahrt werden. Zugedeckt im Kühlschrank auftauen lassen, aufgetautes Fleisch sofort weiterverarbeiten. Will man selbst einfrieren, dann Haarwildfleisch enthäuten und portionieren, Federwild ausnehmen und im Ganzen zusammenbinden.

SOS

❯ *Keine Panik wegen Radioaktivität: Auch Jahrzehnte nach der Reaktorkatastrophe von Tschernobyl ist die Furcht vor strahlenbelastetem Wild immer noch verbreitet. Zwar ernähren sich beispielsweise Wildschweine von Hirschtrüffeln, die im Waldboden wachsen und bei denen regional noch Cäsium-137 nachgewiesen werden konnte. Allerdings ist der Verzehr von möglicherweise belastetem Fleisch für den Menschen wegen der geringen Menge von Radioaktivität gesundheitlich unbedenklich. In den Handel kommt nur Fleisch unterhalb des definierten Grenzwertes von 600 Becquerel pro Kilo.*

Frikadellen (im Foto oben)

EINFACH

Zubereitungszeit:
etwa 35 Minuten,
ohne Abkühlzeit
Garzeit: etwa 10 Minuten

1 Brötchen (Semmel)
vom Vortag
2 Zwiebeln
600 g Gehacktes (halb Rind-,
halb Schweinefleisch)
1 EL mittelscharfer Senf
1 Ei (Größe M)
Salz
gem. Pfeffer
40 g Margarine oder
5 EL Speiseöl, z.B.
Sonnenblumen- oder Rapsöl

Pro Portion:
E: 32 g, F: 33 g, Kh: 10 g,
kJ: 1921, kcal: 459, BE: 0,5

1 Brötchen mindestens 10 Minuten in kaltem Wasser einweichen, bis es weich ist. Zwiebeln abziehen, klein würfeln.

2 Brötchen gut ausdrücken (Foto 1), mit Gehacktem, Zwiebelwürfeln, Senf und Ei in eine Rührschüssel geben und mit dem Mixer (Knethaken) gut verkneten (Foto 2). Mit Salz und Pfeffer würzen. Aus dem Hackfleischteig mit angefeuchteten Händen 8 Frikadellen formen (Foto 3).

3 Margarine oder Speiseöl in einer Pfanne erhitzen. Die Frikadellen darin von beiden Seiten unter gelegentlichem Wenden bei mittlerer Hitze etwa 10 Minuten braun und gar braten.

TIPPS:
Servieren Sie die Frikadellen klassisch mit Kartoffelpüree (S. 234), Erbsen (S. 182) und Möhren (S. 174).
Die Zwiebelwürfel können Sie in 1 Esslöffel Speiseöl vorher glasig dünsten, das macht die Frikadellen bekömmlicher.

» REZEPTVARIANTE:
Für **Frikadellen mit Schafskäsefüllung** (im Foto vorn) in die Hackfleischmasse zusätzlich 1 Teelöffel gerebelten Thymian geben. Den Hackfleischteig in etwa 8 Portionen teilen. 200 g Schafskäse in 8 gleich große Würfel schneiden. Aus dem Hackfleischteig flache Fladen formen, jeweils 1 Stück Käse daraufgeben, mit dem Hackfleischteig umschließen. Wie im Rezept beschrieben braten.

Burger (im Foto hinten)

KLASSIKER

Zubereitungszeit:
30 Minuten
Bratzeit: 10–12 Minuten

500 g Rindergehacktes
20 g abgetropfte Kapern
(aus dem Glas)
Salz, gem. Pfeffer
1–2 EL Speiseöl
1 rote Zwiebel
250 g Fleischtomaten
8 Scheiben Bacon
(Frühstücksspeck)
75 g Crème fraîche
1 EL grobkörniger Senf
½ Bund Rucola (Rauke)
4 Burgerbrötchen mit Sesam
4 Scheiben Ziegenkäse

Außerdem:
evtl. 4 Holzspießchen

Pro Portion:
E: 43 g, F: 46 g, Kh: 29 g,
kJ: 2904, kcal: 695, BE: 2,0

1 Rindergehacktes in eine Rührschüssel geben. Kapern klein hacken, zur Gehacktesmasse geben und untermischen, mit Salz und Pfeffer würzen.

2 Aus der Masse mit angefeuchteten Händen 4 flache Burger (Ø 9–10 cm) formen. Speiseöl in einer Pfanne erhitzen. Die Burger darin von beiden Seiten in 10–12 Minuten braun und gar braten.

3 Zwiebel abziehen, zuerst in dünne Scheiben schneiden, dann in Ringe teilen. Tomaten abspülen, trocken tupfen und die Stängelansätze herausschneiden. Tomaten in insgesamt 8 Scheiben schneiden. Bacon in einer Pfanne ohne Fett kross braten.

4 Crème fraîche mit Senf verrühren, evtl. mit Salz und Pfeffer würzen. Rucola verlesen und die dicken Stiele entfernen. Rucola abspülen, trocken tupfen und klein zupfen.

5 Die Burgerbrötchen nach Packungsanleitung aufbacken, dann waagerecht durchschneiden. Die unteren Brötchenhälften mit etwas Senf-Dip bestreichen, Rucola darauf verteilen und je einen Burger darauflegen. Dann wieder etwas Senf-Dip, je eine Scheibe Ziegenkäse, Senf-Dip, je 2 Tomatenscheiben, Zwiebelringe, Rucola und restlichen Senf-Dip daraufschichten. Mit je einer Baconscheibe abschließen. Die oberen Brötchenhälften darauflegen. Burger evtl. mit je einem Holzspießchen fixieren.

Bratwurst (im Foto vorn)

FÜR GROSS UND KLEIN

Zubereitungszeit:
etwa 15 Minuten
Bratzeit: etwa 10 Minuten

4 vorgebrühte oder
frische Bratwürste
30 g Margarine oder
3 EL Speiseöl

Pro Portion:
E: 15 g, F: 26 g, Kh: 0 g,
kJ: 1227, kcal: 293, BE: 0,0

1 Bratwürste mit Küchenpapier abtupfen. Frische Bratwürste rundherum mehrmals mit einer Gabel einstechen.

2 Margarine oder Speiseöl in einer Pfanne erhitzen. Die Bratwürste darin ohne Deckel unter gelegentlichem Wenden von beiden Seiten bei mittlerer Hitze etwa 10 Minuten braun braten.

BEILAGE:
Kartoffelpüree (S. 234) und Rotkohl (S. 178) oder Sauerkraut (S. 185).

Wiener Schnitzel

TRADITIONELL

Zubereitungszeit:
etwa 40 Minuten
Bratzeit: 2–3 Minuten

4 Kalbsschnitzel
(je etwa 150 g)
Salz
gem. Pfeffer
2 Eier (Größe M)
2 EL Schlagsahne
50 g Weizenmehl
100 g Semmelbrösel

etwa 120 g Butterschmalz
oder Margarine
4 Bio-Zitronenscheiben
(unbehandelt, ungewachst)

Pro Portion:
E: 36 g, F: 17 g, Kh: 24 g,
kJ: 1665, kcal: 398, BE: 2,0

1 Die Schnitzel mit Küchenpapier abtupfen. Anschließend etwas dünner klopfen (Foto 1), mit Salz und Pfeffer würzen.

2 Die Eier mit der Sahne verschlagen. Die Schnitzel zuerst kurz in Mehl wenden, überschüssiges Mehl abklopfen, dann durch die Eier-sahne ziehen, am Schüsselrand abstreifen und zuletzt in Semmel-bröseln wenden (Foto 2). Die Panade etwas andrücken.

3 Butterschmalz oder Margarine evtl. portionsweise in einer großen Pfanne zerlassen. Die Schnitzel darin von beiden Seiten leicht schwimmend 2–3 Minuten bei mittlerer Hitze (je nach Größe) braten. Anschließend die Schnitzel herausnehmen und auf Küchen-papier abtropfen lassen (Foto 3).

4 Die Schnitzel mit den Zitronenscheiben anrichten.

BEILAGE:
Bratkartoffeln (S. 236) oder Kartoffel-salat (S. 216) und grüner Blattsalat.

TIPP:
Anstelle von Kalbsschnitzeln können Sie auch Schweineschnitzel oder Putenschnitzel (je etwa 150 g) verwenden. Diese dann etwa 5 Minuten braten.

» REZEPTVARIANTEN:

Holsteiner Schnitzel
4 Spiegeleier in 30 g zerlassener Margarine braten, auf die gebratenen Schweineschnitzel setzen und mit 4 abgetropften Sardellenfilets garnieren.

Cordon bleu
In 4 Kalbsschnitzeln (je etwa 200 g) vom Metzger eine Tasche einschneiden lassen. Schnitzel mit Küchenpapier abtupfen, mit Salz und Pfeffer würzen. Mit je 1 Käse- und Schinkenscheibe füllen. Dann wie im Rezept Wiener Schnitzel beschrieben panieren. Die gefüllten Schnitzel etwa 10 Minuten bei mittlerer Hitze braten, dabei gelegentlich vorsichtig wenden.

Schnitzel mit Jägersauce
1 Zwiebel abziehen, klein würfeln. 250 g Champignons putzen, evtl. kurz abspülen, trocken tupfen und in Scheiben schneiden. Die Champignonscheiben in 30 g zerlassener Margarine in einem Topf andünsten, mit 1 Esslöffel Weizenmehl bestäuben. 150 g Crème fraîche hinzugeben und 2–3 Minuten kochen lassen. Mit Salz und Pfeffer würzen. Die fertige Champignonsauce zu den Schnitzeln servieren.

Kürbis-Käse-Panade
100 g Käsestangengebäck in einen Gefrierbeutel geben, Beutel gut verschließen und mit einer Teigrolle zerbröseln, dann mit 40 g geriebenem Parmesan vermischen. 30 g Kürbiskerne grob hacken und untermischen. Die Schnitzel wie im Rezept beschrieben vorbereiten und dann in der Kürbis-Käse-Panade wenden.

Rinderschmorbraten

DAUERT LÄNGER

Zubereitungszeit:
etwa 30 Minuten
Schmorzeit: etwa 1 ½ Stunden

750 g Rindfleisch
(aus der Keule, ohne Knochen)
Salz
gem. Pfeffer
2 Zwiebeln
100 g Tomaten
1 Bund Suppengrün
(Sellerie, Möhren, Porree)
3 EL Speiseöl, z.B.
Sonnenblumen- oder Rapsöl
1 TL gerebelter Thymian
250 ml Gemüsebrühe
Tomatenmark
etwas Zucker

Pro Portion:
E: 41 g, F: 16 g, Kh: 7 g,
kJ: 1413, kcal: 337, BE: 0,0

1 Rindfleisch mit Küchenpapier abtupfen, mit Salz und Pfeffer einreiben. Zwiebeln abziehen und würfeln. Tomaten abspülen, abtropfen lassen, vierteln und die Stängelansätze herausschneiden. Tomaten in Stücke schneiden.

2 Sellerie und Möhren putzen, schälen, abspülen und abtropfen lassen. Porree putzen, die Stange längs halbieren, gründlich waschen und abtropfen lassen. Vorbereitetes Suppengrün klein schneiden.

3 Speiseöl in einem Bräter erhitzen. Das Fleisch darin von allen Seiten gut anbraten. Suppengrün hinzufügen, kurz mitbraten. Das Fleisch mit Thymian bestreuen. Etwas von der Brühe hinzugießen, zum Kochen bringen. Das Fleisch zugedeckt etwa 1 ½ Stunden bei schwacher bis mittlerer Hitze schmoren, dabei gelegentlich wenden. Verdampfte Flüssigkeit nach und nach durch Gemüsebrühe ersetzen.

4 Nach Ende der Garzeit das Fleisch herausnehmen und zugedeckt etwa 10 Minuten ruhen lassen. Anschließend in Scheiben schneiden und auf einer vorgewärmten Platte anrichten.

5 Den Bratensatz mit dem Gemüse pürieren oder durch ein Sieb streichen, evtl. noch etwas Brühe hinzugießen. Die Sauce erhitzen, mit Salz, Pfeffer, Tomatenmark und Zucker abschmecken. Die Sauce zum Braten servieren.

BEILAGE:
Kartoffelklöße (S. 238) oder Salzkartoffeln (S. 230) und grüne Bohnen (S. 176) oder Erbsen (S. 182) und Möhren (S. 174).

» **REZEPTVARIANTE:**
Sauerbraten
Dazu eine Marinade aus 2 in Scheiben geschnittenen Zwiebeln, 1 Bund Suppengrünwürfeln, 5 Wacholderbeeren, 15 Pfefferkörnern, 5 Pimentkörnern, 2 Gewürznelken, 1 Lorbeerblatt, 250 ml Weißweinessig und 375 ml Wasser oder Rotwein zubereiten. Fleisch in eine Schüssel geben, mit der Marinade übergießen, zugedeckt etwa 2 Tage im Kühlschrank marinieren, ab und zu wenden. Das gesäuerte Fleisch aus der Marinade nehmen, trocken tupfen. Marinade durch ein Sieb gießen, 375 ml abmessen, mit dem Gemüse beiseitestellen. Das Fleisch in 3 Esslöffeln Speiseöl von allen Seiten anbraten, mit Salz und Pfeffer würzen. Gemüse hinzufügen, kurz mitbraten. Etwas von der Marinade hinzugießen. Fleisch zugedeckt 30 Minuten unter gelegentlichem Wenden garen. Nach und nach restliche Marinade hinzugießen. 50 g Pumpernickel oder Honigkuchen zerbröseln, zum Fleisch geben, weitere 1 ½ Stunden garen. Braten herausnehmen, warm stellen. Den Fond mit dem Gemüse durch ein Sieb streichen, mit Salz, Pfeffer und Zucker abschmecken. Evtl. mit 1 Teelöffel angerührter Speisestärke binden.

Saltimbocca alla romana

GRÜSSE AUS ITALIEN

Zubereitungszeit:
etwa 30 Minuten
Bratzeit: 6–8 Minuten

4 dünne Scheiben Kalbfleisch
(je etwa 100 g, aus der Keule)
4 Salbeiblätter
4 Scheiben Parmaschinken
Salz
gem. Pfeffer
20 g Weizenmehl
2–3 EL Speiseöl,
z.B. Sonnenblumenöl

Für die Sauce:
125 ml Fleisch- oder
Gemüsebrühe
125 g Crème double
Zucker

Außerdem:
Holzstäbchen

Pro Portion:
E: 26 g, F: 24 g, Kh: 3 g,
kJ: 1381, kcal: 332, BE: 0,5

1 Kalbfleisch mit Küchenpapier abtupfen. Salbeiblätter abspülen und trocken tupfen. Kalbfleischscheiben mit je 1 Scheibe Parmaschinken und 1 Salbeiblatt belegen (Foto 1), zusammenklappen und mit Holzstäbchen feststecken (Foto 2). Das Fleisch mit Salz und Pfeffer würzen, dann in Mehl wenden.

2 Speiseöl in einer Pfanne erhitzen. Das Fleisch darin von jeder Seite 3–4 Minuten braten. Das Fleisch auf eine vorgewärmte Platte legen und zugedeckt warm stellen.

3 Für die Sauce den Bratensatz mit Brühe loskochen und etwas einkochen lassen (reduzieren). Crème double unterrühren. Die Sauce erhitzen, mit Salz, Pfeffer und Zucker abschmecken.

4 Den aus dem Fleisch ausgetretenen Fleischsaft unterrühren. Die Sauce über das Fleisch geben.

BEILAGE:
Safran-Reis oder Steinpilze (S. 284) und Baguette.

TIPPS:
Anstelle von Kalbfleisch können Sie auch Schweine- oder Putenschnitzel verwenden. Statt mit Brühe bereiten Sie die Sauce mit Weißwein oder Wermut zu.

Kasseler Rippenspeer

WÜRZIGER GAUMENSCHMAUS – 6 PORTIONEN

Zubereitungszeit:
etwa 20 Minuten
Bratzeit: etwa 50 Minuten

1 ½ kg ausgelöstes Kasseler-
Kotelettstück
1 Zwiebel
1 Tomate
1 Bund Suppengrün (Sellerie,
Möhren, Porree)
1 kleines Lorbeerblatt
400 ml heißes Wasser
evtl. dunkler Saucenbinder
Salz
gem. Pfeffer

Pro Portion:

E: 45 g, F: 21 g, Kh: 6 g,
kJ: 1630, kcal: 388, BE: 0,5

1 Kasseler mit Küchenpapier abtupfen und die Fettschicht gitterförmig einschneiden.

2 Den Backofen vorheizen.
Ober-/Unterhitze: etwa 200 °C
Heißluft: etwa 180 °C

3 Zwiebel abziehen, klein würfeln. Tomate abspülen, abtropfen lassen, vierteln und den Stängelansatz herausschneiden. Tomate ebenfalls würfeln. Sellerie und Möhren putzen, schälen, abspülen, abtropfen lassen. Porree putzen, die Stange längs halbieren, gründlich waschen, abtropfen lassen. Vorbereitetes Suppengrün klein würfeln.

4 Das Fleisch mit der Fettschicht nach oben in einen mit Wasser ausgespülten Bräter legen. Suppengrün, Zwiebel, Tomate und Lorbeerblatt hinzugeben. Den Bräter ohne Deckel auf dem Rost in den Backofen schieben.
Einschub: unteres Drittel
Bratzeit: etwa 50 Minuten

5 Wenn der Bratensatz bräunt, etwas heißes Wasser hinzugießen. Verdampfte Flüssigkeit nach und nach durch heißes Wasser ersetzen. Fleisch ab und zu mit dem Bratensatz begießen.

6 Gegartes Fleisch aus dem Bräter nehmen und zugedeckt etwa 10 Minuten ruhen lassen.

7 Für die Sauce den Bratensatz mit etwas Wasser loskochen. Bratensatz mit dem Gemüse durch ein Sieb streichen und erneut zum Kochen bringen. Nach Belieben mit Saucenbinder andicken, kurz aufkochen lassen. Fleisch in Scheiben schneiden, auf einer vorgewärmten Platte anrichten. Die Sauce mit Salz und Pfeffer abschmecken und zu dem Fleisch servieren.

BEILAGE:

Kartoffelpüree (S. 234) und Sauerkraut (S. 185).

» REZEPTVARIANTE:

Kasseler mit Kräuterpesto im Bratschlauch

750 g Kasseler mit Küchenpapier abtupfen, evtl. Fett abschneiden. Kasseler in einen Bratschlauch legen, nach Packungsanleitung verschließen, auf ein Backblech legen und in den vorgeheizten Backofen schieben. Kasseler **bei der im Rezept angegebenen Backofentemperatur etwa 45 Minuten braten.** Für das Pesto 30 g Pinienkerne in einer Pfanne ohne Fett rösten, abkühlen lassen. 30 g abgetropfte, getrocknete Tomaten in Öl grob würfeln. Gemischte Kräuter, z. B. 1 Topf Basilikum, 1 Bund Petersilie und 1 Kästchen Kresse vorbereiten. 1 Knoblauchzehe abziehen. Vorbereitete Zutaten mit 150 ml Olivenöl pürieren. 30 g Parmesan reiben und unterrühren. Pesto mit Salz, Pfeffer und Paprikapulver edelsüß abschmecken. Kasseler in dem Bratschlauch etwa 10 Minuten ruhen lassen, dann mit dem Pesto servieren.

Krustenbraten

IN ALKOHOL GESCHMORT – 6 PORTIONEN

Zubereitungszeit:
etwa 35 Minuten
Koch- und Bratzeit:
etwa 1 ½ Stunden

1 ¼ kg Schweinekeule mit
Schwarte (ohne Knochen),
vom Metzger rautenförmig
eingeschnitten
Salz
3 Zwiebeln
1 Bund Suppengrün (Sellerie,
Möhren, Porree)
20 g Butterschmalz
oder Margarine
500 ml Bier
gem. Pfeffer
1 TL gem. Kümmel
6 Gewürznelken
evtl. etwas Fleischbrühe
oder Wasser
1 EL Speisestärke
2 EL kaltes Wasser

Pro Portion:

E: 47 g, F: 17 g, Kh: 9 g,
kJ: 1682, kcal: 402, BE: 0,5

1 Reichlich Wasser in einem weiten Topf zum Kochen bringen. Salz (auf 1 Liter Wasser 1 Teelöffel Salz) und das mit Küchenpapier abgetupfte Fleisch hinzufügen. Das Fleisch darin bei schwacher Hitze etwa 45 Minuten kochen lassen.

2 Anschließend den Backofen vorheizen.
Ober-/Unterhitze: etwa 200 °C
Heißluft: etwa 180 °C

3 In der Zwischenzeit Zwiebeln abziehen und vierteln. Sellerie und Möhren putzen, schälen, abspülen, abtropfen lassen. Porree putzen, die Stange längs halbieren, gründlich waschen, abtropfen lassen. Das Suppengrün in Stücke schneiden. Butterschmalz oder Margarine in einem Bräter erhitzen. Das vorbereitete Gemüse darin gut anbraten. Dann die Hälfte des Biers hinzugießen.

4 Das Fleisch aus dem Wasser nehmen, abtropfen lassen. Dann mit Salz, Pfeffer und Kümmel bestreuen. Nelken in die Kreuzungspunkte der Einschnitte der Schwarte stecken (Foto 2).

5 Das Fleisch auf das Gemüse in den Bräter legen. Den Bräter ohne Deckel auf dem Rost in den Backofen schieben.
Einschub: unteres Drittel
Bratzeit: etwa 45 Minuten

6 Das Fleisch gelegentlich mit etwas von dem restlichen Bier begießen. 10 Minuten vor Beendigung der Garzeit das Fleisch mit dem restlichen Bier bestreichen und fertig garen lassen. Sollte die Flüssigkeit nicht ausreichen, etwas Brühe oder Wasser hinzugießen.

7 Das Fleisch herausnehmen und zugedeckt etwas ruhen lassen. Den Bratenfond durch ein Sieb geben und zum Kochen bringen. Speisestärke mit Wasser anrühren und unterrühren. Sauce kurz aufkochen, mit Salz und Pfeffer abschmecken.

BEILAGE:

Wirsing (S. 190) und Kartoffelklöße (S. 238) oder dicke Scheiben rustikales Bauernbrot.

TIPP:

Falls Sie die Schwarte selber einschneiden, geht es am besten mit einem sauberen Teppichmesser, Sie können aber auch ein scharfes Fleischmesser verwenden.

Kohlrouladen

MACHEN RICHTIG SATT

Vorbereitung:
max. 1 Tag im Voraus
Zubereitungszeit:
etwa 40 Minuten,
ohne Einweichzeit
Schmorzeit: etwa 45 Minuten

Wasser
Salz
1 Kopf Wirsing oder Weißkohl
(etwa 1 ½ kg)

Für die Füllung:
1 Brötchen (Semmel)
vom Vortag
1 Zwiebel
1 Ei (Größe M)
etwa 1 TL mittelscharfer Senf
375 g Rindergehacktes
Salz
gem. Pfeffer
4 EL Speiseöl, z.B. Rapsöl
500 ml Gemüsefond
1–2 TL Speisestärke
2 EL kaltes Wasser

Außerdem:
Küchengarn oder
Rouladennadeln

Pro Portion:
E: 23 g, F: 25 g, Kh: 12 g,
kJ: 1517, kcal: 362, BE: 1,0

1 In einem großen Topf reichlich Wasser zum Kochen bringen. Salz hinzufügen (auf 1 l Wasser 1 Teelöffel Salz). Inzwischen von dem Wirsing oder Weißkohl die äußeren welken Blätter entfernen. 12 große Blätter lösen, Blattrippen entfernen oder flach schneiden. Kohlblätter etwa 3 Minuten in das kochende Salzwasser legen, mit einer Schaumkelle herausnehmen und die Blätter trocken tupfen.

2 Für die Füllung Brötchen mindestens 10 Minuten in kaltem Wasser einweichen, bis es weich ist. Zwiebel abziehen, würfeln. Brötchen gut ausdrücken, mit Zwiebelwürfeln, Ei, Senf und Gehacktem in eine Rührschüssel geben und mit einem Mixer (Knethaken) vermengen. Mit Salz und Pfeffer würzen.

3 Jeweils 2–3 große Kohlblätter übereinanderlegen, je ein Viertel der Füllung daraufgeben. Blätter seitlich einschlagen und aufrollen (Foto 1). Die Rouladen mit Küchengarn umwickeln oder mit Rouladennadeln feststecken (Foto 2).

4 Speiseöl in einem Topf erhitzen. Die Rouladen darin von allen Seiten anbraten. Gemüsefond hinzugießen. Rouladen zugedeckt bei schwacher Hitze etwa 45 Minuten schmoren, dabei gelegentlich wenden.

5 Die gegarten Rouladen aus dem Topf nehmen, Küchengarn oder Rouladennadeln entfernen. Rouladen auf einer vorgewärmten Platte anrichten und warm stellen.

6 Speisestärke mit Wasser anrühren. Den Bratenfond aufkochen lassen, angerührte Speisestärke mit einem Schneebesen unterrühren. Die Sauce nochmals aufkochen, mit Salz und Pfeffer abschmecken und zu den Rouladen servieren.

BEILAGE:
Salzkartoffeln (S. 230), Kartoffelpüree (S. 234), Semmelknödel (S. 240) oder Kartoffelklöße (S. 238).

TIPP:
Den restlichen Kohl für Wirsing (S. 190) oder für eine Suppe oder einen Eintopf verwenden.

ABWANDLUNG:
Anstelle des eingeweichten Brötchens 50 g gegarten Reis mit dem Gehackten vermengen.

2

Roastbeef mit Kräuter-Senf-Kruste

WÜRZIGER GAUMENSCHMAUS

Zubereitungszeit:
etwa 10 Minuten
Bratzeit: 35–40 Minuten

1 kg Roastbeef
2–3 EL Speiseöl,
z.B. Sonnenblumenöl
Salz
gem. Pfeffer

Für die Kräuter-Senf-Kruste:
1 Bund Petersilie
je 1 kleines Bund Majoran,
Thymian, Basilikum
4 EL mittelscharfer Senf

Pro Portion:
E: 56 g, F: 15 g, Kh: 2 g,
kJ: 1539, kcal: 367, BE: 0,0

1 Den Backofen vorheizen.
Ober-/Unterhitze: etwa 220 °C
Heißluft: etwa 200 °C

2 Roastbeef mit Küchenpapier abtupfen, den dünnen Fettrand mit einem scharfen Messer entfernen.

3 Speiseöl in einer Pfanne erhitzen. Das Fleisch darin von allen Seiten anbraten, mit Salz und Pfeffer würzen. Das Fleisch in eine flache Auflaufform legen. Die Form auf dem Rost in den Backofen schieben.
Einschub: Mitte
Bratzeit: etwa 20 Minuten

4 Für die Kräuter-Senf-Kruste Kräuter abspülen und trocken tupfen. Die Blättchen von den Stängeln zupfen, Blättchen klein schneiden und mit Senf vermengen. Das Roastbeef mit einem Pinsel mit der Kräuter-Senf-Mischung bestreichen und **bei der oben angegebenen Backofentemperatur in weiteren 15–20 Minuten fertig braten.**

5 Anschließend das Roastbeef zugedeckt etwa 10 Minuten ruhen lassen, damit sich der Fleischsaft setzt. Für die Sauce den Bratensatz mit wenig Wasser loskochen, mit Salz und Pfeffer würzen. Roastbeef in Scheiben schneiden und die Sauce dazu servieren.

BEILAGE:
Baguette oder Bratkartoffeln (S. 236), Brokkoli (S. 175), grüne Bohnen (S. 176), Spargel (S. 184), Remouladensauce (S. 162) und Salat.

TIPP:
Roastbeef schmeckt auch kalt sehr gut, z. B. mit Remouladensauce (S. 162) und Bratkartoffeln oder Brot.

» REZEPTVARIANTEN:
Roastbeef mit Blattspinat
Dafür 1 kg Roastbeef wie im Rezept beschrieben zubereiten. 1 kg Blattspinat vorbereiten (S. 185). 2 Zwiebeln und 3 Knoblauchzehen abziehen, klein würfeln. 40 g Butter in einem Topf zerlassen, Zwiebel- und Knoblauchwürfel darin unter Rühren andünsten. Spinat hinzugeben, mit Salz, Pfeffer und Muskat würzen. Spinat zugedeckt etwa 5 Minuten bei schwacher Hitze dünsten. Spinat umrühren, nochmals mit Salz und Pfeffer abschmecken und mit dem Roastbeef servieren.

Roastbeef, klassisch
Roastbeef wie beschrieben zubereiten, allerdings ohne die Kruste. Die Garzeit beträgt **insgesamt etwa 35 Minuten.**

Rinderrouladen (Titelrezept)

KLASSISCH

Vorbereitung:
max. 2 Tage im Voraus
Zubereitungszeit:
etwa 30 Minuten
Schmorzeit: etwa 1 ½ Stunden

4 Scheiben Rindfleisch
(je 180–200 g, aus der Keule)
Salz
gem. Pfeffer
mittelscharfer Senf
60 g durchwachsener Speck
4 Zwiebeln
2 abgetropfte, mittelgroße
Gewürzgurken
1 Bund Suppengrün
(Sellerie, Möhren, Porree)
3 EL Speiseöl,
z.B. Sonnenblumenöl
etwa 250 ml heißes Wasser
oder Gemüsebrühe
etwa 1 geh. TL Speisestärke
3 EL Wasser

Außerdem:

Rouladennadeln
oder Küchengarn

Pro Portion:

E: 44 g, F: 21 g, Kh: 8 g,
kJ: 1654, kcal: 395, BE: 0,0

1 Rindfleischscheiben mit Küchenpapier abtupfen, mit Salz und Pfeffer würzen. Fleischscheiben mit 2–3 Teelöffeln Senf bestreichen. Speck in Scheiben schneiden. 2 Zwiebeln abziehen, halbieren. Zwiebeln und Gewürzgurken in Scheiben schneiden.

2 Die vorbereiteten Zutaten auf die Fleischscheiben geben. Die Scheiben von der schmalen Seite aus aufrollen (Foto 1) und mit Rouladennadeln feststecken oder mit Küchengarn umwickeln.

3 Die restlichen 2 Zwiebeln abziehen und vierteln. Sellerie und Möhren putzen, schälen, abspülen und abtropfen lassen. Porree putzen, die Stange längs halbieren, gründlich waschen und abtropfen lassen. Vorbereitetes Suppengrün klein schneiden.

4 Speiseöl in einem Topf oder Bräter erhitzen. Die Rouladen darin von allen Seiten kräftig anbraten. Zwiebelviertel und vorbereitetes Suppengrün kurz mitbraten (Foto 2). Gut die Hälfte des heißen Wassers oder der Brühe hinzugießen und zum Kochen bringen. Die Rouladen zugedeckt etwa 1 ½ Stunden bei mittlerer Hitze schmoren. Rouladen gelegentlich wenden. Verdampfte Flüssigkeit nach und nach durch heißes Wasser oder Brühe ersetzen.

5 Die gegarten Rouladen (Rouladennadeln oder Küchengarn entfernen) auf einer vorgewärmten Platte anrichten und warm stellen.

6 Den Bratensatz durch ein Sieb streichen (Foto 3), mit Wasser oder Brühe auf 375 ml auffüllen und zum Kochen bringen. Speisestärke mit Wasser anrühren. Die Sauce zum Kochen bringen, angerührte Speisestärke unterrühren und kurz aufkochen. Die Sauce mit Salz, Pfeffer und Senf abschmecken.

BEILAGE:

Blumenkohl (S. 175), Rotkohl (S. 178) oder Erbsen (S. 182) und Möhren (S. 174) und Salzkartoffeln (S. 230).

TIPPS:

Nach Belieben können Sie etwa 100 ml Wasser oder Gemüsebrühe durch Rotwein ersetzen oder statt Zwiebeln 1 Bund Frühlingszwiebeln verwenden.
Sie können die Rouladen auch in einem Schnellkochtopf zubereiten. Beachten Sie die Garzeiten und die Gebrauchsanleitung des Herstellers.
Statt frischem Suppengrün können Sie auch 225 g TK-Suppengemüse verwenden.

Gulasch

KLASSISCH

Vorbereitung:
max. 2 Tage im Voraus
Zubereitungszeit:
etwa 20 Minuten
Schmorzeit: 1 ¼ – 1 ½ Stunden

500 g Zwiebeln
500 g schieres Rindfleisch
(ohne Knochen, z. B.
aus der Unterschale) oder
geschnittenes Gulaschfleisch
30 g Margarine
oder 3 EL Speiseöl,
z. B. Sonnenblumenöl
Salz
gem. Pfeffer
Paprikapulver edelsüß
2 schwach geh. EL
Tomatenmark
etwa 250 ml heißes Wasser
1–2 Spritzer Tabascosauce

Pro Portion:
E: 27 g, F: 14 g, Kh: 7 g,
kJ: 1101, kcal: 264, BE: 0,0

1 Zwiebeln abziehen, halbieren und in Scheiben schneiden. Rindfleisch mit Küchenpapier abtupfen und in etwa 3 cm große Würfel schneiden.

2 Etwas Margarine oder Speiseöl in einem Topf erhitzen. Die Fleischwürfel darin in 2 Portionen von allen Seiten kräftig anbraten. Restliche Margarine oder restliches Speiseöl und die Zwiebelscheiben hinzufügen und mitbraten. Mit Salz, Pfeffer und Paprika würzen, Tomatenmark unterrühren.

3 Heißes Wasser hinzugießen. Gulasch zugedeckt 1 ¼ – 1 ½ Stunden bei mittlerer Hitze gar schmoren. Sollte zu viel Flüssigkeit verdampfen, evtl. noch etwas Wasser hinzugeben.

4 Gulasch mit Salz, Pfeffer, Paprika und Tabasco abschmecken.

BEILAGE:
Nudeln oder Reis und Gurkensalat (S. 205).

TIPPS:
Das Rindfleisch durch mageres Schweinefleisch ersetzen (Schmorzeit etwa 45 Minuten). Raffinierter wird das Gulasch, wenn die Hälfte des Wassers durch Rotwein ersetzt wird.

» ABWANDLUNG:
Für **Gulasch mit Champignons**
200 g Champignons putzen, evtl. kurz abspülen, trocken tupfen, in Scheiben schneiden und etwa 10 Minuten vor Ende der Garzeit zu dem Gulasch geben. Oder 210 g abgetropfte Champignonscheiben (aus dem Glas) kurz vor Ende der Garzeit hinzufügen.

Filetsteaks mit Pfeffer (Foto)

ZERGEHT AUF DER ZUNGE

Zubereitungszeit:
etwa 15 Minuten
Bratzeit: 4–8 Minuten

4 Rinderfiletsteaks aus
der Filetmitte (je etwa 150 g)
4 EL Speiseöl,
z.B. Sonnenblumen-
oder Rapsöl
Salz
2 TL bunte Pfefferkörner

Pro Portion:
E: 32 g, F: 16 g, Kh: 1 g,
kJ: 1148, kcal: 274, BE: 0,0

1 Rinderfiletsteaks mit Küchenpapier abtupfen (Foto 1). Speiseöl in einer Pfanne erhitzen. Die Steaks darin 2–4 Minuten braten. Nachdem die untere Seite gebräunt ist, das Fleisch wenden und mit Salz bestreuen.

2 Pfefferkörner etwas zerdrücken, auf den Steaks verteilen und mit einem Löffel etwas andrücken (Foto 2). Das Fleisch weitere 2–4 Minuten braten, dabei häufig mit dem Bratfett begießen (Foto 3).

3 Die Steaks auf einer vorgewärmten Platte anrichten. Das Bratfett über die Steaks geben.

BEILAGE:

Gemischter Blattsalat, Kartoffel-gratin (S. 300) oder geröstetes Baguette mit Kräuterquark.

TIPPS:

Die Steaks nicht direkt aus dem Kühlschrank zubereiten, sondern kurz bei Zimmertemperatur stehen lassen.

Rumpsteaks mit Zwiebeln

(ohne Foto)

WÜRZIGER GENUSS

Zubereitungszeit:
etwa 25 Minuten
Bratzeit: etwa 10 Minuten

2 große Zwiebeln
4 Rumpsteaks (je etwa 200 g)
3 EL Speiseöl, z.B.
Sonnenblumen- oder Rapsöl
Salz
gem. Pfeffer
evtl. etwas Steak-Gewürz

Pro Portion:
E: 45 g, F: 16 g, Kh: 1 g,
kJ: 1399, kcal: 333, BE: 0,0

1 Zwiebeln abziehen und in Würfel schneiden. Rumpsteaks mit Küchenpapier abtupfen und an den Rändern (Fettschicht) etwas einschneiden.

2 Speiseöl in einer Pfanne erhitzen. Rumpsteaks in das heiße Fett legen und kurz von jeder Seite 3–4 Minuten braten. Die Rumpsteaks dabei häufig mit dem Bratfett aus der Pfanne begießen, damit sie saftig bleiben. Dann mit Salz, Pfeffer und nach Belieben mit Steak-Gewürz bestreuen.

3 Steaks auf einer vorgewärmten Platte anrichten und zugedeckt warm stellen. Die Zwiebelwürfel in das Bratfett geben, mit Salz und Pfeffer würzen und unter Rühren einige Minuten braten. Die Rumpsteaks mit den Zwiebeln servieren.

TIPPS:

Das Fleisch sollte nach dem Braten immer noch etwas zugedeckt ruhen, damit sich der Fleischsaft verteilt und das Steak saftig bleibt. Den ausgetretenen Fleischsaft über die Steaks geben oder mit für eine Sauce verwenden.

Gefüllter Hackbraten (im Foto vorn)

DARAUF FREUEN SICH GÄSTE – 4–6 PORTIONEN

Zubereitungszeit:
etwa 20 Minuten
Bratzeit: 45–50 Minuten

2 abgetropfte, eingelegte
Paprikahälften (aus der Dose)
1 Zwiebel
750 g Gehacktes (halb Rind-,
halb Schweinefleisch)
2 Eier (Größe M)
1 TL mittelscharfer Senf
Salz
gem. Pfeffer
285 g abgetropftes Sauerkraut
(aus der Dose)
Zucker
1 EL Semmelbrösel
7 Scheiben Bacon
(Frühstücksspeck, etwa 125 g)

Pro Portion:
E: 37 g, F: 35 g, Kh: 5 g,
kJ: 2021, kcal: 483, BE: 0,5

1 Den Backofen vorheizen.
Ober-/Unterhitze: etwa 200 °C
Heißluft: etwa 180 °C

2 Paprikahälften in kleine Würfel
schneiden. Zwiebel abziehen und
klein würfeln.

3 Gehacktes in eine Rührschüssel
geben, mit Eiern, Zwiebelwürfeln,
Senf, Salz und Pfeffer vermengen.
Sauerkraut mit den Paprikawürfeln
mischen, mit Salz, Pfeffer und
Zucker würzen.

4 Semmelbrösel auf die Arbeitsfläche
streuen, die Hackfleischmasse
daraufgeben, zu einem Rechteck
(etwa 20 x 30 cm) formen (Foto 1).
Die Sauerkraut-Paprika-Mischung
längs auf eine Fleischteighälfte
geben und den Hackfleischteig von
der belegten Seite der Länge nach
aufrollen (Foto 2).

5 Hackbraten evtl. mithilfe einer
Palette auf ein Backblech (gefettet)
oder in eine Auflaufform (gefettet)
legen. Hackbraten mit den Bacon-
streifen belegen, sodass ein Gitter
entsteht. Das Backblech oder
die Form auf dem Rost in den
Backofen schieben.
Einschub: unteres Drittel
Bratzeit: 45–50 Minuten

REZEPTVARIANTE:
Herbstlicher
Hackfleischkuchen
(im Foto hinten, 8–10 Portionen)
500 g Hokkaido-Kürbis abspülen,
abtropfen lassen, halbieren
und entkernen. 300 g Kürbis in
kleine Würfel, den Rest in dünne
Spalten schneiden. 1 Zwiebel
abziehen, klein würfeln und mit
100 g Schinkenwürfeln in einer
Pfanne anbraten. Kürbiswürfel und
½ Teelöffel gerebelten Thymian
hinzugeben, kurz mitbraten.
Dann mit 200 ml Rinderfond
ablöschen und etwa 2 Minuten
bei mittlerer Hitze kochen lassen.
Zutaten in eine große Schüssel
geben und abkühlen lassen. 1 Bund
Petersilie abspülen, trocken tupfen,
Blättchen klein schneiden. 100 g
Lebkuchen ohne Schokolade klein
würfeln. 1 ½ kg Gehacktes (halb
Rind-, halb Schweinefleisch)
mit 2 Eiern (Größe M),
175 g abgetropftem Wild-
Preiselbeer-Dessert, Petersilie,
2 Esslöffeln Semmelbröseln
und Lebkuchenwürfeln zu der
abgekühlten Kürbismasse geben
und vermengen. Mit Salz und
Pfeffer abschmecken. Fleischmasse
in eine Fettpfanne (30 x 40 cm,
gefettet) geben und glatt streichen.
200 g Ziegenfrischkäserolle in
8–10 Scheiben schneiden und
zusammen mit den Kürbisspalten
auf der Fleischmasse verteilen.
Den Hackfleischkuchen **bei**
der im Rezept angegebenen
Backofentemperatur etwa
35 Minuten garen.

1

2

Tafelspitz mit Meerrettichsauce

DARAUF FREUEN SICH GÄSTE

Vorbereitung:
etwa 2 Tage, ohne Sauce
Zubereitungszeit:
etwa 20 Minuten
Garzeit: etwa 2 Stunden
und 20 Minuten

1–1 ½ l Wasser
1 kg Rindfleisch (Tafelspitz)
1–1 ½ gestr. TL Salz
1 Lorbeerblatt
1 EL Pfefferkörner
2 große Zwiebeln
150 g Möhren
150 g Staudensellerie
200 g Porree (Lauch)

Für die Meerrettichsauce:
30 g Butter oder Margarine
25 g Weizenmehl
400 ml Tafelspitzbrühe
100 g Schlagsahne
20 g frisch ger. Meerrettich
Salz
etwas Zucker
etwa 1 TL Zitronensaft
evtl. 1 EL klein geschnittene
Petersilie

Pro Portion:
E: 57 g, F: 20 g, Kh: 11 g,
kJ: 1911, kcal: 458, BE: 1,0

1 Wasser in einem großen Topf zum Kochen bringen. Rindfleisch mit Küchenpapier abtupfen, mit Salz, Lorbeerblatt und Pfefferkörnern in das kochende Wasser geben. Rindfleisch zugedeckt etwa 2 Stunden bei schwacher bis mittlerer Hitze gar ziehen lassen.

2 In der Zwischenzeit Zwiebeln abziehen und würfeln. Möhren und Sellerie putzen, schälen, abspülen, abtropfen lassen, beides in Scheiben schneiden. Porree putzen, die Stange längs halbieren, gründlich waschen, abtropfen lassen und in etwa 2 cm lange Stücke schneiden. Das vorbereitete Gemüse nach Ende der Garzeit zu dem Fleisch geben und zugedeckt noch etwa 20 Minuten mitgaren.

3 Das gegarte Fleisch vor dem Anschneiden zugedeckt etwa 10 Minuten ruhen lassen. Die Brühe mit dem Gemüse in ein Sieb geben, dabei die Brühe auffangen, 400 ml für die Sauce abmessen. Gemüse zugedeckt warm stellen.

4 Während das Fleisch ruht, für die Sauce Butter oder Margarine in einem kleinen Topf zerlassen. Mehl darin unter Rühren so lange erhitzen, bis es hellgelb ist. Abgemessene Tafelspitzbrühe und Sahne hinzugießen. Mit einem Schneebesen gut durchschlagen, dabei darauf achten, dass keine Klümpchen entstehen. Die Sauce kurz aufkochen.

5 Meerrettich unterrühren. Die Sauce mit Salz, Zucker und Zitronensaft abschmecken. Das Fleisch in Scheiben schneiden, auf einer vorgewärmten Platte anrichten, mit etwas heißer Brühe übergießen. Tafelspitz mit Gemüse und Sauce servieren, nach Belieben mit Petersilie bestreuen.

BEILAGE:
Röstkartoffeln, grüner Salat oder Möhren (S. 174).

» REZEPTVARIANTEN:
Kalte Meerrettichsauce
(im Bild oben in der Mitte)
150 g Crème fraîche mit 2 Esslöffeln Meerrettich aus dem Glas verrühren, mit etwas Zitronensaft, Salz, Pfeffer und Zucker abschmecken.

Schnittlauchsauce
(im Bild oben rechts und links)
1 abgezogene Schalotte und 1 vorbereitete Möhre (etwa 100 g) in kleine Würfel (Brunoise) schneiden. Möhre in kochendem Salzwasser etwa 1 Minute blanchieren, danach in Eiswasser abschrecken. 150 g Crème fraîche mit 4 Esslöffeln Olivenöl und 1 Esslöffel Weißweinessig verrühren. 1 Bund Schnittlauch abspülen, trocken tupfen und in Röllchen schneiden. Schnittlauch und Gemüse unter die Sauce rühren. Sauce mit Salz und Pfeffer abschmecken und zum Tafelspitz reichen.

Lammkeule

AUS DEM BACKOFEN – 4–6 PORTIONEN

Zubereitungszeit:
etwa 25 Minuten
Bratzeit: etwa 60 Minuten

1 Lammkeule mit Knochen
(etwa 1 ½ kg)
Salz
gem. Pfeffer
1–2 Knoblauchzehen
6 EL Speiseöl, z.B. Olivenöl
1–2 TL gerebelte
Kräuter der Provence
etwa 375 ml Lamm- oder
Rinderfond
150 g Cocktailtomaten
2 gelbe Paprikaschoten
1 mittelgroße Zucchini
4 Stängel Thymian
1 Stängel Rosmarin
1 TL Zucker
2 EL weißer Balsamico-Essig

Pro Portion:

E: 53 g, F: 20 g, Kh: 2 g,
kJ: 1657, kcal: 395, BE: 0,0

1 Den Backofen vorheizen.
Ober-/Unterhitze: etwa 180 °C
Heißluft: etwa 160 °C

2 Lammkeule mit Küchenpapier abtupfen, mit Salz und Pfeffer einreiben. Knoblauch abziehen und durch eine Knoblauchpresse drücken.

3 Von dem Speiseöl 4 Esslöffel in einem Bräter erhitzen. Die Lammkeule darin von allen Seiten kräftig anbraten. Die Keule mit dem Knoblauch bestreichen und mit den Kräutern bestreuen.

4 Ein Drittel des Fonds hinzugießen. Den Bräter ohne Deckel auf dem Rost in den Backofen schieben.
Einschub: unteres Drittel
Bratzeit: etwa 60 Minuten

5 Verdampfte Flüssigkeit nach und nach durch restlichen Fond ersetzen.

6 In der Zwischenzeit Cocktail-tomaten abspülen, trocken tupfen, halbieren und die Stängelansätze herausschneiden. Paprikaschoten halbieren, entstielen, entkernen und die weißen Scheidewände entfernen. Schoten abspülen und abtropfen lassen. Zucchini abspülen, abtrocknen und die Enden abschneiden. Paprika-schoten und Zucchini in 1–2 cm große Würfel schneiden. Thymian und Rosmarin abspülen und trocken tupfen. Die Blättchen bzw. Nadeln von den Stängeln zupfen.

7 Die gegarte Lammkeule aus dem Bräter nehmen und zugedeckt etwa 10 Minuten ruhen lassen, damit sich der Fleischsaft setzt.

8 Restliches Speiseöl in einer Pfanne erhitzen. Vorbereitetes Gemüse darin andünsten. Mit Zucker, Salz und Pfeffer würzen, Thymian und Rosmarin unterrühren. Das Gemüse mit Balsamico-Essig ablöschen.

9 Die Lammkeule in Scheiben schneiden und auf einer vorgewärmten Platte anrichten. Den Bratensatz durch ein Sieb streichen, evtl. mit Fond auffüllen. Die Sauce mit Salz und Pfeffer würzen und mit dem Gemüse zu dem Fleisch reichen.

BEILAGE:
Baguette oder Blechkartoffeln
(S. 302).

TIPP:
Sie können die Hälfte des Fonds durch Rotwein ersetzen.

» REZEPTVARIANTE:
Minzsauce
Von 1 Topf Minze die Blättchen abzupfen, abspülen und trocken tupfen. Blättchen mit etwas Salz, Pfeffer, 1 Teelöffel Puderzucker, 2 Esslöffeln Weißweinessig und 6 Esslöffeln Olivenöl pürieren. Sauce mit Salz und Pfeffer abschmecken. Minzsauce separat zur Lammkeule servieren.

Kaninchenkeulen

TRADITIONELL

Vorbereitung:
max. 1 Tag im Voraus
Zubereitungszeit:
etwa 20 Minuten
Garzeit: etwa 55 Minuten

4 Kaninchenkeulen
(je etwa 200 g)
Salz
gem. Pfeffer
1–2 Stängel Rosmarin
200 g Möhren
100 g Knollensellerie
2 Zwiebeln
50 g schwarze Oliven,
ohne Stein
150 g Tomaten
4 EL Olivenöl
700 ml Gemüsebrühe

Pro Portion:
E: 35 g, F: 25 g, Kh: 6 g,
kJ: 1637, kcal: 391, BE: 0,5

1 Den Backofen vorheizen.
Ober-/Unterhitze: etwa 160 °C
Heißluft: etwa 140 °C

2 Kaninchenkeulen mit Küchenpapier abtupfen, mit Salz und
Pfeffer würzen.

3 Rosmarin abspülen und trocken
tupfen. Möhren und Sellerie
putzen, schälen, abspülen,
abtropfen lassen und in Stücke
schneiden. Zwiebeln abziehen
und würfeln. Oliven halbieren.
Tomaten abspülen, abtropfen
lassen, halbieren und die
Stängelansätze herausschneiden.
Tomaten grob würfeln.

4 Olivenöl in einem Bräter erhitzen.
Die Kaninchenkeulen darin von
allen Seiten anbraten. Keulen
herausnehmen, das vorbereitete
Gemüse und Rosmarin in den
Bräter geben, 2–3 Minuten
andünsten. Kaninchenkeulen
wieder hinzugeben.

5 Brühe hinzugießen. Den Bräter
zugedeckt auf dem Rost in den
Backofen schieben.
Einschub: unteres Drittel
Garzeit: etwa 55 Minuten

6 Die Kaninchenkeulen herausnehmen, mit dem Gemüse
auf einer Platte anrichten und
zugedeckt warm stellen.

BEILAGE:
Bandnudeln oder Ciabatta und
Brokkoli (S. 175).

TIPPS:
Kaninchenkeulen herausnehmen,
mit der Hälfte des Gemüses auf
einer Platte anrichten, zugedeckt
warm stellen. Restliches Gemüse
pürieren, durch ein Sieb streichen,
in einem Topf mit 75–100 g Crème
fraîche verrühren. 50 g entsteinte
Oliven klein schneiden, unter
die Sauce rühren. 1 Esslöffel
Speisestärke mit 2 Esslöffeln Wasser
anrühren, in die Sauce rühren,
kurz aufkochen lassen. Sauce mit
Salz, Pfeffer und 1 Esslöffel Senf
abschmecken, zu den Keulen
reichen. Die Olivensauce wird
noch würziger, wenn Sie zusätzlich
20 g Olivencreme (aus Glas oder
Tube) zusammen mit der Brühe
unterrühren. Die Keulen sollten
immer mit Flüssigkeit bedeckt
sein, damit sie nicht austrocknen.
Sie können die Keulen auch mit
Speck umwickeln. Ersetzen Sie
1/3 der Brühe durch Weißwein.

» REZEPTVARIANTE:
Statt Rosmarin, Möhren, Sellerie
und Zwiebeln 350 g Fenchel,
250 g Porree (Lauch), 100 g Möhren, 250 g Paprikaschoten putzen,
abspülen, abtropfen lassen,
grob würfeln. Keulen wie oben
beschrieben anbraten, Gemüse
hinzugeben, mit Brühe auffüllen,
im vorgeheizten Backofen **bei
gleicher Backofentemperatur und
Garzeit garen**. Etwa 5 Minuten vor
Ende der Garzeit 50 g Olivenhälften
hinzugeben. Das Gemüse wird in
der Brühe zu den Keulen serviert.

Leber mit Zwiebeln (Foto)

KLASSISCH

Zubereitungszeit:
etwa 30 Minuten

5 Zwiebeln
4 Scheiben Leber,
etwa ½ cm dick (je 100–120 g)
20 g Weizenmehl
etwa 50 g Margarine
oder 3 EL Speiseöl, z.B.
Sonnenblumen- oder Rapsöl
Salz
gem. Pfeffer
gerebelter Majoran
einige Kerbelblättchen

Pro Portion:
E: 23 g, F: 13 g, Kh: 9 g,
kJ: 1027, kcal: 246, BE: 0,5

1 Zwiebeln abziehen, zunächst in dünne Scheiben schneiden, dann in Ringe teilen. Leber mit Küchenpapier abtupfen und in Mehl wenden. Nicht anhaftendes Mehl leicht abschütteln.

2 Die Hälfte von dem Fett in einer Pfanne erhitzen. Leberscheiben portionsweise darin von jeder Seite 2–3 Minuten braten. Leber nach dem Braten mit Salz, Pfeffer und Majoran würzen, auf einer vorgewärmten Platte anrichten, warm stellen.

3 Restliches Fett in dem verbliebenen Bratfett erhitzen. Zwiebelringe hineingeben, unter Rühren bei mittlerer Hitze etwa 2 Minuten bräunen. Zwiebelringe mit Salz und Pfeffer würzen, zu der Leber servieren. Mit Kerbel garnieren.

BEILAGE:
Kartoffelpüree (S. 234) und Apfelmus (S. 350).

TIPPS:
Sie können das Gericht mit Schweine-, Rinder- oder Kalbsleber zubereiten. Die Lebersorten unterscheiden sich in Geschmack und Beschaffenheit. Kalbsleber ist zarter und milder im Geschmack als Schweineleber und hat die kürzeste Garzeit. Rinderleber ist am kräftigsten im Geschmack und von etwas festerer Konsistenz. Die Garzeit der Leber richtet sich auch nach der Dicke der Scheiben. Leber sollte auf keinen Fall bei zu starker Hitze gebraten werden, da sie sonst schnell hart und trocken wird. Die Leber mit einigen abgespülten, trocken getupften Kerbelblättchen garniert servieren.

Gegrillte Lammkoteletts (ohne Foto)

GENUSS WIE IM URLAUB

Zubereitungszeit:
10 Minuten,
ohne Marinierzeit
Grillzeit: etwa 6 Minuten

8 doppelte Lammkoteletts
(je etwa 100 g)
2 kleine Knoblauchzehen
gem. Pfeffer, 3 EL Speiseöl

Pro Portion:
E: 30 g, F: 28 g, Kh: 0 g,
kJ: 1548, kcal: 370, BE: 0,0

1. Lammkoteletts mit Küchenpapier abtupfen. Von den Koteletts den Fettrand abschneiden oder den Fettrand mehrmals einschneiden.

2. Knoblauch abziehen, durch eine Knoblauchpresse drücken, mit Pfeffer und Speiseöl verrühren. Koteletts mit der Ölmischung bestreichen, auf einen Teller legen, mit Frischhaltefolie zugedeckt 60 Minuten im Kühlschrank marinieren.

3. Kurz vor Ende der Marinierzeit den Backofengrill (etwa 240 °C) vorheizen. Die Koteletts aus der Marinade nehmen, auf einen mit Alufolie belegten Rost legen. Den Rost unter den Grill schieben. Die Koteletts von jeder Seite etwa 3 Minuten grillen.

Züricher Geschnetzeltes (im Foto vorn)

TRADITIONELL

Zubereitungszeit: 30 Minuten

600 g Kalbfleisch
(aus der Keule)
2 mittelgroße Zwiebeln
2 EL Speiseöl
15 g Weizenmehl
250 g Schlagsahne
125 ml Weißwein oder Brühe
Salz
gem. Pfeffer
Zucker
Zitronensaft
einige Kerbelblättchen

Pro Portion:
E: 34 g, F: 28 g, Kh: 7 g,
kJ: 1776, kcal: 425, BE: 0,5

1 Fleisch mit Küchenpapier abtupfen, in dünne Streifen schneiden (Foto 1). Zwiebeln abziehen, klein würfeln. Speiseöl in einer Pfanne erhitzen. Die Fleischstreifen darin in 2 Portionen von jeder Seite 3–4 Minuten braten (Foto 2), herausnehmen und beiseitestellen.

2 Zwiebeln in dem verbliebenen Bratfett 2 Minuten dünsten, dann mit Mehl bestäuben (Foto 3). Unter Rühren erhitzen, bis es hellgelb ist. Wein oder Brühe und Sahne hinzugießen, mit einem Schneebesen durchschlagen. Darauf achten, dass keine Klümpchen entstehen. Sauce zum Kochen bringen, unter Rühren bei mittlerer Hitze einige Minuten einkochen lassen. Fleischstreifen wieder hinzugeben, in der Sauce erhitzen, nicht mehr kochen lassen, sonst wird das Fleisch zäh.

3 Das Geschnetzelte mit Salz, Pfeffer, 1 Prise Zucker und etwas Zitronensaft würzen. Das Geschnetzelte anrichten. Mit abgespülten, trocken getupften Kerbelblättchen garniert sofort servieren.

BEILAGE:
Rösti (S. 232), Spätzle oder Reis und Salat.

Boeuf Stroganoff (im Foto oben)

FÜR GÄSTE

Zubereitungszeit: 30 Minuten

600 g Rinderfilet
150 g Zwiebeln
150 g Champignons
100 g abgetropfte
Gewürzgurken
3 EL Speiseöl
200 ml Rinderfond
oder Fleischbrühe (S. 18)
1 TL mittelscharfer Senf
2 Esslöffel Crème fraîche
oder saure Sahne
Salz, gem. Pfeffer
1–2 EL gehackte Kräuter

Pro Portion:
E: 35 g, F: 16 g, Kh: 3 g,
kJ: 1247, kcal: 298, BE: 0,0

1 Rinderfilet mit Küchenpapier abtupfen und in Streifen schneiden. Zwiebeln abziehen und in Scheiben schneiden. Champignons putzen, evtl. kurz abspülen, trocken tupfen und in Scheiben schneiden. Gewürzgurken ebenfalls in Scheiben schneiden.

2 Speiseöl in einer Pfanne erhitzen. Die Filetstreifen darin in 2 Portionen kräftig anbraten, herausnehmen und beiseitestellen.

3 Die Gurken-, Zwiebel- und Champignonscheiben in dem verbliebenen Bratfett unter Rühren anbraten, herausnehmen, ebenfalls beiseitestellen. Rinderfond oder Fleischbrühe zum Bratensatz in die Pfanne geben und ohne Deckel bei starker Hitze etwas einkochen lassen. Senf und Crème fraîche oder saure Sahne unterrühren.

4 Beiseitegestellte Fleischstreifen und die Gemüsescheiben in die Sauce geben und erhitzen, aber nicht mehr kochen lassen. Boeuf Stroganoff mit Salz und Pfeffer abschmecken. Mit Kräutern bestreut servieren.

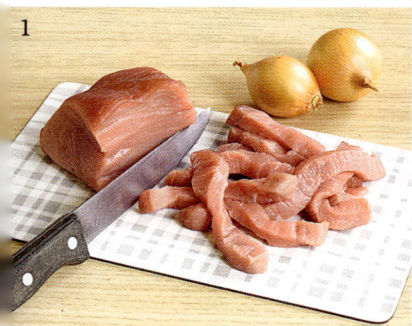
1

2

3

Schweinefilet auf Tomaten-Thymian-Reis

RAFFINIERT

**Zubereitungszeit:
etwa 30 Minuten**

1 Zwiebel
2 Stängel Thymian

4 EL Speiseöl,
z.B. Sonnenblumenöl
250 g Langkornreis
etwa 800 ml Gemüsebrühe
600 g Schweinefilet
Salz, gem. Pfeffer
250 g Cocktailtomaten
1 TL Speisestärke
2 EL Wasser
2 TL abgetropfte,
grüne Pfefferkörner (in Lake)

Pro Portion:
E: 39 g, F: 14 g, Kh: 52 g,
kJ: 2067, kcal: 494, BE: 4,0

1 Die Zwiebel abziehen und klein würfeln. Thymian abspülen und trocken tupfen. Die Blättchen von den Stängeln zupfen und 2 Teelöffel abmessen.

2 Die Hälfte des Speiseöls in einem Topf erhitzen. Die Zwiebelwürfel und den Reis hinzufügen, unter Rühren bei mittlerer Hitze kurz andünsten. Etwa 500 ml von der Gemüsebrühe hinzugießen und unter gelegentlichem Rühren zum Kochen bringen. Den Reis zugedeckt bei schwacher Hitze etwa 15 Minuten nach Packungsanleitung garen.

3 Schweinefilet mit Küchenpapier abtupfen, mit Salz und Pfeffer würzen.

4 Restliches Speiseöl in einer großen Pfanne erhitzen. Das Filets darin bei starker Hitze von jeder Seite etwa 1 Minuten anbraten, dann bei mittlerer Hitze etwa 10 Minuten unter Wenden fertig braten. Das Filet herausnehmen, in Alufolie wickeln und ruhen lassen.

5 In der Zwischenzeit Tomaten abspülen, trocken tupfen, halbieren und die Stängelansätze herausschneiden. Die Tomatenhälften mit den Thymianblättchen etwa 5 Minuten vor Ende der Garzeit unter den Reis heben und fertig garen. Den Tomaten-Thymian-Reis mit etwas Salz und Pfeffer würzen.

6 Schweinefilet in 12 Scheiben schneiden, den austretenden Fleischsaft dabei auffangen, mit der restlichen Gemüsebrühe zum Bratensatz in die Pfanne gießen und aufkochen lassen. Speisestärke mit Wasser anrühren, unter die Sauce rühren und kurz aufkochen. Pfefferkörner unterrühren. Die Pfeffersauce mit etwas Salz und evtl. Pfeffer abschmecken.

7 Die Schweinefilets mit der Pfeffersauce und dem Tomaten-Thymian-Reis anrichten.

TIPP:
Nach Belieben mit abgespülten, trocken getupften Thymianstängeln garnieren.

Marinierte Wildsteaks

ZERGEHT AUF DER ZUNGE

Vorbereitung:
1 Tag im Voraus
Zubereitungszeit:
etwa 30 Minuten,
ohne Marinierzeit
Bratzeit: etwa 10 Minuten

4 Wildsteaks (je etwa 150 g)
vom Reh, Hirsch
oder Wildschwein

Für die Marinade:
3 EL Zitronensaft
5 EL Speiseöl, z. B.
Sonnenblumen- oder Rapsöl
10 zerdrückte
Wacholderbeeren
1 Lorbeerblatt in Stückchen
1 TL gerebelter Thymian
oder Rosmarin
Salz
gem. Pfeffer
100 g Schlagsahne
2 TL Brombeer- oder
Johannisbeergelee
evtl. Cayennepfeffer

Pro Portion:
E: 32 g, F: 29 g, Kh: 4 g,
kJ: 1679, kcal: 401, BE: 0,5

1 Die Steaks mit Küchenpapier abtupfen, evtl. enthäuten.

2 Für die Marinade Zitronensaft mit Speiseöl, Wacholderbeeren, Lorbeerblatt und Thymian oder Rosmarin verrühren. Die Steaks in eine flache Schale legen und mit der Marinade übergießen. Steaks in der Marinade etwa 2 Stunden mit Frischhaltefolie zugedeckt im Kühlschrank marinieren, dabei gelegentlich wenden.

3 Eine Pfanne ohne Fett erhitzen. Die Steaks aus der Marinade nehmen, etwas abtropfen lassen, in die Pfanne geben und von beiden Seiten anbraten. Die Steaks etwa 10 Minuten bei mittlerer Hitze braten, dabei zwischendurch einmal wenden. Die Steaks mit Salz und Pfeffer würzen, herausnehmen und zugedeckt warm stellen.

4 Die restliche Marinade in die Pfanne geben und den Bratensatz loskochen. Sahne und Gelee hinzugeben, gut unterrühren. Den ausgetretenen Fleischsaft von den Steaks unterrühren. Die Sauce mit Salz, Pfeffer und nach Belieben mit Cayennepfeffer abschmecken. Die Sauce zu den Steaks reichen.

BEILAGE:
Salzkartoffeln (S. 230), gemischter Blattsalat oder Feldsalat (S. 204).

TIPPS:
Nach Belieben die Sauce mit etwas dunklem Saucenbinder binden. Die Steaks können bereits am Vortag mariniert werden.

» REZEPTVARIANTEN:
Wildsteaks
mit Brombeersauce
250 g Brombeeren verlesen (oder TK-Früchte auftauen lassen). 75 g Zucker in einem Topf bei mittlerer Hitze unter Rühren (mit einem Holz- oder Metalllöffel) schmelzen. So lange rühren, bis der Zucker eine hellbraune Farbe bekommt (karamellisieren). Mit 165 ml schwarzem Johannisbeersaft ablöschen und zum Kochen bringen, dann Brombeeren hinzugeben. 1–2 Teelöffel Speisestärke mit etwas Wasser anrühren, in die Sauce rühren und aufkochen. Die Sauce mit Salz und Pfeffer abschmecken. Die Sauce nach Belieben mit klein geschnittenen Basilikumblättchen bestreut zu den Wildsteaks servieren.

Wildsteaks
mit Cocktail-Biersauce
Von 250 g abgetropften Cocktailfrüchten (aus der Dose) den Saft auffangen. ½ vorbereitete Chilischote hacken. 330 ml Grapefruit-Weizen mit der gehackten Chilischote und dem aufgefangenen Fruchtsaft zum Kochen bringen. 1–2 Teelöffel Speisestärke mit etwas Wasser anrühren, in die Sauce rühren und aufkochen. Die Sauce mit Salz, Pfeffer und Honig abschmecken.

Rehrücken

FÜR EINEN BESONDEREN ANLASS

Zubereitungszeit:
etwa 30 Minuten
Bratzeit: 35–50 Minuten

1 Rehrücken, mit Knochen
(etwa 1,6 kg)
Salz
gem. Pfeffer
75 g durchwachsener Speck,
in Scheiben
1 Zwiebel
50 g Knollensellerie
100 g Möhren
5 Wacholderbeeren
500 ml Gemüsefond
2–3 Birnen,
z. B. Williams Christ
200 ml Birnensaft
Saft von 1 Zitrone
200 g Schlagsahne
180 g Wild-Preiselbeer-Dessert
(aus dem Glas)
evtl. dunkler Saucenbinder

Pro Portion:
E: 67 g, F: 32 g, Kh: 35 g,
kJ: 2928, kcal: 700, BE: 3,0

1 Den Backofen vorheizen.
Ober-/Unterhitze: etwa 200 °C
Heißluft: etwa 180 °C

2 Rehrücken mit Küchenpapier abtupfen, evtl. enthäuten. Rehrücken mit Salz und Pfeffer einreiben. Rehrücken in einen mit Wasser ausgespülten Bräter legen und mit Speckscheiben belegen.

3 Zwiebel abziehen und klein würfeln. Sellerie und Möhren putzen, schälen, abspülen, abtropfen lassen und würfeln. Gemüsewürfel in den Bräter geben. Den Bräter ohne Deckel auf dem Rost in den Backofen schieben.
Einschub: Mitte
Bratzeit: 35–50 Minuten

4 Sobald der Bratensatz bräunt, Wacholderbeeren und die Hälfte des Gemüsefonds hinzugeben.

5 Birnen abspülen, abtropfen lassen, halbieren und entkernen (am besten mithilfe eines Kugelausstechers). Die Birnenhälften mit Birnensaft und Zitronensaft in einem Topf zum Kochen bringen. Birnenhälften zugedeckt etwa 10 Minuten bei mittlerer Hitze dünsten. Birnenhälften mit einer Schaumkelle aus der Flüssigkeit nehmen und erkalten lassen.

6 Den gegarten Rehrücken aus dem Bräter nehmen, zugedeckt 10 Minuten ruhen lassen. Den Bratensatz mit restlichem Gemüsefond loskochen, mit dem Gemüse durch ein Sieb streichen, zum Kochen bringen, Sahne unterrühren. 2 Esslöffel Preiselbeeren hinzugeben, wieder zum Kochen bringen, 3–5 Minuten sprudelnd kochen. Evtl. ausgetretenen Fleischsaft von dem ruhenden Rehrücken in die Sauce rühren. Die Sauce nach Belieben mit Saucenbinder andicken, nochmals mit den Gewürzen abschmecken.

7 Die Speckscheiben entfernen. Das Fleisch von dem Knochengerüst lösen, in Scheiben schneiden und wieder auf das Knochengerüst legen. Rehrücken auf einer vorgewärmten Platte anrichten.

8 Die Birnenhälften mit den restlichen Preiselbeeren füllen und um den Rehrücken legen. Die Sauce getrennt dazureichen.

BEILAGE:
Spätzle (S. 246) u. Rotkohl (S. 178).

TIPPS:
Rehrücken tranchieren (in Portionsstücke zerlegen). Hierfür den Rücken mit dem Knochen nach unten auf ein Schneidbrett legen. Mit einem scharfen Messer am Mittelknochen entlang einschneiden, dann am unteren Knochen entlang auslösen. Das Rückenfleisch in Scheiben schneiden.
Ersetzen Sie für den Bratenansatz 125 ml Fond durch Rotwein. Birnen in 200 ml Weißwein statt in Birnensaft garen. Wenn Sie Birnen aus der Dose nehmen, diese nur kurz erwärmen.

Rehkeule

BEGEISTERT GÄSTE – 6 PORTIONEN

Zubereitungszeit:
etwa 30 Minuten,
ohne Marinierzeit
Bratzeit: 2–2 ½ Stunden

1 ½ kg Rehkeule, mit Knochen
3 EL Speiseöl,
z. B. Sonnenblumenöl
je 1 TL gerebelter Majoran,
Thymian und Rosmarin
100 g fetter Speck,
in dünnen Scheiben
Salz
gem. Pfeffer
etwa 150 ml heißer Wildfond
1 Zwiebel
100 g Möhren
150 g Porree (Lauch)
2 EL Tomatenmark

Für die Sauce:
325 ml Wildfond
heißes Wasser oder
Fleischbrühe
100 g Schlagsahne
20 g Speisestärke
3 EL kaltes Wasser
3 EL Wild-Preiselbeeren
(aus dem Glas)
einige Thymianblättchen

Pro Portion:
E: 46 g, F: 19 g, Kh: 13 g,
kJ: 1687, kcal: 404, BE: 1,0

1 Die Rehkeule mit Küchenpapier abtupfen, evtl. enthäuten. Speiseöl mit Majoran, Thymian und Rosmarin verrühren. Die Keule damit bestreichen, in eine Schale legen und mit Frischhaltefolie zugedeckt über Nacht im Kühlschrank marinieren.

2 Den Backofen vorheizen.
Ober-/Unterhitze: etwa 200 °C
Heißluft: etwa 180 °C

3 Die Hälfte der Speckscheiben in einen mit Wasser ausgespülten Bräter legen. Die Rehkeule mit Salz und Pfeffer würzen, auf die Speckscheiben in den Bräter legen und mit den restlichen Speckscheiben bedecken. Den Bräter ohne Deckel auf dem Rost in den Backofen schieben.
Einschub: unteres Drittel
Bratzeit: 2–2 ½ Stunden

4 Sobald der Bratensatz zu bräunen beginnt, den Fond hinzugießen. Das Fleisch ab und zu mit dem Bratenfond begießen, verdampfte Flüssigkeit nach und nach durch heißes Wasser oder Fond ersetzen.

5 Die Zwiebel abziehen. Möhren putzen, schälen, abspülen, abtropfen lassen. Porree putzen, Stange längs halbieren, gründlich waschen, abtropfen lassen. Gemüse grob zerkleinern. Nach 60 Minuten Bratzeit zuerst Tomatenmark leicht im Bräter anrösten, dann die Gemüsestücke hinzugeben. Die Rehkeule mit dem Gemüse in 60–90 Minuten fertig braten.

6 Die gegarte Rehkeule aus dem Bräter nehmen und zugedeckt etwa 10 Minuten ruhen lassen.

7 Für die Sauce den Bratensatz mit Wildfond loskochen, mit dem Gemüse durch ein Sieb streichen. Bratensatz mit Wasser oder Brühe auf 400 ml auffüllen, Sahne hinzugießen, zum Kochen bringen. Speisestärke mit Wasser anrühren. Angerührte Speisestärke in die Sauce rühren und kurz aufkochen.

8 Preiselbeeren, abgespülte, trocken getupfte Thymianblättchen und evtl. ausgetretenen Fleischsaft unter die Sauce rühren. Die Sauce mit Salz und Pfeffer würzen. Die Speckscheiben von der Rehkeule entfernen. Das Fleisch vom Knochen lösen, in Scheiben schneiden und mit der Sauce servieren.

BEILAGE:
Kartoffelklöße (S. 238),
Rotkohl (S. 178).

TIPPS:
Für die Sauce können Sie auch 125 ml Wildfond durch Rotwein ersetzen.
Statt der Rehkeule können Sie nach dem gleichen Rezept auch eine **Wildschweinkeule** zubereiten. Die Keule am besten über Nacht in 1 Liter Buttermilch einlegen. Wenn Sie eine Keule ohne Knochen (etwa 1 kg) verwenden, beträgt die Garzeit etwa 1 ½ Stunden. Damit die Keule schön zusammenbleibt, binden Sie die ausgelöste Keule mit Küchengarn zusammen.

Hirschkalbsmedaillons unter einer Haselnusskruste

ETWAS TEURER – MIT ALKOHOL

Zubereitungszeit:
etwa 70 Minuten
Garzeit: etwa 20 Minuten
Grillzeit: 2–3 Minuten

Für die Rotweinsauce:
2 rote Zwiebeln
400 ml Rotwein
1 Lorbeerblatt
4 Wacholderbeeren
200 ml Wildfond

500 g Rosenkohl
1 Möhre

Für die Haselnusskruste:
je 2 Stängel Rosmarin
und Thymian
50 g Toastbrot
80 g Butter
50 g gehackte Haselnusskerne

Für die Medaillons:
800 g Hirschkalbsrücken
ohne Knochen
Salz, gem. Pfeffer
je 2 Stängel Rosmarin
und Thymian
1 EL Butterschmalz
1 EL Aceto Balsamico
1 Eigelb (Größe M)
2 EL flüssiger Honig
25 g Butter
ger. Muskatnuss

etwas Speisestärke
2 TL flüssiger Honig

Pro Portion:
E: 50 g, F: 44 g, Kh: 26 g,
kJ: 3183, kcal: 760, BE: 2,0

1 Für die Sauce die Zwiebeln abziehen, in feine Streifen schneiden. Mit Rotwein, Lorbeerblatt und zerdrückten Wacholderbeeren zum Kochen bringen und langsam auf etwa die Hälfte einkochen lassen. Sauce durch ein Sieb gießen und mit dem Wildfond nochmals um die Hälfte einkochen lassen.

2 Rosenkohl putzen, abspülen, abtropfen lassen. Rosenkohl in kochendem Salzwasser 10 Minuten garen, dann in einem Sieb abtropfen lassen. Möhre putzen, schälen, abspülen, abtropfen lassen, würfeln.

3 Für die Haselnusskruste Rosmarin und Thymian abspülen, trocken tupfen, Nadeln bzw. Blättchen abzupfen, klein schneiden, beiseitelegen. Toastbrot entrinden, klein würfeln. 30 g Butter in einer Pfanne zerlassen. Brotwürfel mit den Haselnusskernen darin goldgelb rösten, herausnehmen.

4 Für die Medaillons Hirschkalbsrücken mit Küchenpapier abtupfen, enthäuten (Foto 1), in 12 gleich große Medaillons schneiden. Mit Salz und Pfeffer würzen.

5 Den Backofen vorheizen.
Ober-/Unterhitze: etwa 120 °C
Heißluft: etwa 100 °C

6 Kräuter abspülen, trocken tupfen. Schmalz in einer ofenfesten Pfanne erhitzen. Medaillons darin von beiden Seiten gut anbraten. Kräuter hinzufügen. Die Pfanne auf dem Rost in den Backofen schieben.
Einschub: Mitte
Garzeit: etwa 20 Minuten

7 Den Bratensatz mit Balsamico ablöschen. Für die Kruste restliche Butter (50 g) mit einem Mixer (Rührstäbe) aufschlagen. Eigelb, Honig und beiseitegelegte Kräuter unterrühren. Die Nuss-Brot-Mischung gut untermengen (Foto 2). Mit Salz und Pfeffer würzen.

8 Für das Gemüse Butter zerlassen, Rosenkohl und Möhren darin zugedeckt 5 Minuten dünsten.

9 Pfanne mit den Medaillons kurz vor Garzeitende aus dem Backofen nehmen. Backofengrill vorheizen. Haselnussmasse in 12 Portionen teilen, auf die Medaillons streichen (Foto 3), leicht andrücken. Medaillons unter dem Grill 2–3 Minuten überbacken.

10 Das Gemüse mit Salz, Pfeffer und Muskat würzen.

11 Den Bratensatz zur Rotweinsauce geben, aufkochen. Speisestärke mit etwas Wasser anrühren, in die Sauce rühren, nochmals aufkochen. Die Sauce mit Salz, Pfeffer und Honig abschmecken. Das Gemüse auf vorgewärmten Tellern verteilen. Die Medaillons mit etwas Sauce darauf anrichten.

Wildragout

WÜRZIG – MIT LIKÖR VERFEINERT

Zubereitungszeit:
30 Minuten
Schmorzeit:
etwa 60 Minuten

800 g Wildfleisch aus der
Keule, ohne Knochen
(z. B. Hirsch, Reh, Wildschwein)
2 Zwiebeln
2 EL Speiseöl
Salz
gem. Pfeffer
250 ml Maracujasirup
4 Stück Sternanis
3 Gewürznelken
1 Stange Zimt
4 Pfirsiche
2 EL Pfirsichlikör
1 EL Obstessig
1–2 EL Speisestärke
½ Bund Basilikum

Pro Portion:
E: 42 g, F: 14 g, Kh: 62 g,
kJ: 2354, kcal: 563, BE: 5,0

1 Wildfleisch mit Küchenpapier abtupfen, enthäuten und in etwa 2 ½ cm große Würfel schneiden. Zwiebeln abziehen und klein würfeln.

2 Speiseöl in einem Topf erhitzen. Die Fleischwürfel darin von allen Seiten kräftig anbraten, mit Salz und Pfeffer würzen. Zwiebelwürfel hinzugeben und kurz mitdünsten lassen. Die Hälfte des Maracujasirups hinzugießen und unter Rühren zum Kochen bringen.

3 Sternanis, Gewürznelken und Zimtstange in einen Teefilter geben, gut verschließen und zum Fleisch in den Topf geben. Das Fleisch zugedeckt etwa 55 Minuten bei mittlerer Hitze schmoren. Die verdampfte Flüssigkeit nach und nach durch restlichen Maracujasirup ersetzen.

4 In der Zwischenzeit Pfirsiche abspülen, abtropfen lassen, halbieren, entsteinen und in Würfel schneiden. Pfirsichwürfel unter das Ragout geben und noch weitere etwa 5 Minuten mitschmoren lassen. Pfirsichlikör und Obstessig unterrühren.

5 Speisestärke mit etwas Wasser anrühren, unter das Ragout rühren und unter Rühren nochmals aufkochen lassen.

6 Basilikum abspülen und trocken tupfen. Die Blättchen von den Stängeln zupfen. Blättchen klein schneiden. Den Teefilter mit den Gewürzen aus dem Ragout entfernen. Ragout mit Salz und Pfeffer abschmecken, mit Basilikum bestreut servieren.

Aromatische und zarte Leichtigkeit

Man muss sich nur entscheiden: Geflügel kann man klein und fein als Frikassee, Geschnetzeltes oder Chicken Wings zubereiten. Oder im Ganzen vom Brathähnchen über die Gans bis zum schwergewichtigen Truthahn dressieren, füllen, tranchieren und servieren. Das besondere Aroma lässt sich durch passende Saucen und Gewürze noch unterstreichen.

Tipps & Tricks

▶ *Kalorien beachten:*
Gänse- und
Entenfleisch ist
besonders fettreich und
sollte nur zum Braten
verwendet werden.

▶ *Gas geben:*
Die Haut von Gänsen
oder Enten wird schön
knusprig, wenn sie
10–15 Minuten vor
Ende der Garzeit mit
Salzwasser bestrichen
und gleichzeitig die
Backofentemperatur
erhöht wird.

▶ *Locker bleiben:*
Beim Füllen von
Geflügel die Zutaten
nicht zu sehr pressen,
da das Geflügel sonst
beim Braten platzen
könnte.

Gut gegarter Genuss

Es gibt viele Gründe, regelmäßig Geflügelfleisch zu essen. Es enthält eine Menge Eiweiß, Vitamine und Mineralstoffe sowie eine günstige Fettsäurenzusammensetzung. Geflügel lässt sich leicht zubereiten und gut kombinieren. Allerdings sollte es immer gut durchgegart werden, da es mit Salmonellen belastet sein kann. Einfach einstechen: Wenn der austretende Saft wasserklar ist und das Bein sich leicht aus dem Gelenk lösen lässt, ist es gar. Man kann die Kerntemperatur (mindestens 70 °C) auch mit einem Fleischthermometer messen – aber nicht zu nah am Knochen, sonst wird das Ergebnis verfälscht.

Von groß und schwer bis klein und leicht

Huhn wird frisch oder tiefgekühlt angeboten als 5–7 Wochen altes und 800–1200 g schweres *Brathähnchen* – besonders schmackhaft sind speziell gemästete Tiere wie z. B. Maishähnchen. *Suppenhühner* werden nicht gemästet, sondern zum Eierlegen gehalten, nach 12–15 Monaten geschlachtet und wiegen je nach Rasse 1000–2000 g. Gekocht eine gute Grundlage für Hühnerbrühen und Ragouts. Dunkles Fleisch mit zarter Struktur und würzigem Geschmack haben *Perlhühner* (1000–1300 g), die für alle Zubereitungsarten geeignet sind.

Enten wiegen 1800–2500 g und werden meist nach über einem Jahr geschlachtet. Durch den hohen Brustfleischanteil und den geringen Fettgehalt sind *Barbarieenten* besonders begehrt.

Gänse sind etwa 9 Monate alt und 4–6 kg schwer. Sie schmecken nicht nur gefüllt gut.

Puten werden auch **Truthähne** genannt, sind Schwergewichte – Weibchen wiegen bis zu 12 kg, Männchen bis zu 20 kg. Angeboten werden sie meist zerlegt in Brust, Keule und Schnitzel oder als Jungputen mit 3–4 kg und Babyputen mit 2–3 kg.

Wachteln sind mit 150 g dagegen ganz leicht. Sie werden gefüllt und gebraten als Vorspeise oder Zwischengericht zubereitet.

Geflügelteile werden als Hälften, Brust, Brustfilets, Schnitzel, Schenkel und Flügel angeboten – tiefgefroren, gekühlt und frisch. Das Brustfleisch von Hähnchen oder Pute ist beispielsweise die perfekte Grundlage für Geschnetzeltes oder asiatische Gerichte.

Geflügel ganz oder geteilt

Mit einfachen Techniken gelingt die optimale Zubereitung und Portionierung:

Dressieren: Soll Geflügel im Ganzen gegart werden, müssen mit Küchengarn alle abstehenden Teile (Flügel, Keulen) möglichst nah am Körper befestigt werden. Dann trocknen sie bei der Zubereitung nicht aus.

» Geflügel auf den Rücken legen
» Flügelspitzen nach hinten biegen und unter den Rumpf schieben.
» Spitzen abschneiden und Flügel unter dem Rumpf mit Küchengarn zusammenbinden.
» Keulen mit Küchengarn zusammenbinden.

Zerlegen: Das Zerkleinern von Geflügel in Teilstücke ermöglicht das optimale Garen: Brustfleisch z. B. hat eine kürzere Garzeit als Schenkelfleisch. So werden Hähnchen zerlegt:

» Geflügel auf den Rücken legen, Keulen und Flügel mit einem Messer abtrennen.
» Brustfleisch am Brustbein entlang bis zum Knochen einschneiden und den Brustknochen mit einer Geflügelschere durchtrennen.
» Rücken am Rückgrat entlang durchtrennen (Geflügelschere), Rückgrat herausschneiden und das Brustfleisch halbieren.
» Keulen im Gelenk mit einem Messer oder der Geflügelschere durchtrennen.

Füllen: Großgeflügel wie Gänse oder Pute kann vor der Zubereitung sehr gut gefüllt werden. Die Füllung wird als Beilage zu dem Fleisch serviert, das aromatischer schmeckt als ungefüllt.

» Geflügel auf den Rücken legen.
» Füllung in den Bauchraum geben.
» Öffnung mit Küchengarn zunähen oder mit Holzspießchen zustecken und kreuzweise mit Küchengarn verschnüren.

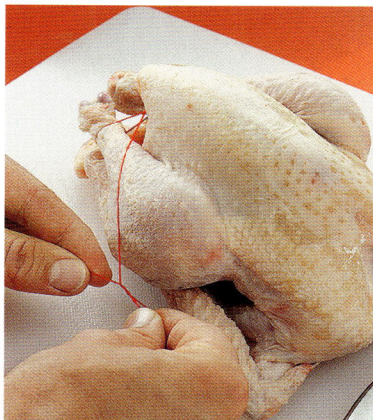

Tranchieren: Das Zerteilen des im Ganzen gegarten Geflügels in Portionsstücke vor dem Servieren funktioniert mit einem scharfen (Tranchiermesser) Messer oder einer Geflügelschere:

» Keulen auslösen, bis zum Gelenk einschneiden, Gelenk etwas drehen und Sehnen durchschneiden.
» Flügel abtrennen und dann an den Gelenken durchtrennen.
» Brustfleisch an beiden Seiten von den Knochen lösen.
» Fleisch in Portionsstücke schneiden und auf einer vorgewärmten Platte anrichten.

SOS

❯ *Schnell transportieren: Das empfindliche Geflügelfleisch nach dem Einkauf möglichst schnell nach Hause bringen und gut kühlen. Am besten eine Kühltasche verwenden.*

❯ *Langsam auftauen: Am besten im Kühlschrank in ein Gefäß mit Siebeinsatz legen. Das Geflügel darf nicht in der Auftauflüssigkeit liegen!*

❯ *Abstand halten: Andere Lebensmittel oder Speisen dürfen nicht mit dem rohen Geflügel oder dem Auftauwasser in Berührung kommen. Salomellengefahr! Auftauwasser sofort weggießen.*

❯ *Hygienisch arbeiten: Zeitdruck ist kein Argument – die Hände nach der Vorbereitung von Geflügel immer gründlich waschen. Alle verwendeten Gegenstände sofort reinigen.*

Brathähnchen

KLASSISCH

Zubereitungszeit:
20 Minuten
Bratzeit: etwa 60 Minuten

2 EL Speiseöl
1 Hähnchen (etwa 1,3 kg)
Salz
gem. Pfeffer
Paprikapulver edelsüß
1 Zwiebel
200 g Möhren
130 g Tomaten
1–2 TL klein gehackte
Rosmarinnadeln
1 Lorbeerblatt
125 ml Hühnerbrühe

Pro Portion:
E: 55 g, F: 32 g, Kh: 5 g,
kJ: 2189, kcal: 523, BE: 0,5

1 Speiseöl in einer Fettpfanne verteilen und in den Backofen schieben (**Einschub: Mitte**).

2 Den Backofen vorheizen.
Ober-/Unterhitze: etwa 200 °C
Heißluft: etwa 180 °C

3 Die mit Speiseöl bestrichene Fettpfanne etwa 10 Minuten vorheizen.

4 Das Hähnchen mit Küchenpapier abtupfen. Das Hähnchen mit Salz, Pfeffer und Paprika einreiben und in die Fettpfanne legen.
Einschub: Mitte
Bratzeit: etwa 60 Minuten

5 In der Zwischenzeit Zwiebel abziehen, klein würfeln. Möhren putzen, schälen, abspülen, abtropfen lassen und in Scheiben schneiden. Tomaten kreuzweise einschneiden und mit kochendem Wasser übergießen. Nach 1–2 Minuten herausnehmen und mit kaltem Wasser abschrecken.

Tomaten häuten, halbieren und die Stängelansätze herausschneiden. Tomaten in Würfel schneiden. Nach etwa 15 Minuten Bratzeit Rosmarinnadeln mit dem vorbereiteten Gemüse, einem in Stücke gebrochenem Lorbeerblatt und Hühnerbrühe hinzugeben.

6 Das gebratene Hähnchen aus der Fettpfanne nehmen und zugedeckt 5–10 Minuten ruhen lassen, damit sich der Fleischsaft setzt. Evtl. noch etwas Wasser zu dem Bratensatz geben, nach Belieben den Bratensatz mit dem Gemüse durch ein Sieb streichen. Die Sauce mit Salz, Pfeffer und Paprika abschmecken.

7 Das Hähnchen mit einer Geflügelschere in Stücke teilen (tranchieren), anrichten und mit der Sauce servieren.

BEILAGE:
Baguette, Reis, gemischter Blattsalat.

Hähnchenkeulen

BELIEBT BEI GROSS UND KLEIN

Zubereitungszeit:
etwa 10 Minuten
Bratzeit: etwa 45 Minuten

4 Hähnchenkeulen
(je etwa 250 g)
½ gestr. TL Salz
1 Msp. gem. Pfeffer
1 TL Paprikapulver edelsüß
2–3 EL Speiseöl,
z. B. Sonnenblumenöl

Pro Portion:
E: 34 g, F: 24 g, Kh: 0 g,
kJ: 1458, kcal: 349, BE: 0,0

1 Den Backofen vorheizen.
Ober-/Unterhitze: etwa 200 °C
Heißluft: etwa 180 °C

2 Die Keulen mit Küchenpapier
abtupfen.

3 Salz, Pfeffer und Paprika mit
dem Speiseöl verrühren. Die
Hähnchenkeulen damit einreiben
und in eine Fettpfanne legen.
Die Fettpfanne in den Backofen
schieben.
Einschub: Mitte
Bratzeit: etwa 45 Minuten

BEILAGE:
Kartoffelsalat (S. 216)
oder gemischter Blattsalat,
Bratkartoffeln (S. 236) und Erbsen
(S. 182) oder Möhren (S. 174).

» REZEPTVARIANTEN:
Tandoori-Hähnchenkeulen
125 g Joghurt (3,5 % Fett) glatt
rühren. 1 Knoblauchzehe abziehen
und durch eine Knoblauchpresse
zum Joghurt drücken.
½ Teelöffel Salz, 1–1 ½ Teelöffel
Paprikapulver edelsüß, ½–1 Teelöffel Currypulver, knapp
½ Teelöffel gemahlenen Zimt,
1 Messerspitze Cayennepfeffer und
1 Prise gemahlene Gewürznelken
unterrühren.

Die vorbereiteten Hähnchenkeulen
mit der Marinade bestreichen,
in eine flache Schale legen und
mit Frischhaltefolie zugedeckt
mindestens 2 Stunden oder über
Nacht im Kühlschrank marinieren.
Die Keulen in eine Fettpfanne
geben, nochmals mit der Marinade
bestreichen und wie im Rezept
beschrieben braten. Die Keulen
nach Belieben nach der Hälfte
der Garzeit mit der Marinade
bestreichen.

Hähnchenkeulen
mit Kräuterpanade
Die Hähnchenkeulen wie unter
Punkt 2 beschrieben vorbereiten.
Hähnchenkeulen mit Salz, Pfeffer
und Paprikapulver edelsüß
einreiben. 4–5 Esslöffel gemischte,
klein geschnittene Kräuter (frisch
oder TK, z. B. Petersilie, Estragon,
Schnittlauch) mit 6 Esslöffeln
Semmelbröseln mischen. Die
Hähnchenkeulen zunächst in
Weizenmehl, dann in einem
verschlagenen Ei und zuletzt
in der Semmelbrösel-Kräuter-
Mischung wenden. Die Panade
gut andrücken, nicht anhaftende
Panade leicht abschütteln. Die
Keulen in eine Fettpfanne geben,
mit 3–4 Esslöffeln Speiseöl
beträufeln und wie im Rezept
beschrieben braten.

Hühnerfrikassee

KLASSISCH – MIT ALKOHOL

**Zubereitungszeit:
etwa 30 Minuten,
ohne Abkühlzeit
Garzeit: etwa 60 Minuten**

1 ½ l Wasser
1 Bund Suppengrün (Sellerie,
Möhren, Porree)
1 Zwiebel
1 Lorbeerblatt
1 Gewürznelke
1 küchenfertiges Suppenhuhn
(1–1,2 kg)
1 ½ gestr. TL Salz

Für die Sauce:
25 g Butter
30 g Weizenmehl
500 ml Hühnerbrühe
175 g abgetropfte
Spargelstücke (aus dem Glas)
150 g abgetropfte
Champignonköpfe
(aus dem Glas)
evtl. 4 EL Weißwein
etwa 1 EL Zitronensaft
1 TL Zucker
2 Eigelb (Größe M)
4 EL Schlagsahne
Salz
gem. Pfeffer
Worcestersauce

Pro Portion:
E: 49 g, F: 22 g, Kh: 8 g,
kJ: 1835, kcal: 439, BE: 0,5

1 Wasser in einem Topf zum Kochen bringen. Sellerie und Möhren putzen, schälen, abspülen und abtropfen lassen. Porree putzen, die Stange längs halbieren, gründlich waschen und abtropfen lassen. Suppengrün in grobe Stücke schneiden. Zwiebel abziehen, mit Lorbeerblatt und Nelke spicken (Foto 1).

2 Suppenhuhn mit Küchenpapier abtupfen. Das Huhn mit Salz in das kochende Wasser geben, zum Kochen bringen und evtl. abschäumen.

3 Suppengrün in den Topf geben, das Huhn zugedeckt etwa 60 Minuten bei schwacher Hitze gar kochen.

4 Das gegarte Huhn aus der Brühe nehmen und etwas abkühlen lassen. Die Brühe durch ein Sieb gießen, evtl. entfetten und 500 ml davon für die Sauce abmessen. Das Fleisch von den Knochen lösen (Foto 2), die Haut entfernen (Foto 3) und das Fleisch in mundgerechte Stücke schneiden.

5 Für die Sauce Butter in einem Topf zerlassen. Mehl darin unter Rühren so lange erhitzen, bis es hellgelb ist. Die abgemessene Brühe hinzugießen und mit einem Schneebesen gut durchschlagen. Dabei darauf achten, dass keine Klümpchen entstehen. Die Sauce kurz aufkochen.

6 Spargelstücke und Champignons (große Champignons evtl. vierteln) mit dem Fleisch in die Sauce geben und kurz aufkochen. Nach Belieben Weißwein, Zitronensaft und Zucker hinzugeben.

7 Eigelb mit Sahne verschlagen und langsam unter das Frikassee rühren (abziehen), Frikassee nicht mehr kochen lassen. Das Frikassee mit Salz, Pfeffer, Worcestersauce und Zitronensaft abschmecken.

BEILAGE:
Reis und Salat.

TIPPS:
Die Champignons aus dem Glas durch 150 g frische, geputzte, in Scheiben geschnittene und in 1 Esslöffel Butter gedünstete Champignons ersetzen.
Bereiten Sie das Frikassee statt mit Hühnerbrühe mit Geflügelfond zu. Soll es schnell gehen, das Suppenhuhn durch 600 g Hähnchenbrustfilet ersetzen. Die Garzeit beträgt dann etwa 20 Minuten.

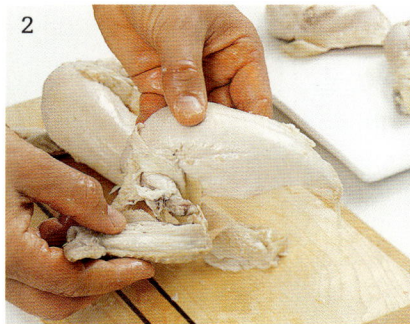

Hähnchengeschnetzeltes Mailänder Art

SCHMECKT AUCH KINDERN

**Zubereitungszeit:
etwa 45 Minuten**

600 g Hähnchenbrustfilet
1 Zwiebel
150 g Porree (Lauch)
150 g Möhren
150 g Champignons
400 g Tomaten
3 EL Speiseöl, z. B. Sesamöl
Salz
gem. Pfeffer
Paprikapulver edelsüß
15 g Butter
½ TL abgeriebene Schale
von 1 Bio-Zitrone
(unbehandelt, ungewachst)
1 TL klein geschnittener
Oregano
125 ml Gemüsefond
200 g Schlagsahne
2 EL Basilikumstreifen
2 EL ger. Parmesan

Pro Portion:
E: 42 g, F: 30 g, Kh: 8 g,
kJ: 1990, kcal: 476, BE: 0,5

1 Hähnchenbrustfilet mit Küchenpapier abtupfen und in dünne Streifen schneiden. Zwiebel abziehen und würfeln.

2 Porree putzen, die Stange längs halbieren, gründlich waschen, abtropfen lassen und in Streifen schneiden. Möhren putzen, schälen, abspülen, abtropfen lassen und in dünne Scheiben schneiden. Champignons putzen, evtl. kurz abspülen, abtropfen lassen und in Scheiben schneiden.

3 Tomaten kreuzweise einschneiden und mit kochendem Wasser übergießen. Nach 1–2 Minuten herausnehmen und mit kaltem Wasser abschrecken. Tomaten häuten, halbieren und die Stängelansätze herausschneiden. Tomaten in Würfel schneiden.

4 Die Hälfte des Speiseöls in einem Wok erhitzen. Die Hälfte der Fleischstreifen darin etwa 2 Minuten bei starker Hitze anbraten, herausnehmen. Fleisch mit Salz, Pfeffer und Paprika würzen, dann beiseitestellen. Die zweite Hälfte in dem restlichen Speiseöl ebenso anbraten, würzen und herausnehmen.

5 Butter im verbliebenen Bratfett zerlassen. Das vorbereitete Gemüse (außer den Tomatenwürfeln) darin unter Rühren dünsten. Zitronenschale und Oregano hinzufügen. Das Gemüse mit Salz und Pfeffer würzen.

6 Gemüsefond und Sahne unter Rühren hinzugießen und etwa 2 Minuten unter gelegentlichem Rühren garen.

7 Die angebratenen Fleischstreifen und Tomatenwürfel hinzugeben, erhitzen und etwa 5 Minuten bei schwacher Hitze ziehen lassen. Geschnetzeltes mit den Gewürzen abschmecken, mit Basilikumstreifen und Parmesan bestreut servieren.

TIPPS:
Wer das Geschnetzelte etwas sämiger mag, kann es mit angerührter Speisestärke binden. Wenn Sie keinen Wok haben, können Sie das Geschnetzelte auch in einer Pfanne zubereiten. Statt Gemüsefond können Sie auch Weißwein verwenden.

BEILAGE:
Reis oder Nudeln.

Pikante Chicken Wings (Hähnchenflügel)

HERZHAFTER ABENDSNACK

Vorbereitung:
1 Tag in der Marinade
Zubereitungszeit:
etwa 25 Minuten
Bratzeit: etwa 45 Minuten

Für die Marinade:
100 ml Hühner- oder
Gemüsebrühe
3 EL Tomatenketchup
1 EL brauner Zucker
2 EL Sojasauce
1 EL Weißweinessig
2 TL Sambal Oelek
1 TL Currypulver

20 Chicken Wings
(Hähnchenflügel, 1,2–1,4 kg)

Pro Portion:
E: 28 g, F: 26 g, Kh: 9 g,
kJ: 1595, kcal: 380, BE: 0,5

1 Den Backofen vorheizen.
Ober-/Unterhitze: etwa 200 °C
Heißluft: etwa 180 °C

2 Für die Marinade Hühner- oder
Gemüsebrühe mit Ketchup, Zucker,
Sojasauce, Essig, Sambal Oelek
und Curry in einen Topf geben und
unter Rühren aufkochen lassen.

3 Chicken Wings mit Küchenpapier
abtupfen, evtl. im Gelenk durchtrennen und in eine Auflaufform
(gut gefettet) legen. Die Chicken
Wings dick mit der Marinade
bestreichen. Die Form auf dem
Rost in den Backofen schieben.
Einschub: Mitte
Bratzeit: etwa 45 Minuten

4 Die Chicken Wings während
der Bratzeit ab und zu mit der
restlichen Marinade bestreichen.

5 Die Chicken Wings heiß oder kalt
servieren.

BEILAGE:
Baguette, Kartoffelsalat (S. 216)
oder ein gemischter Blattsalat.

TIPP:
Die Marinade eignet sich auch
für Grillfleisch wie Rippchen,
Hähnchenkeulen und
Nackensteaks.

REZEPTVARIANTEN:
Hähnchennuggets
Den Backofen vorheizen.
Ober-/Unterhitze: etwa 200 °C
Heißluft: etwa 180 °C
300 g Hähnchenbrustfilet mit
Küchenpapier abtupfen und
in etwa 3 cm dicke Streifen
schneiden. Hähnchenstreifen mit
1 Esslöffel Speiseöl bestreichen.
50 g Semmelbrösel mit knapp
1 Teelöffel Salz, 2 Teelöffeln
Paprikapulver edelsüß und
1 Teelöffel Currypulver vermischen
und über die Hähnchenstreifen
streuen. Hähnchenstreifen dann
auf ein Backblech (mit Backpapier
belegt) legen und in den Backofen
schieben.
Einschub: Mitte
Bratzeit: etwa 20 Minuten

Hähnchennuggets in der Pfanne
500 g Hähnchenbrustfilet mit
Küchenpapier abtupfen, in etwa
24 gleich große Stücke schneiden,
dann mit Salz und Pfeffer würzen.
1 Ei (Größe M) mit 6 Esslöffeln
Milch oder Schlagsahne verschlagen. Die Hähnchenstücke
zuerst in etwa 60 g Weizenmehl
wenden, dann durch die Eiermilch
ziehen und zuletzt in etwa
160 g Sesamsamen wälzen. Etwa
5 Esslöffel Speiseöl in einer Pfanne
erhitzen. Die Hähnchenstücke
darin von allen Seiten etwa
10 Minuten bei schwacher Hitze
goldgelb ausbraten.

Zitronenhuhn

DAMIT ÜBERRASCHEN SIE GÄSTE – 6–8 PORTIONEN

Vorbereitung:
1 Tag im Voraus
Zubereitungszeit:
etwa 50 Minuten,
ohne Durchziehzeit

4 Hähnchenbrustfilets
(je etwa 150 g)
4 Hähnchenkeulen
(je etwa 120 g)
gem. Pfeffer
2 Bio-Zitronen
(unbehandelt, ungewachst)
2 Stängel Rosmarin
4 EL Olivenöl

Für die Sauce:
2 Zwiebeln
3 Knoblauchzehen
Schale und Saft von
3 Bio-Zitronen
(unbehandelt, ungewachst)
2 EL frische Rosmarinnadeln
4 gehackte Sardellenfilets
120 g abgetropfte Kapern
(aus dem Glas)
etwas Kapernflüssigkeit
500 ml Hühnerbrühe
1 EL Speisestärke
etwa 50 ml Wasser
Salz
1 EL Zucker

Pro Portion:
E: 31 g, F: 12 g, Kh: 8 g,
kJ: 1142, kcal: 273, BE: 0,5

1 Hähnchenbrustfilets und Hähnchenkeulen mit Küchenpapier abtupfen. Die Keulen halbieren (Foto 1). Die Hähnchenstücke kräftig mit Pfeffer würzen. Zitronen heiß abwaschen, abtrocknen und in Scheiben schneiden. Hähnchenstücke in eine flache Schale legen und mit Zitronenscheiben belegen. Rosmarin abspülen, trocken tupfen. Stängel etwas zerkleinern, darauf verteilen (Foto 2) und das Fleisch mit Frischhaltefolie zugedeckt über Nacht im Kühlschrank durchziehen lassen.

2 Zitronenscheiben entfernen, die Hähnchenstücke etwas trocken tupfen. Olivenöl in einer Pfanne oder einem Bräter erhitzen. Die Hähnchenbrustfilets darin portionsweise von jeder Seite etwa 5 Minuten knusprig braun braten, dann herausnehmen. Anschließend die Keulen portionsweise von jeder Seite 10–15 Minuten braten, herausnehmen und beiseitestellen.

3 Für die Sauce Zwiebeln abziehen, halbieren und in Scheiben schneiden. Knoblauch abziehen und klein würfeln. Zitronen heiß abwaschen, abtrocknen und die Schale abreiben. Zitronen halbieren und den Saft auspressen. Zwiebelstreifen und Knoblauch zusammen mit Rosmarin in dem Bratensatz unter Rühren anbraten. Sardellenfilets und Zitronenschale kurz mitbraten.

4 Mit Zitronensaft, Kapern und Kapernflüssigkeit ablöschen. Den Bratensatz unter Rühren mit einem Holzlöffel lösen. Brühe hinzugießen und etwa 3 Minuten sprudelnd kochen lassen.

5 Speisestärke mit Wasser anrühren und in die Sauce rühren. Die Sauce kurz aufkochen und mit Salz, Pfeffer und Zucker abschmecken.

6 Die Hähnchenstücke in die Sauce legen (Foto 3) und zugedeckt bei schwacher Hitze etwa 10 Minuten ziehen lassen.

BEILAGE:
Reis oder Bandnudeln, Erbsen (S. 182), grüne Bohnen (S. 176) oder Blattsalat.

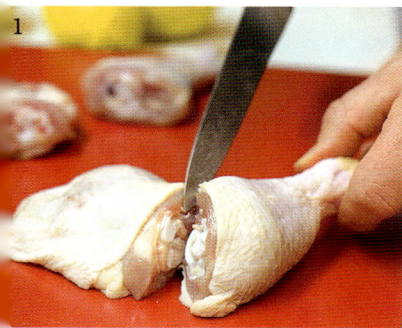

Hähnchenbrust mit Mozzarella

BELIEBT – SCHNELL

Zubereitungszeit:
etwa 30 Minuten
Brat-/Grillzeit: 15–20 Minuten

4 Hähnchenbrustfilets
ohne Haut (je etwa 150 g)
Salz
gem. Pfeffer
2 große Tomaten
125 g abgetropfter Mozzarella
3 EL Speiseöl,
z.B. Sonnenblumenöl
einige Basilikumblättchen

Pro Portion:
E: 42 g, F: 9 g, Kh: 1 g,
kJ: 1076, kcal: 257, BE: 0,0

1 Hähnchenbrustfilets mit Küchenpapier abtupfen. Filets mit Salz und Pfeffer würzen.

2 Tomaten abspülen, abtrocknen und die Stängelansätze herausschneiden. Tomaten jeweils in 4 Scheiben schneiden. Mozzarella in 8 Scheiben schneiden.

3 Speiseöl in einer ofenfesten Pfanne erhitzen. Die Hähnchenbrustfilets darin etwa 10 Minuten von beiden Seiten braten.

4 Den Backofengrill vorheizen (etwa 240 °C).

5 Jedes Filet zuerst mit je 2 Tomatenscheiben belegen und mit Pfeffer bestreuen. Dann mit je 2 Mozzarellascheiben belegen und wieder mit Pfeffer bestreuen.

6 Die Pfanne auf dem Rost unter den Backofengrill schieben.
Einschub: Mitte
Grillzeit: 5–10 Minuten

7 Mozzarella so lange grillen, bis er zerläuft (ist keine ofenfeste Pfanne vorhanden, dann die Filets nach dem Anbraten in eine Auflaufform umfüllen).

8 Die übergrillten Filets vor dem Servieren mit abgespülten, trocken getupften Basilikumblättchen garnieren.

BEILAGE:
Reis (S. 306) oder Knoblauchtoast.

TIPP:
Wenn Sie keinen Backofengrill haben, die Pfanne (Auflaufform) bei Ober-/Unterhitze: etwa 220 °C oder Heißluft: etwa 200 °C auf dem Rost in den vorgeheizten Backofen schieben. Die Filets 5–10 Minuten überbacken, bis der Käse zerläuft.

EXTRA-TIPP:
Köstlich schmeckt die Hähnchenbrust, wenn Sie diese mit Ziegenfrischkäse oder Gorgonzola und mit Zitronenthymian überbacken.

Gebratene Ente

KLASSISCH

Zubereitungszeit:
etwa 30 Minuten
Bratzeit: 2 ¼–2 ½ Stunden

1 **küchenfertige Ente**
(2–2 ½ kg)
Salz
gem. Pfeffer
etwa 850 ml Wasser

Für die Sauce:
1 **geh. EL Speisestärke**
50 **ml kaltes Wasser**

Außerdem:
Küchengarn

Pro Portion:
E: 71 g, F: 33 g, Kh: 3 g,
kJ: 2479, kcal: 593, BE: 0,5

1 Den Backofen vorheizen.
Ober-/Unterhitze: etwa 180 °C
Heißluft: etwa 160 °C

2 Ente mit Küchenpapier abtupfen, evtl. das Fett aus der Bauchhöhle entfernen (Foto 1). Die Ente innen und außen mit Salz und Pfeffer einreiben.

3 Keulen und Flügel zusammenbinden (Foto 2), 50 ml von dem Wasser in einen Bräter geben. Die Ente mit der Brust nach unten hineinlegen und den Bräter ohne Deckel auf dem Rost in den Backofen schieben.
Einschub: unteres Drittel
Bratzeit: 2 ¼–2 ½ Stunden

4 In der Zwischenzeit Magen, Herz und Hals mit Küchenpapier abtupfen, mit 750 ml Wasser in einen Topf geben. 1 Teelöffel Salz hinzufügen, zum Kochen bringen, zugedeckt etwa 30 Minuten bei schwacher Hitze kochen. Anschließend durch ein Sieb gießen, dabei die Kochbrühe auffangen.

5 Die Ente während der Bratzeit mehrmals unterhalb der Flügel und Keulen einstechen, damit das Fett besser ausbraten kann. Nach etwa 30 Minuten Bratzeit das angesammelte Fett abschöpfen (den Vorgang wiederholen). Sobald der Bratensatz bräunt, etwas von der Kochbrühe hinzugießen. Verdampfte Flüssigkeit nach und nach durch Kochbrühe ersetzen. Nach etwa 60 Minuten Bratzeit die Ente umdrehen.

6 50 ml Wasser mit ½ Teelöffel Salz verrühren, die Ente etwa 10 Minuten vor Ende der Bratzeit damit bestreichen. Die Temperatur um etwa 20 °C erhöhen, damit die Haut kross wird.

7 Die gegarte Ente aus dem Bräter nehmen und zugedeckt 5–10 Minuten ruhen lassen.

8 Für die Sauce den Bratensatz mit etwas Wasser loskochen, durch ein Sieb gießen, entfetten (Foto 3), mit Wasser auf 375 ml auffüllen und auf der Kochstelle zum Kochen bringen. Speisestärke mit Wasser anrühren, mit einem Schneebesen in die kochende Flüssigkeit einrühren, dabei darauf achten, dass keine Klümpchen entstehen. Die Sauce kurz aufkochen, mit Salz und Pfeffer abschmecken.

9 Die Ente in Portionsstücke schneiden (tranchieren), auf einer vorgewärmten Platte anrichten und mit der Sauce servieren.

BEILAGE:
Semmelknödel (S. 240), Kartoffelklöße (S. 238) und Spitzkohl (S. 190).

TIPP:
Die Sauce schmeckt noch intensiver, wenn Sie den entstandenen Fond entfetten und dann in einem Topf auf die Hälfte einkochen (reduzieren) lassen.

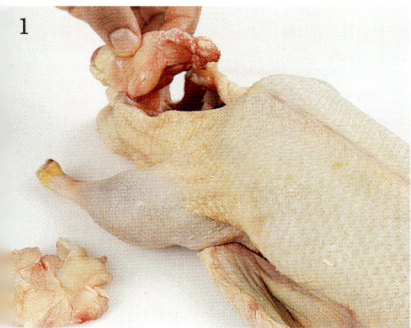

Entenbrust mit Orangensauce

MIT ALKOHOL

Zubereitungszeit:
etwa 35 Minuten
Bratzeit: etwa 12 Minuten

2 Entenbrustfilets
(je etwa 300 g)
Salz
gem. Pfeffer
2 TL flüssiger Honig
15 g Butter
3–4 EL Orangenlikör,
z.B. Grand Marnier

Für die Orangensauce:
1 Bio-Orange
(unbehandelt, ungewachst)
150 g Crème fraîche
etwas flüssiger Honig

Pro Portion:
E: 28 g, F: 40 g, Kh: 13 g,
kJ: 2299, kcal: 550, BE: 1,0

1 Entenbrustfilets mit Küchenpapier abtupfen und die Hautseite leicht einschneiden. Entenbrustfilets mit Salz und Pfeffer würzen.

2 Eine Pfanne ohne Fett erhitzen. Die Filets mit der Hautseite nach unten hineinlegen und von jeder Seite etwa 6 Minuten braten.

3 Kurz vor Ende der Bratzeit die Haut der Entenbrustfilets mithilfe eines Backpinsels mit Honig bestreichen. Butter in die Pfanne geben. Die Filets mit Likör übergießen und aus der Pfanne nehmen. Filets auf einer vorgewärmten Platte anrichten und zugedeckt warm stellen.

4 Für die Sauce Orange heiß abwaschen und abtrocknen. Orange dünn schälen, die Schale in sehr feine Streifen schneiden oder die Schale mit einem Zestenreißer dünn abziehen. Die Orange halbieren und den Saft auspressen.

5 Von dem Bratensatz evtl. das Fett mit einem Löffel abnehmen (entfetten) oder abgießen. Orangensaft und -schale zu dem Bratensatz geben und etwas loskochen. Crème fraîche unterrühren, die Sauce zum Kochen bringen. Die Sauce mit Salz, Pfeffer und Honig abschmecken, evtl. ausgetretenen Fleischsaft von den Entenbrustfilets unterrühren. Die Sauce zu den Filets reichen.

BEILAGE:
Salzkartoffeln (S. 230), Frühlingszwiebelgemüse und Orangenfilets.

TIPP:
Flambieren Sie die Entenbrustfilets mit dem Orangenlikör. Dazu 4–5 Esslöffel Orangenlikör in einem kleinen Pfännchen erwärmen. Den Alkohol anzünden und über die Filets geben (Foto 1).

» REZEPTVARIANTEN:
Für **Entenbrust mit Kirschsauce** 500 g Kirschgrütze (aus dem Kühlregal) in einem Topf unter Rühren erhitzen, mit 1 Messerspitze gemahlenen Gewürznelken, 2 Messerspitzen gemahlenem Zimt, Salz und Pfeffer abschmecken. Den entfetteten Bratensatz unterrühren. Mit jeweils 1 Teelöffel gehacktem Rosmarin und Thymian abschmecken.

Entenkeulen (Foto 2)
4 Entenkeulen (je etwa 200 g) mit Küchenpapier abtupfen, mit Salz und Pfeffer würzen. Eine Pfanne ohne Fett erhitzen. Keulen darin von allen Seiten anbraten. Etwas von 100 ml heißer Hühnerbrühe hinzugießen. Die Keulen zugedeckt bei mittlerer Hitze 40 Minuten schmoren, dabei gelegentlich wenden. Verdampfte Flüssigkeit nach und nach durch restliche Brühe ersetzen. Die Entenkeulen aus der Pfanne nehmen und zugedeckt etwa 10 Minuten ruhen lassen. Die Keulen nach Belieben mit einem Linsengemüse servieren.

Erntedank-Pute

GUT VORZUBEREITEN – 8–10 PORTIONEN

Zubereitungszeit:
etwa 1 Stunde,
ohne Trocken- und Kühlzeit
Garzeit: Brühe
(Vorbereitung am Vortag)
1 ½ Stunden,
Pute: 3–3 ½ Stunden

Zum Vorbereiten am Vortag:
1 Ciabatta (italienisches
Weißbrot, etwa 400 g)
1 küchenfertige Pute (4–5 kg)
1 ¼ l Hühnerbrühe
1 Stängel Thymian
6 Stängel Petersilie
100 g Möhrenwürfel
100 g Zwiebelwürfel
1 Lorbeerblatt

200 g Zwiebeln
4 Stangen Staudensellerie
100 g durchwachsener Speck
100 g Butter
2 EL klein geschnittene
Petersilie
je 1 EL klein geschnittene
Salbei- und Thymianblättchen
Salz
gem. Pfeffer
125 ml Wasser
100 g zerlassene Butter
20 g Weizenmehl

Außerdem:
Küchengarn

Pro Portion:
E: 82 g, F: 76 g, Kh: 24 g,
kJ: 4622, kcal: 1104, BE: 2,0

1 Zum Vorbereiten am Vortag Ciabatta in kleine Würfel schneiden, auf ein Backblech legen und trocknen lassen.

2 Von der Pute Hals, Magen und Herz mit Küchenpapier abtupfen, mit der Hühnerbrühe in einen großen Topf geben und zum Kochen bringen.

3 Kräuterstängel abspülen, trocken tupfen. Kräuter, Möhren-, Zwiebelwürfel und Lorbeerblatt in die Brühe geben, aufkochen lassen. Evtl. mehrmals abschäumen, ohne Deckel etwa 90 Minuten bei schwacher Hitze kochen. Die Brühe dann durch ein Sieb gießen, abkühlen lassen, bis zum nächsten Tag in den Kühlschrank stellen.

4 Zwiebeln abziehen, klein würfeln. Sellerie putzen, abspülen, abtropfen lassen, würfeln. Speck klein würfeln. Butter in einer Pfanne zerlassen. Zwiebel-, Sellerie- und Speckwürfel hinzugeben, 5–7 Minuten dünsten.

5 Die Brühe vom Vortag entfetten, mit Wasser auf 1 Liter auffüllen und erhitzen.

6 Den Backofen vorheizen.
Ober-/Unterhitze: etwa 200 °C

7 Vorbereitete Brotwürfel in eine große Schüssel geben, Speck-Gemüse-Mischung, Kräuter und 400–500 ml Brühe hinzugeben. Die Zutaten gut vermengen, bis eine locker zusammenhaltende Füllung entsteht. Mit Salz und Pfeffer abschmecken.

8 Pute mit Küchenpapier abtupfen, innen mit Salz einreiben. Die Füllung fest hineindrücken. Öffnung mit Küchengarn zunähen. Die Pute außen mit Salz und Pfeffer einreiben.

9 75 ml Wasser in einen großen Bräter geben. Pute mit der Brust nach unten hineinlegen, mit etwas zerlassener Butter bestreichen. Den Bräter ohne Deckel auf dem Rost in den Backofen schieben.
**Einschub: untere Schiene
Garzeit: 3–3 ½ Stunden**

10 Pute nach 45 Minuten Garzeit mit Butter bestreichen, etwas von der restlichen Brühe hinzugießen. Nach weiterer 45 Minuten Garzeit die Pute wenden, mit Butter bestreichen. Verdampfte Flüssigkeit durch Brühe und evtl. Wasser ersetzen. Die Pute zwischendurch mit restlicher Butter bestreichen oder mit dem Bratensatz begießen.

11 Die gegarte Pute (beim Einstechen mit einer Rouladennadel muss der Fleischsaft klar austreten) aus dem Bräter nehmen, zugedeckt 5–10 Minuten ruhen lassen.

12 Bratensatz durch ein Sieb gießen, Brühe auffangen, mit Wasser auf 600 ml Flüssigkeit auffüllen. Mehl mit 50 ml Wasser verrühren, in die kochende Flüssigkeit rühren, es dürfen keine Klümpchen entstehen.

(Fortsetzung Seite 124)

(Fortsetzung von Seite 122)

Die Sauce kurz aufkochen und mit den Gewürzen abschmecken.

13 Die Pute in Stücke schneiden (tranchieren), mit der Füllung auf einer vorgewärmten Platte anrichten, die Sauce dazureichen.

BEILAGE:
Salzkartoffeln (S. 230), Spätzle (S. 246), Brokkoli (S. 175).

TIPP:
Da Putenfleisch leicht austrocknet ist eine Zubereitung bei Ober-/Unterhitze empfehlenswert. Bei der Zubereitung mit Heißluft (etwa 180 °C) muss die Flüssigkeitsmenge zum Garen erhöht werden. Außerdem sollte die Pute dann häufiger mit dem Bratensatz begossen werden.

Putencurry Indische Art

EXOTISCH – ETWA 6 PORTIONEN

**Zubereitungszeit:
etwa 25 Minuten**

500 g Putenschnitzel
1 Zwiebel
1 Knoblauchzehe
250 g Pak Choi
1 rote Paprikaschote
1 grüne Chilischote
2 EL Sesam- oder Erdnussöl
etwa 1½ TL Currypulver
Salz
gem. Pfeffer
1 Msp. gem. Kardamom
½ TL gem. Kreuzkümmel
(Cumin)
1 Msp. gem. Ingwer
1 TL Tamarindenpaste
400 ml Kokosmilch (ungesüßt)
2 Stängel Zitronengras
100 g Cashewkerne
klein geschnittene
Korianderblättchen

Pro Portion:
E: 25 g, F: 23 g, Kh: 10 g,
kJ: 1455, kcal: 350, BE: 0,5

1 Putenschnitzel mit Küchenpapier abtupfen und in etwa ½ cm dicke Streifen schneiden (Foto 1). Zwiebel und Knoblauch abziehen, beides klein würfeln.

2 Pak Choi putzen, abspülen, abtropfen lassen und den Strunk entfernen (Foto 2). Pak Choi in grobe Stücke schneiden. Paprikaschote halbieren, entstielen, entkernen und die weißen Scheidewände entfernen. Schote abspülen, abtropfen lassen und würfeln. Chilischote abspülen, abtropfen lassen, entstielen, entkernen und die weißen Scheidewände entfernen. Chilischote in Ringe schneiden. Hinweis: Da die Chilischote sehr scharf ist, ziehen Sie bei der Verarbeitung der Schoten am besten Einweghandschuhe an.

3 Sesam- oder Erdnussöl in einem Wok oder einer beschichteten Pfanne erhitzen. Die Putenstreifen darin von allen Seiten kräftig anbraten. Zwiebel-, Knoblauch-, Paprikawürfel und Chiliringe hinzufügen, kurz mitbraten lassen (Foto 3). Mit Curry, Salz, Pfeffer, Kardamom, Kreuzkümmel, Ingwer und Tamarindenpaste würzen. Kokosmilch hinzugießen.

4 Zitronengras abspülen, trocken tupfen und hinzugeben. Putencurry wieder zum Kochen bringen und weitere etwa 5 Minuten garen. Kurz vor Ende der Garzeit Cashewkerne, Pak Choi und Koriander hinzugeben. Alles etwa 2 Minuten unter Rühren erhitzen, nochmals mit den Gewürzen abschmecken. Zitronengras entfernen.

TIPPS:
Die exotischen Gewürze erhalten Sie im Asia-Laden.
Nach Belieben können Sie die Cashewkerne vorher in einer Pfanne ohne Fett anrösten und den Pak Choi durch Mangold ersetzen.

BEILAGE:
Couscous, Reis oder Zartweizen.

1

2

3

Gefüllte Gans

FÜR GÄSTE – 8 PORTIONEN

Zubereitungszeit:
etwa 45 Minuten
Bratzeit: etwa 4 ½ Stunden

1 küchenfertige Gans
(4–4 ½ kg)
Salz
gem. Pfeffer
gerebelter Majoran
oder Beifuß

Für die Füllung:
2 Zwiebeln
20 g Butter oder Margarine
50 g gewürfelter,
durchwachsener Speck
etwa 8 Brötchen (Semmeln,
300 g) vom Vortag
300 ml Milch (3,5 % Fett)
4 Eier (Größe M)
2 EL klein geschnittene
Petersilie
Salz
2 Äpfel

etwa 500 ml heißes Wasser
1 Bund Suppengrün (Sellerie,
Möhren, Porree)
etwa 100 ml kaltes Wasser
1 ½ EL (10 g) Weizenmehl

Außerdem:
Küchengarn oder
Holzstäbchen

Pro Portion:
E: 77 g, F: 75 g, Kh: 27 g,
kJ: 4552, kcal: 1087, BE: 2,0

1 Gans mit Küchenpapier abtupfen, innen mit Salz, Pfeffer und Majoran oder Beifuß einreiben.

2 Für die Füllung Zwiebeln abziehen, klein würfeln. Fett in einer Pfanne zerlassen. Speckwürfel darin knusprig braten. Dann Zwiebeln hinzufügen, glasig dünsten, beiseitestellen.

3 Den Backofen vorheizen.
Ober-/Unterhitze: etwa 200 °C
Heißluft: etwa 180 °C

4 Brötchen würfeln, in eine Schüssel geben. Milch erhitzen, über die Brötchenwürfel gießen, gut verrühren. Speckzwiebeln unterrühren, abkühlen lassen. Dann Eier und Petersilie unterrühren, mit Salz würzen. Äpfel schälen, halbieren, entkernen, raspeln und untermischen. Gans mit der Masse füllen, Öffnung mit Küchengarn zunähen oder mit Holzstäbchen verschließen. Die Gans außen mit Salz, Pfeffer und Majoran oder Beifuß einreiben.

5 Eine Fettpfanne in den Backofen schieben. **Einschub: unteres Drittel.**

6 125 ml heißes Wasser in die Fettpfanne gießen. Die Gans mit der Brust nach unten auf einen Rost legen und oberhalb der Fettpfanne in den Backofen schieben.
Bratzeit: etwa 4 ½ Stunden

7 Die Gans während der Bratzeit mehrmals unterhalb der Flügel und Keulen einstechen, damit das Fett besser ausbraten kann. Fett abschöpfen. Sobald der Bratensatz bräunt, so viel heißes Wasser hinzugießen, dass das Wasser in der Fettpfanne etwa 1 cm hoch steht. Die Gans ab und zu mit dem Bratensatz begießen. Verdampfte Flüssigkeit nach und nach durch heißes Wasser ersetzen.

8 Suppengrün putzen, abspülen, abtropfen lassen, in Stücke schneiden. Die Gans nach **90 Minuten Bratzeit** wenden. Suppengrün in die Fettpfanne geben, Gans mit dem Gemüse in weiterer etwa 3 Stunden fertig braten. 50 ml kaltes Wasser mit ½ Teelöffel Salz verrühren. Die Gans 10 Minuten vor Ende der Bratzeit damit bestreichen. **Temperatur um etwa 20 °C erhöhen**, damit die Haut schön kross wird. Gans vom Rost nehmen, zugedeckt 5–10 Minuten ruhen lassen.

9 Bratensatz mit etwas heißem Wasser lösen, durch ein Sieb streichen, mit Wasser auf 600 ml auffüllen, in einem Topf zum Kochen bringen. Mehl mit 50 ml Wasser anrühren, in den Bratenfond rühren. Darauf achten, dass keine Klümpchen entstehen. Sauce kurz aufkochen, mit Salz, Pfeffer und Majoran abschmecken. Gans in Portionsstücke schneiden, auf einer vorgewärmten Platte anrichten, mit der Sauce servieren.

BEILAGE:
Kartoffelklöße (S. 238)
und Rotkohl (S. 178).

Schlankmacher aus dem Wasser

Backen, dünsten, kochen, braten – Fische und Meerestiere lassen sich auf viele Arten schmackhaft und schonend zubereiten. Kombiniert mit Gemüse, Kartoffeln oder Saucen sind sie fettarme und leckere Gesundheitspakete voller Vitamine, ungesättigter Fettsäuren, Eiweiß und Jod. Sie gehören deshalb mindestens einmal wöchentlich auf den Speiseplan.

Tipps & Tricks

› *Fischgeruch vermeiden: Drei wirkungsvolle Maßnahmen sind:*

 › *Fisch zugedeckt in einem Gefäß bis zur Verarbeitung im Kühlschrank lagern.*

 › *Hände und mit Fisch in Berührung gekommene Gegenstände mit kaltem Wasser oder noch besser mit Essig oder Zitronensaft einreiben.*

 › *Benutztes Geschirr kalt abspülen und danach mit heißem Wasser gründlich spülen.*

› *Monate mit „R": Muscheln sind als Frischware überwiegend in der kühlen Jahreszeit zu erhalten, denn ihr zartes, eiweißreiches Fleisch kann schnell verderben. Faustregel: Alle Monate mit „R" sind gut für den Muschelkauf – also September bis April.*

Fisch: Frisch auf den Tisch

Früher eine Fastenmahlzeit, sind Fisch und Meerestiere inzwischen eine vielseitige und leichte Delikatesse geworden, die aus ernährungsphysiologischer Sicht viele positive Effekte auf Herz- und Kreislauf haben. Es gibt unterschiedliche Möglichkeiten der Fischzubereitung: Garen im Sud, Dünsten, Dämpfen, Braten, Überbacken, Frittieren, Räuchern oder Grillen.

Seefische: Genuss aus der Tiefe

Salzwasserfische leben im Meer, werden nach dem Fang auf Eis gekühlt (nicht gefroren) und kommen direkt in den Handel oder werden sofort auf dem Fangschiff weiterverarbeitet und tiefgefroren. Die wichtigsten Sorten: Atlantikzunge (Rotzunge), Dorade, Goldbrasse, Hering, Kabeljau, Lachs, Makrele, Red Snapper, Rotbarsch, Rote Meerbarbe, Sardine, Schellfisch, Scholle, Seehecht, Seelachs, Seeteufel, Seezunge, Stein-, Glatt- und Heilbutt, Tunfisch, Wolfsbarsch (Loup de mer).

Süßwasserfische: Regionale Vielfalt

Süßwasserfische leben in Flüssen, Bächen, Seen und Teichen und werden vor dem Schlachten häufig in kleinen Wasserbecken lebend frisch gehalten. Zu ihnen gehören: Aal, Äsche, Felchen, Hecht, Karpfen, Lachsforelle, Pangasius, Regenbogenforelle, Schleie, Seesaibling, Tilapia, Viktoria-Seebarsch, Wels, Zander.

Meerestiere: Mit und ohne Panzer

Schmackhafte Meeresbewohner sind: Austern, Hummer, Garnelen, Kaisergranat, Kalmare, Krabben, Krebse, Langusten, Muscheln, Oktopus, Riesengarnelen, Tintenfische.

Augen auf beim Fischkauf

Frische ganze Fische haben ...
» klare, pralle Augen mit nach außen gewölbten Linsen.
» leuchtend rote Kiemen ohne Schleim (Kiemendeckel etwas anheben und darunter sehen).

» kräftig glänzende Haut, die mit klarem Schleim überzogen ist (verfärbt sich beim Garen im Sud mit Essig blau).
» feste Schuppen.
» einen frischen Geruch (bei Salzwasserfischen nach Meerwasser oder Seetang).

Zerlegte Fischstücke haben diese Frischemerkmale:
» frischer Geruch.
» glatte, glänzende Filetstücke.

MSC: Nachhaltige Qualität

Die Überfischung der Weltmeere gefährdet viele Fischarten. Das „Marine Stewardship Council" vergibt als unabhängige und gemeinnützige Organisation das „MSC-Siegel" für Fisch aus nachhaltiger Fischerei mit einer minimalen Beeinträchtigung der maritimen Umwelt.

Richtig vorbereiten: Sechs Schritte

Frischer Fisch wird küchenfertig angeboten. Die Zubereitung eines ganzen, unausgenommenen Fisches ist aber gar nicht so schwer:

Putzen: Fisch abspülen, abtropfen lassen, den Bauch mit einem scharfen Messer längs aufschlitzen und sauber ausnehmen.

Schuppen: Schwanzende des Fisches festhalten und die Schuppen mit einem flachen, breiten Messer oder einem Fischschupper vom Schwanzende in Richtung Kopf abschaben – am besten unter fließendem Wasser.

Häuten: Haut an der Schwanzflosse mit einem scharfen Messer einschneiden, Schwanzflosse mit einem Tuch festhalten und dann die Haut mit einem Ruck in Richtung Kopf abziehen. Fisch umdrehen und auf der Rückseite ebenso verfahren. Zum Schluss den Kopf mit einem Messer und die Schwanz- und Rückenflosse mit einer Schere abschneiden.

Filetieren: Mit einem scharfen Messer an der Hauptgräte entlang den gehäuteten Fisch vom Kopf bis zum Schwanz einschneiden. Dann das Messer flach ansetzen und das obere und untere Filet vorsichtig von den Gräten trennen. Fisch umdrehen und die beiden Filets der Rückseite ebenso ablösen.

Säubern: Ganzen Fisch (von innen und außen) oder Fischfilet kurz unter fließendem kalten Wasser abspülen und trocken tupfen.

Salzen: Ganze Fische und Fischfilets erst unmittelbar vor dem Zubereiten salzen, sonst wird das Fischfleisch trocken. Will man den Fisch marinieren, dann gar nicht salzen.

Fisch ist gar, wenn …

» sich Flossen und Gräten leicht herausziehen lassen.
» die Augen heraustreten und trüb gefärbt sind.
» sich die Haut vom Fischfleisch leicht abheben lässt.
» sich beim Druck mit der Gabel das Fischfleisch schuppenförmig löst.
» beim Fischfilet der Kern (= die Mitte) nicht mehr durchsichtig oder glasig ist.

SOS

❯ *Offene Muscheln:*
Frische Muscheln nur mit fest verschlossener Schale kaufen und auf den frischen Meerwassergeruch achten. Bereits geöffnete Muscheln sind verdorben. Wegwerfen!

❯ *Risiken vermeiden:*
Frischen Fisch sofort nach dem Kauf in eine Glas- oder Porzellanschüssel geben und mit Klarsichtfolie zugedeckt im Kühlschrank aufbewahren. Den Fisch möglichst noch am selben Tag zubereiten.

❯ *Datum beachten:*
Tiefgefrorener Fisch hält sich bei –18 °C je nach Fettgehalt 2–5 Monate. Unbedingt das Mindesthaltbarkeitsdatum beachten!

Ausgebackener Fisch

SCHMECKT AUCH KINDERN

Zubereitungszeit:
etwa 30 Minuten
Ausbackzeit:
etwa 10 Minuten je Portion

600 g Fischfilet, z. B. Tilapia-,
Pangasius- oder Seelachsfilet
Salz
gem. Pfeffer

Für den Ausbackteig:
100 g Weizenmehl
1 Ei (Größe M)
Salz
125 ml Milch (3,5 % Fett)
1 EL Speiseöl,
z. B. Sonnenblumenöl
oder zerlassene Butter

1 kg Ausbackfett
oder 1 l Speiseöl,
z. B. Sonnenblumenöl

Pro Portion:
E: 27 g, F: 18 g, Kh: 10 g,
kJ: 1297, kcal: 309, BE: 1,0

1 Fischfilet unter fließendem kalten Wasser abspülen, trocken tupfen und in Portionsstücke schneiden. Mit Salz und Pfeffer bestreuen.

2 Für den Ausbackteig Mehl in eine Rührschüssel geben und in die Mitte eine Vertiefung drücken. Ei mit Salz und Milch verschlagen. Etwas von der Eiermilch in die Vertiefung geben. Von der Mitte aus Eiermilch und Mehl mit einem Schneebesen verrühren. Nach und nach die restliche Eiermilch und Speiseöl oder Butter hinzugeben. Dabei darauf achten, dass keine Klümpchen entstehen.

3 Ausbackfett oder Speiseöl in einem hohen Topf oder in einer Fritteuse auf etwa 180 °C erhitzen.

4 Die Fischfiletstücke mithilfe einer Gabel in den Ausbackteig tauchen (Foto 1), am Schüsselrand abstreifen und portionsweise schwimmend (Foto 2) in dem siedendem Ausbackfett etwa 10 Minuten braun und knusprig backen, dabei einmal wenden. Die Fischfiletstücke mit einer Schaumkelle herausnehmen, auf Küchenpapier abtropfen lassen und bis zum Servieren warm stellen.

TIPP:
Hohe Erhitzbarkeit und Geschmacksneutralität des Fettes sind beim Frittieren von größter Wichtigkeit. Mit einem guten Frittierfett (unter Beachtung der vorgeschriebenen Temperaturen) können Pommes frites, Fisch, Gemüse, Gebäck und Obst in beliebiger Reihenfolge frittiert werden, ohne dass sich der Geschmack überträgt. Wenn Sie keine Fritteuse haben, können Sie den Fisch in einer hohen Pfanne, einem Wok oder in einem Topf im Fett ausbacken.

BEILAGE:
Kartoffelsalat (S. 216) oder als Fish and Chips (mit Pommes frites) servieren.

» REZEPTVARIANTE:
Gebratenes Fischfilet
(im Foto 3 vorn)
Dazu 4 Fischfilets (z. B. Tilapia- oder Pangasiusfilet, je etwa 200 g) unter fließendem kalten Wasser abspülen, trocken tupfen, evtl. in Portionsstücke schneiden. Mit Salz und Pfeffer bestreuen. 1 Ei und 2 Esslöffel kaltes Wasser mit einer Gabel in einem tiefen Teller verschlagen. Fischfilets zunächst in 40 g Weizenmehl, dann im verschlagenen Ei und zuletzt in 50–75 g Semmelbröseln wenden. Semmelbrösel gut andrücken, nicht anhaftende Semmelbrösel leicht abschütteln. Etwa 75 ml Speiseöl in einer Pfanne erhitzen. Die Fischfilets darin bei mittlerer Hitze etwa 5 Minuten von jeder Seite goldbraun braten, anschließend auf Küchenpapier abtropfen lassen. Evtl. 1 Bio-Zitrone (unbehandelt, ungewachst) heiß abwaschen, abtrocknen, in feine Scheiben schneiden und die Fischfilets damit belegt servieren.

Fischfilet auf mediterranem Gemüse

LEICHT UND KALORIENARM

Zubereitungszeit:
etwa 20 Minuten,
ohne Auftauzeit
Garzeit: etwa 8 Minuten

600 g TK-Fischfilet,
z.B. Tilapiafilets
250 g Cocktailtomaten
3 mittelgroße Zucchini
(etwa 600 g)
240 g abgetropfte
Artischockenherzen
(aus der Dose)
2–3 EL Olivenöl
25 g TK-Italienische Kräuter
Salz
gem. Pfeffer
1 gestr. TL Chiliflocken

Pro Portion:
E: 27 g, F: 10 g, Kh: 6 g,
kJ: 940, kcal: 224, BE: 0

1 Fischfilet nach Packungsanleitung auftauen lassen. Tomaten und Zucchini abspülen, trocken tupfen. Tomaten halbieren, Stängelansätze herausschneiden. Von den Zucchini die Enden abschneiden. Zucchini zuerst in Streifen, dann in kleine Würfel schneiden. Artischockenherzen vierteln.

2 Olivenöl in einer Pfanne erhitzen. Zucchiniwürfel darin etwa 2 Minuten dünsten. Tomaten, Artischocken und Kräuter hinzugeben, mit Salz und Pfeffer würzen.

3 Fischfilet unter fließendem kalten Wasser abspülen, trocken tupfen und in 8 gleich große Stücke schneiden.

4 Fischfiletstücke nebeneinander auf das Gemüse in die Pfanne legen, mit Salz und Chiliflocken bestreuen. Die Fischfiletstücke mit dem Gemüse zugedeckt etwa 8 Minuten dünsten.

5 Fischfiletstücke vorsichtig herausheben und das Gemüse mit den Gewürzen abschmecken. Den Fisch auf dem mediterranen Gemüse servieren.

TIPP:

Servieren Sie dazu Pesto Rosso und Reis (S. 306).

REZEPTVARIANTE:

Fisch Caprese

Dazu 4 Tomaten abspülen, trocken tupfen, Stängelansätze herausschneiden. Tomaten in Scheiben schneiden. 2 kleine Zucchini abspülen, abtrocknen, Enden abschneiden. Zucchini in etwa ½ cm dicke Scheiben schneiden. 250 g abgetropften Mozzarella in 12 Scheiben schneiden. Den Backofen vorheizen. **Ober-/Unterhitze: etwa 200 °C, Heißluft: etwa 180 °C.** Die Hälfte der Tomaten-, Zucchini- und Mozzarellascheiben dachziegelartig in eine flache Auflaufform (gefettet) schichten. Mit Salz, Pfeffer und ½ Esslöffel getrockneten, italienischen Kräutern oder Tessiner Gewürzmischung bestreuen, mit 2 Esslöffeln Olivenöl beträufeln. 4 Fischfilets (z. B. Seelachsfilet, je etwa 130 g) unter fließendem kalten Wasser abspülen, trocken tupfen, mit Salz und Pfeffer bestreuen, auf die Gemüse-Käse-Mischung legen. Restliche Tomaten-, Zucchini- und Mozzarellascheiben dachziegelartig darauf verteilen. Wieder mit ½ Esslöffel italienischen Kräutern oder Tessiner Gewürzmischung bestreuen, mit 2 Esslöffeln Olivenöl beträufeln. Die Form auf dem Rost in den Backofen schieben. **Einschub: Mitte Garzeit: 25–30 Minuten** Fisch Caprese mit gehacktem Basilikum bestreut servieren.

Matjesfilets nach Hausfrauen-Art (Foto)

GUT VORZUBEREITEN

Vorbereitung:
max. 1 Tag im Voraus
Zubereitungszeit:
etwa 30 Minuten
Durchziehzeit:
etwa 12 Stunden

8 Matjesfilets (etwa 600 g)
3 Zwiebeln, 400 g Äpfel
150 g abgetropfte
Gewürzgurken (aus dem Glas)
200 g Schlagsahne
150 g Crème fraîche
3 EL Zitronensaft
Salz, gem. Pfeffer, Zucker

Pro Portion:
E: 30 g, F: 51 g, Kh: 16 g,
kJ: 2686, kcal: 643, BE: 1,0

1 Matjesfilets unter fließendem kalten Wasser abspülen und trocken tupfen. Filets in etwa 2 cm große Stücke schneiden.

2 Zwiebeln abziehen, in Scheiben schneiden. Äpfel schälen, vierteln und entkernen. Äpfel und Gewürzgurken in Scheiben schneiden.

3 Sahne mit Crème fraîche und Zitronensaft verrühren, mit Salz, Pfeffer und Zucker abschmecken. Zwiebel-, Apfel- und Gurkenscheiben unterrühren. Die Matjesfiletstücke mit der Sauce vermengen, zugedeckt in den Kühlschrank stellen und etwa 12 Stunden in der Sauce durchziehen lassen.

BEILAGE:
Pellkartoffeln (S. 230) und gebräunte Zwiebelringe, grüne Bohnen (S. 176).

TIPPS:
Sie können die Zwiebelscheiben kurz in kochendem Salzwasser blanchieren, dadurch werden diese bekömmlicher.
Sie können auch vakuumierte oder Matjesfilets aus dem Glas nehmen.

Räucherfischmousse (ohne Foto)

HERZHAFTER ABENDSNACK

Zubereitungszeit:
etwa 15 Minuten
Kühlzeit: etwa 60 Minuten

2 geräucherte Forellenfilets
(je etwa 125 g)
30 g Butter (zimmerwarm)
1–2 EL saure Sahne
1–1 ½ EL Zitronensaft
Salz, gem. Pfeffer
etwas Feldsalat
½ TL rosa Pfefferbeeren

Pro Portion:
E: 14 g, F: 10 g, Kh: 1 g,
kJ: 620, kcal: 148, BE: 0,0

1 Forellenfilets grob zerkleinern, dabei evtl. noch vorhandene Gräten mit einer Pinzette entfernen. Die Filets mit Butter, saurer Sahne und Zitronensaft pürieren.

2 Die Fischmasse mit Salz und Pfeffer abschmecken, zugedeckt etwa 60 Minuten in den Kühlschrank stellen.

3 Feldsalat verlesen, Wurzelansätze entfernen. Feldsalat gründlich waschen, trocken schleudern, auf 4 Tellern anrichten.

4 Aus der Räucherfischmousse mithilfe von 2 in heißes Wasser getauchten Esslöffeln Nocken formen, auf den Feldsalat geben. Mit Pfefferbeeren bestreuen.

BEILAGE:
Ciabatta, Vollkorn- oder Schwarzbrot.

TIPP:
Die Räucherfischmousse als Vorspeise servieren.

Lachsforelle auf Blattspinat

FÜR EINEN BESONDEREN ANLASS

Zubereitungszeit:
etwa 30 Minuten
Garzeit: kleine Forellen
etwa 35 Minuten,
große Forellen
etwa 55 Minuten

1 ½ kg Blattspinat
200 g Schalotten
2 Knoblauchzehen
300 g Champignons
150 g Tomaten
2 EL Butter oder Margarine
Salz
gem. Pfeffer
ger. Muskatnuss
1 große Lachsforelle
(etwa 1,3 kg)
oder 2 kleine Lachsforellen
(je etwa 600 g)
75 g geräucherter,
durchwachsener Speck
1 Bund Petersilie
1 Bio-Zitrone
(unbehandelt, ungewachst)

6 dünne Scheiben
durchwachsener Speck

Pro Portion:
E: 42 g, F: 18 g, Kh: 4 g,
kJ: 1468, kcal: 351, BE: 0,0

1 Spinat verlesen und dicke Stiele entfernen. Spinat gründlich waschen, abtropfen lassen. Schalotten und Knoblauch abziehen. Die Hälfte der Schalotten achteln, restliche Schalotten und Knoblauch klein würfeln. Champignons putzen, evtl. kurz abspülen und trocken tupfen. Die Hälfte der Champignons in Scheiben schneiden. Restliche Champignons klein würfeln. Tomaten abspülen, abtrocknen, halbieren, entkernen und Stängelansätze herausschneiden. Tomaten in Würfel schneiden.

2 Butter oder Margarine in einem Topf zerlassen. Schalottenachtel, Knoblauch und Champignonscheiben darin kurz dünsten. Spinat hinzufügen, unter Rühren dünsten (bis der Spinat „zusammenfällt"). Mit Salz, Pfeffer und Muskat würzen. Tomatenwürfel unterheben.

3 Den Backofen vorheizen.
Ober-/Unterhitze: etwa 200 °C
Heißluft: etwa 180 °C

4 Lachsforelle (Forellen) innen und außen unter fließendem kalten Wasser abspülen, trocken tupfen. Innen und außen mit Salz und Pfeffer einreiben. Speck klein würfeln. Petersilie abspülen, trocken tupfen. Die Blättchen von den Stängeln zupfen, klein schneiden.

5 Zitrone heiß abwaschen, abtrocknen, Schale abreiben. Zitrone halbieren, Saft auspressen.

Speckwürfel mit Champignon-, Schalottenwürfeln, Petersilie, Zitronenschale und -saft verrühren, die Bauchhöhle der Forelle (Forellen) damit füllen.

6 Das Spinatgemüse in eine große Auflaufform geben. Die gefüllte Forelle (Forellen) darauflegen, evtl. restliche Füllung darum verteilen. Die Speckscheiben auf die Forelle (Forellen) legen. Die Form auf dem Rost in den Backofen schieben.
Einschub: unteres Drittel
Garzeit: kleine Forellen
etwa 35 Minuten, große
Forellen etwa 55 Minuten

BEILAGE:
Salzkartoffeln (S. 230) oder
Reis (S. 306).

» REZEPTVARIANTE:
Forelle Müllerin
Dazu 4 küchenfertige Forellen (je etwa 200 g) wie unter Punkt 5 beschrieben vorbereiten. Forellen in etwa 40 g Weizenmehl wenden, überschüssiges Mehl leicht abschütteln. 3 Esslöffel Speiseöl in einer Pfanne erhitzen. Forellen darin von beiden Seiten anbraten. 40 g Butter hinzugeben, zerlassen. Forellen etwa 10 Minuten unter mehrmaligem Wenden braten, ab und zu mit der Butter begießen. 1–2 Bio-Zitronen (unbehandelt, ungewachst) heiß abwaschen, abtrocknen, in Scheiben schneiden. Forellen mit den Zitronenscheiben belegt servieren.

Gebeizter Lachs

GUT VORZUBEREITEN – 8 PORTIONEN

Vorbereitung:
max. 3 Tage im Voraus
Zubereitungszeit:
etwa 25 Minuten
Marinierzeit: 2–3 Tage

1 kg frischer Lachs
3 Bund Dill
40 g Salz
30 g Zucker

Für die Dillsauce:
1 Bund Dill
3 EL scharfer Senf
3 EL mittelscharfer Senf
4 geh. EL Zucker
3 EL Weißweinessig
5 EL Speiseöl,
z.B. Sonnenblumenöl

Pro Portion:
E: 24 g, F: 15 g, Kh: 12 g,
kJ: 1169, kcal: 280, BE: 1,0

1 Lachs unter fließendem kalten Wasser abspülen und trocken tupfen. Lachs längs halbieren und die Gräten entfernen, evtl. mithilfe einer Pinzette (Foto 1).

2 Dill abspülen und trocken tupfen. Die Spitzen von den Stängeln zupfen, Spitzen klein schneiden. Salz mit Zucker mischen, beide Lachshälften auf der Innenseite zunächst mit der Salz-Zucker-Mischung, dann mit dem Dill bestreuen.

3 Eine Lachshälfte mit der Hautseite nach unten in eine große, flache Schale (größer als der Fisch und das Brett zum Beschweren) legen. Die andere Lachshälfte mit der Hautseite nach oben darauflegen (Foto 2) und mit Frischhaltefolie bedecken. Darauf ein Brett (etwas größer als der Fisch) legen (Foto 3) und beschweren (zum Beispiel mit 2–3 Gewichten oder geschlossenen, gefüllten Konservendosen).

4 Die Schale mit dem Lachs 2–3 Tage in den Kühlschrank stellen, dabei den Lachs zwischendurch 2–3-mal wenden. Ab und zu mit der sich sammelnden Beize begießen.

5 Nach der Marinierzeit das Lachsfleisch leicht schräg zur Hautseite hin in dünne Scheiben schneiden. Lachs auf einer Platte anrichten. Hilfreich zum Schneiden ist hierfür ein Lachsmesser (Foto 4).

6 Für die Dillsauce Dill abspülen und trocken tupfen. Die Spitzen von den Stängeln zupfen, Spitzen klein schneiden. Beide Senfsorten mit Zucker und Essig verrühren. Nach und nach Speiseöl unterschlagen, dann den Dill unterrühren. Den Lachs mit der Sauce servieren.

BEILAGE:
Schwarzbrot, Baguette oder Bauernbrot mit Butter.

TIPP:
Den Lachs vor dem Beizen zusätzlich mit 1–2 Esslöffeln zerdrückten, weißen Pfefferkörnern und/oder 1 Esslöffel, mit der Breitseite eines Messers, zerdrückten Wacholderbeeren bestreuen.

» REZEPTVARIANTE:
Gebeizte Lachsforelle
Dafür 1 küchenfertige Lachsforelle (etwa 1 kg) unter fließendem kalten Wasser abspülen, trocken tupfen und in 2 Längshälften teilen. Das Rückgrat entfernen und die Forelle entgräten. Ab Punkt 2 wie im Rezept beschrieben weiterverfahren.

Seelachsfilet, in Folie gegart

RAFFINIERT

Zubereitungszeit:
etwa 25 Minuten
Garzeit: 20–25 Minuten

4 Scheiben Seelachsfilets
(je etwa 180 g)
Salz
gem. Pfeffer
2 kleine Stangen Porree
(Lauch)
2 EL Speiseöl, z.B. Rapsöl
4 Tomaten
½ Bund glatte Petersilie
3 EL Röstzwiebeln
(Fertigprodukt)

Außerdem:
4 Bögen Alufolie
(je etwa 20 x 30 cm)

Pro Portion:
E: 35 g, F: 10 g, Kh: 7 g,
kJ: 1093, kcal: 260, BE: 0,5

1 Den Backofen vorheizen.
Ober-/Unterhitze: etwa 200 °C
Heißluft: etwa 180 °C

2 Seelachsfilets unter fließendem kalten Wasser abspülen und trocken tupfen. Von beiden Seiten mit Salz und Pfeffer bestreuen.

3 Porree putzen, Stangen längs halbieren, gründlich waschen, abtropfen lassen, in feine Streifen schneiden. Speiseöl in einem Topf erhitzen, Porreestreifen darin unter Rühren etwa 3 Minuten dünsten. Mit Salz und Pfeffer würzen.

4 Vier Bögen Alufolie auf einer Arbeitsfläche ausbreiten. Porreestreifen darauf verteilen. Je 1 Scheibe Seelachsfilet darauflegen.

5 Tomaten abspülen, abtrocknen, Stängelansätze herausschneiden. Tomaten klein würfeln. Petersilie abspülen und trocken tupfen. Blättchen von den Stängeln zupfen, grob zerschneiden. Tomaten mit Petersilie und Röstzwiebeln mischen, auf den Seelachsscheiben verteilen (Foto 1).

6 Jeweils ein Stück Fisch und ein Viertel des Gemüses in der Alufolie fest einpacken (Foto 2) und auf ein Backblech legen. Das Backblech in den Backofen schieben.
Einschub: Mitte
Garzeit: 20–25 Minuten

7 Jeweils ein Seelachsfilet-Päckchen auf einen Teller legen, Alufolie öffnen, Fisch sofort servieren.

BEILAGE:
Pellkartoffeln (S. 230).

TIPP:
Statt Alufolie können Sie auch Backpapier verwenden.

» REZEPTVARIANTE:
Gedünstete Fischmedaillons auf Gemüsenudeln
250 g TK-Zanderfilet und 250 TK-Lachsfilet nach Packungsanleitung auftauen lassen. 500 g Gemüse (z. B. Möhren, Porree) putzen bzw. schälen, abspülen, abtropfen lassen, in feine Streifen oder Würfel schneiden. 250 g Spaghetti in reichlich kochendem Salzwasser (auf 1 Liter Wasser benötigt man etwa 1 Teelöffel Salz) nach Packungsanleitung gar kochen. Anschließend in ein Sieb geben, abtropfen lassen. Aufgetaute Fischfilets unter fließendem kalten Wasser abspülen, trocken tupfen und sechsteln. 200 ml Apfelsaft mit Salz, Pfeffer, Zucker und 1 Lorbeerblatt in einem Topf erhitzen. Fischmedaillons darin bei schwacher Hitze in etwa 8 Minuten gar ziehen lassen. 2 Esslöffel Olivenöl in einer Pfanne erhitzen. Gemüse darin dünsten, mit Salz und Pfeffer würzen. Gemüsespaghetti oder -würfel hinzugeben und untermengen. Fischmedaillons auf den Gemüse-nudeln anrichten, mit abgespülten, trocken getupften Basilikum-blättchen garniert servieren.

Lachssteaks mit Zitronenschaum

AROMATISCH – SCHNELL ZUZUBEREITEN

Zubereitungszeit:
etwa 30 Minuten
Bratzeit: 6–8 Minuten

Zum Vorbereiten:
125 g Butter

4 Lachssteaks (je etwa 200 g)
Salz
3 EL Speiseöl,
z.B. Sonnenblumenöl
20 g Butter oder Margarine

Für den Zitronenschaum:
3 Eigelb (Größe M)
5 EL Zitronensaft
2 TL mittelscharfer Senf
Salz
gem. Pfeffer
Zucker
evtl. 2 TL klein geschnittener
Dill

Pro Portion:
E: 39 g, F: 46 g, Kh: 1 g,
kJ: 2433, kcal: 582, BE: 0,0

1 Zum Vorbereiten Butter in einem Topf zerlassen und abkühlen lassen.

2 Lachssteaks unter fließendem kalten Wasser abspülen, trocken tupfen und mit Salz bestreuen. Speiseöl in einer Pfanne erhitzen, Butter oder Margarine hinzufügen und zerlassen. Die Steaks darin von jeder Seite 3–4 Minuten braten. Die gebratenen Steaks aus der Pfanne nehmen und auf einer vorgewärmten Platte warm stellen.

3 Für den Zitronenschaum Eigelb mit Zitronensaft in einem kleinen Topf mit einem Schneebesen verrühren. Bei schwacher Hitze so lange schlagen, bis eine schaumige Masse entstanden ist (Foto 1).

4 Den Topf sofort auf ein nasses, kaltes Tuch stellen. Die abgekühlte, noch flüssige Butter langsam unter die Eigelbmasse rühren (Foto 2). Mit Senf, Salz, Pfeffer und 1 Prise Zucker abschmecken. Nach Belieben Dill unterrühren. Den Zitronenschaum zu den Lachssteaks servieren.

BEILAGE:

Röstkartoffeln oder Reis (S. 306) und grüner Salat.

TIPP:

Nach Belieben zusätzlich 2–3 Esslöffel steif geschlagene Schlagsahne unter den Zitronenschaum heben.

» REZEPTVARIANTEN:

Lachssteaks mit Senfsahne

Dazu 400 g Schlagsahne zum Kochen bringen und ohne Deckel sämig einkochen lassen. 3–4 Esslöffel Estragonsenf und 1 Teelöffel klein geschnittene Estragonblättchen unter die Sauce ziehen. Sauce mit Salz, Pfeffer, 1 Prise Zucker und einigen Spritzern Zitronensaft abschmecken. Die Senfsahne zu den Lachssteaks servieren.

Lachssteaks mit Zitronenbutter

Dafür 1–2 Bio-Zitronen (unbehandelt, ungewachst) heiß abwaschen und abtrocknen. Mit einem Messer die Schale dünn abschälen, Schale in sehr feine Streifen schneiden. 125 g Butter (zimmerwarm) mit den Zitronenschalenstreifen verrühren. Die Zitronenbutter auf einem großen Stück Frischehaltefolie zu einer Rolle (Ø etwa 3 cm) formen und darin einwickeln. Die Rolle in den Kühlschrank legen. Kurz vor dem Servieren die Zitronenbutter in etwa ½ cm dicke Scheiben schneiden. Die Butter eignet sich auch gut zum Einfrieren.

Speckschollen

KLASSISCH – SCHMECKT NACH MEER

Zubereitungszeit:
etwa 20 Minuten
Garzeit:
etwa 15 Minuten je Portion

4 küchenfertige Schollen
(je etwa 300 g)
Salz
gem. Pfeffer
40 g Weizenmehl
etwa 150 g durchwachsener
Speck
1 Bio-Zitrone
(unbehandelt, ungewachst)
3–4 EL Speiseöl,
z.B. Sonnenblumenöl
einige Stängel Dill

Pro Portion:
E: 47 g, F: 15 g, Kh: 6 g,
kJ: 1455, kcal: 349, BE: 0,5

1 Schollen unter fließendem kalten Wasser abspülen, trocken tupfen, mit Salz und Pfeffer einreiben. Schollen in Mehl wenden, überschüssiges Mehl leicht abschütteln. Speck in Würfel schneiden. Zitrone heiß abwaschen, abtrocknen und achteln.

2 Speiseöl in einer großen Pfanne erhitzen. Die Speckwürfel darin ausbraten, herausnehmen und warm stellen.

3 Je nach Größe der Pfanne die Schollen evtl. nacheinander in dem Speckfett etwa 15 Minuten von beiden Seiten braun und gar braten, evtl. noch etwas Speiseöl hinzugeben. Die Schollen auf einer vorgewärmten Platte anrichten und warm stellen, bis alle Schollen gebraten sind.

4 Dill abspülen und trocken tupfen. Die Speckwürfel auf den Schollen verteilen. Die Schollen mit Zitronenspalten und Dillstängeln garniert servieren.

BEILAGE:
Salzkartoffeln (S. 230) und Feldsalat (S. 204).

TIPP:
Zusätzlich 150–200 g gepulte Krabben in dem Speckfett anbraten und auf den Schollen verteilen.

Muscheln in Weinsud

MIT ALKOHOL

Zubereitungszeit:
etwa 60 Minuten
Garzeit: etwa 10 Minuten

2 kg Miesmuscheln
2 Zwiebeln
1 Bund Suppengrün
(Sellerie, Möhren, Porree)
50 g Butter oder Margarine
500 ml trockener Weißwein
Salz
gem. Pfeffer

Pro Portion:
E: 9 g, F: 12 g, Kh: 3 g,
kJ: 1022, kcal: 244, BE: 0,5

1 Miesmuscheln in reichlich kaltem Wasser gründlich waschen. Muscheln einzeln abbürsten (Foto 1), bis sie nicht mehr sandig sind (Muscheln, die sich beim Waschen öffnen, sind ungenießbar). Evtl. die Fäden (Bartbüschel) entfernen (Foto 2).

2 Zwiebeln abziehen, zuerst in Scheiben schneiden, dann in Ringe teilen. Sellerie und Möhren putzen, schälen, abspülen und abtropfen lassen. Porree putzen, die Stange längs halbieren, gründlich waschen, abtropfen lassen und in Scheiben schneiden. Möhren in Scheiben und Sellerie in Stifte schneiden.

3 Butter oder Margarine in einem großen Topf zerlassen. Zwiebelringe und vorbereitetes Suppengrün darin kurz unter Rühren dünsten. Weißwein hinzugießen, zum Kochen bringen, mit Salz und Pfeffer würzen. Die Muscheln hinzufügen und zugedeckt unter gelegentlichem Rühren etwa 10 Minuten erhitzen (nicht kochen), bis sie sich öffnen (Muscheln, die sich nach dem Garen nicht öffnen, sind ungenießbar).

4 Die Muscheln mit einer Schaumkelle aus der Kochflüssigkeit nehmen und in einer vorgewärmten Schüssel anrichten. Die Kochflüssigkeit durch ein Sieb gießen, nochmals mit den Gewürzen abschmecken und zu den Muscheln reichen.

BEILAGE:
Vollkornbrot mit Butter.

» REZEPTVARIANTE:
Muscheln Livorneser Art
Die Muscheln wie in Punkt 1 beschrieben vorbereiten. 6 Tomaten kreuzweise einschneiden und mit kochendem Wasser übergießen. Nach 1–2 Minuten herausnehmen und mit kaltem Wasser abschrecken. Tomaten häuten, halbieren, Stängelansätze herausschneiden. Tomaten würfeln. 2 Zwiebeln abziehen, klein würfeln. 2 Knoblauchzehen abziehen, durch die Knoblauchpresse drücken. 2 abgetropfte Peperoni (aus dem Glas) klein würfeln. 8 Esslöffel Olivenöl in einem Topf erhitzen. Zwiebeln, Knoblauch und Peperoni darin unter Rühren andünsten. Tomatenwürfel und 200 ml Gemüsebrühe oder Weißwein hinzugießen, zum Kochen bringen. Muscheln hinzugeben, zugedeckt etwa 10 Minuten dünsten, dabei ab und zu umrühren. Muscheln mit Salz und Pfeffer würzen. Mit Bio-Zitronenspalten garniert servieren.

TIPP:
Kaufen Sie frische Muscheln nur mit fest verschlossener Schale. Bereits geöffnete Muscheln wegwerfen, sie sind verdorben. Frische Muscheln haben einen frischen Meeresgeruch.

Riesengarnelen-Spieße

ETWAS TEURER

Zubereitungszeit:
etwa 40 Minuten,
ohne Auftauzeit
Bratzeit: etwa 4 Minuten

200 g TK-King Prawns
(Riesengarnelen,
geschält, entdarmt)
16 Cocktailtomaten
je ½ gelbe und rote
Paprikaschote
6 Knoblauchzehen
8 kleine Champignons
30 g Butter oder Margarine
1 EL Zitronensaft
Salz
gem. Pfeffer
Zucker
evtl. einige vorbereitete
Basilikumblättchen

Außerdem:
8 Holz- oder Schaschlikspieße

Pro Portion:
E: 13 g, F: 3 g, Kh: 5 g,
kJ: 426, kcal: 102, BE: 0,0

1 Riesengarnelen nach Packungs-anleitung auftauen lassen, dann unter fließendem kalten Wasser abspülen und trocken tupfen.

2 Cocktailtomaten abspülen, abtrocknen, evtl. halbieren und die Stängelansätze herausschneiden. Paprikaschotenhälften entstielen, entkernen und die weißen Scheide-wände entfernen. Schotenhälften abspülen, abtropfen lassen und in größere Stücke schneiden. 4 Knoblauchzehen abziehen und halbieren. Champignons putzen, evtl. kurz abspülen, trocken tupfen und in Scheiben schneiden. Vorbereitete Zutaten abwechselnd auf Holz- oder Schaschlikspieße stecken.

3 Restliche Knoblauchzehen abziehen, halbieren und durch eine Knoblauchpresse drücken. Butter oder Margarine zerlassen. Knoblauch, Zitronensaft, Salz, Pfeffer und 1 Prise Zucker unter-rühren. Die Spieße damit bestreichen.

4 Eine beschichtete Pfanne ohne Fett erhitzen (nicht zu heiß werden lassen). Die Spieße hineinlegen und von jeder Seite etwa 2 Minuten braten. Nach Belieben mit abgespülten, trocken getupften Basilikumblättchen garniert servieren.

BEILAGE:
Risotto (S. 312), Reis oder Baguette und Blattsalat und Zaziki (S. 335).

TIPP:
Sie können die Spieße auch unter dem vorgeheizten Backofengrill (etwa 240 °C) auf Alufolie in etwa 5 Minuten grillen.

» REZEPTVARIANTE:
**Pikante Garnelen
aus dem Ofen** (Foto 3)
Den Rücken von 16 frischen Riesengarnelen aufschneiden (Foto 1) und den Darm entfernen (Foto 2). Garnelen unter fließen-dem kalten Wasser abspülen und trocken tupfen. Den Backofen vorheizen.
Ober-/Unterhitze: etwa 200 °C
Heißluft: etwa 180 °C
2 Knoblauchzehen abziehen. 1 rote Zwiebel abziehen, zuerst in Scheiben schneiden, dann in Ringe teilen. 10 Cocktailtomaten abspülen, abtrocknen, halbieren, Stängelansätze herausschneiden. 4 Stängel Thymian und 2 Stängel Petersilie abspülen, trocken tupfen. Blättchen von den Stängeln zupfen, klein schneiden. Garnelen in eine große Schüssel geben. Vorbereitete Zutaten untermischen. 1–2 getrocknete Chilischoten zerbröseln und hinzugeben. Mit Salz und Pfeffer kräftig würzen. 2–3 Esslöffel Olivenöl unterrühren. Garnelenmischung in eine Auflauf-form geben, auf dem Rost in den Backofen schieben. Die Garnelen **etwa 15 Minuten garen**, dabei einmal umrühren und mit der entstandenen Flüssigkeit begießen. Die Garnelen aus dem Backofen nehmen und sofort servieren.

Rührende Raffinesse

Ohne Sauce geht meist nichts. Flüssig, sämig gebunden, mild, würzig – sie geben jedem Essen das gewisse Etwas. Brauner Rinderfond, Sauce hollandaise und helle Grundsauce sind die Basis vieler Rezepte. Man kann natürlich auch was Neues ausprobieren – vielleicht Paprika-Limetten-Sauce oder Radieschen-Balsamico-Jus.

Tipps & Tricks

▶ *Klümpchen vermeiden: Bei Mehlschwitzen das Mehl mit kalter Flüssigkeit glatt rühren und mit dem Schneebesen unter kräftigem Rühren in die heiße Flüssigkeit geben. Noch besser: Das trockene Mehl vor dem Anrühren mit etwas Zucker oder Salz mischen.*

▶ *Spät würzen: Salz und Pfeffer werden beim Kochen intensiver. Geschmack und Inhaltsstoffe von Kräutern dagegen gehen verloren, wenn sie zu lange mitgekocht werden. Ausnahme: Lorbeerblätter und Wacholderbeeren brauchen Zeit, um ihr Aroma zu entfalten.*

▶ *Hygienisch arbeiten: Zum Abschmecken nur einen sauberen Löffel verwenden. Kommt etwas Speichel in eine mit Mehl oder Speisestärke angedickte Sauce, kann sie sich durch das enthaltene Enzym wieder verflüssigen.*

Sauce: Die wichtigste Nebensache

Mit der richtigen Sauce bekommen Gerichte ihren besonderen Charakter. Das Maß ist entscheidend, damit der Geschmack betont, aber nicht überdeckt wird. Manche Saucenbasis ergibt sich von selbst, wenn bei der Zubereitung Bratensatz oder Brühe entsteht. Bei anderen Gerichten – wie kurz gebratenem oder gegrilltem Fleisch, Fisch oder Gemüse – bieten sich ein tiefgekühlter, selbst gemachter Fond oder vorgefertigte Produkte (z. B. Instantbrühe oder Fond aus dem Glas) an.

Fond: Konzentration auf das Wesentliche

Ein Fond entsteht beim Kochen, Dünsten, Schmoren oder Braten von Fleisch, Geflügel, Wild, Fisch oder Gemüse.

Heller Fond (Brühe): Knochen, Fleisch, Fischreste (die beim Filetieren anfallen), Fisch oder Suppengrün längere Zeit (2–3 Stunden, Fisch etwa 1 Stunde) mit Wasser, Gewürzen und Kräutern kochen. Fonds aus Fleisch, Knochen- und Knorpelstücken gelieren beim Erkalten, Gemüsefonds nicht. Der gelierte kalte Fond kann dann löffelweise entnommen werden.

Dunkler Fond (Bratensaft): Brat- oder Schmorgut (z. B. Fleischknochen, Zwiebeln und Suppengrün) kräftig anbraten und mit wenig Wasser, Brühe oder Wein ablöschen. Die Ablöschflüssigkeit wird immer wieder reduziert (eingekocht) und mit kleineren Mengen Flüssigkeit ergänzt. Je häufiger dieser Vorgang wiederholt wird, desto kräftiger und besser wird der Fond.

Richtig wählen: Eine Sauce passt immer.

Je nach Gericht passen helle, dunkle, aufgeschlagene oder kalte Saucen.

Helle Grundsauce: Basis ist eine Mehlschwitze mit hellgelb angedünstetem Mehl. Verfeinert z. B. mit Käse, Kapern, Kräutern, Currypulver, Zitronensaft, Weißwein, Meerrettich oder Senf.

Dunkle Grundsauce: Basis ist eine Mehlschwitze mit hell- oder dunkelbraun angedünstetem Mehl. Verfeinert z.B. mit Johannisbeergelee, Preiselbeergelee, Orangensaft, Sauerkirschen, Orangenmarmelade, grünen Pfefferkörnern, Rotwein, Madeira, Sherry, Cognac, Senf oder Crème fraîche.

Aufgeschlagene Saucen: Basis sind sehr frisches Eigelb, Gewürze, Flüssigkeit (z. B. Wein, Brühe, Saft), die im heißen Wasserbad schaumig-dicklich aufgeschlagen und zum

Schluss mit zerlassener, leicht abgekühlter Butter verrührt werden.

Kalte Saucen: Zutaten in kaltem Zustand mischen (z. B. Mayonnaise, Remoulade, Salatsauce oder Vinaigrette). Bei Bedarf nur ganz frische Eier verwenden (Legedatum beachten, mind. 23 Tage Resthaltbarkeit). Im Kühlschrank aufbewahren und innerhalb von 24 Stunden verzehren.

Richtig binden: Rühren, kochen, abschmecken.

Saucen können unterschiedlich angedickt werden und perfektionieren den teilweise beim Kochen schon entstandenen Fond.

Mehlschwitze: Weizenmehl in zerlassenem Fett (z. B. Butter, Margarine) leicht oder etwas stärker bräunen. Unter ständigem Rühren Brühe oder Fond hinzufügen und die Sauce kochen.

Mehlbutter: Zwei Drittel Butter (zimmerwarm) mit einem Drittel Weizenmehl verkneten und portionsweise in die kochende Flüssigkeit rühren. Mehlbutter bindet schnell.

Gemüse: Mitgaren und mit dem Bratensatz pürieren. Nach Belieben zusätzlich durch ein Sieb streichen. Kalorienarm und leicht.

Mehl/Speisestärke: Mit wenig kalter Flüssigkeit (z. B. Wasser oder Brühe) anrühren. Unter Rühren in die heiße Flüssigkeit geben und etwa 5 Minuten kochen lassen. Überdeckt leicht das Aroma feiner Saucen.

Eigelb: Mit etwas Milch oder Sahne verrühren, langsam in die von der Kochstelle genommene Sauce einrühren und kräftig rühren, bis die Sauce sämig ist (legieren). Nicht mehr aufkochen, sonst gerinnt das Eigelb.

Schlagsahne: In die Sauce rühren und einkochen lassen. Sahne mit einem Fettgehalt von 10 % ist dafür nicht geeignet, weil sie beim Erhitzen ausflockt.

Crème fraîche/Crème double: In die Sauce geben und unterrühren. Gute Bindung durch hohen Fettanteil.

Butter: Eiskalt stückchenweise mit einem Rührlöffel oder Schneebesen einrühren. Die Sauce soll dabei heiß bleiben, aber nicht kochen. Sofort servieren, da die Bindung schnell nachlässt.

Pumpernickel/Lebkuchen: Fein zerbröselt in die Flüssigkeit rühren und etwas einköcheln lassen. Nach Belieben durch ein Sieb streichen. Rustikale Bindung für dunkle Saucen, besonders Wild und Sauerbraten. Die leichte Süße von Lebkuchen und Pumpernickel passt sehr gut zum eher kräftigen Geschmack von Wildfleisch.

Saucenbinder: Hell oder dunkel nach Packungsanleitung in die Flüssigkeit einrühren. Sehr schnell und unkompliziert.

SOS

> ❯ *Abwarten: Saucen gerinnen schnell und sollten erst kurz vor dem Servieren zubereitet werden.*

> ❯ *Geronnen: Sauce mit dem Pürierstab aufschlagen. Oder 1 Eigelb mit 1 Esslöffel Wasser verrühren und die geronnene Sauce im Wasserbad nach und nach unterrühren.*

> ❯ *Überwürzt: Der Geschmack von zu herzhaft gewürzten Saucen kann durch etwas Flüssigkeit wie Brühe, Wein, Crème fraîche oder flüssige Sahne wieder abgemildert werden.*

> ❯ *Warmhalten: Ist die Sauce zu früh fertig, kann sie kurzzeitig in einem Wasserbad warm gehalten werden.*

Dunkler Rinderfond (Rinderjus)

GUT VORZUBEREITEN – ERGIBT ETWA 1 LITER

Vorbereitung:
3 Tage im Voraus
Zubereitungszeit:
etwa 20 Minuten
Garzeit: etwa 2 ½ Stunden

1 kg Fleischknochen,
z. B. vom Kalb (vom Metzger in
kleine Stücke hacken lassen)
2 Zwiebeln
1 Bund Suppengrün
(Sellerie, Möhren, Porree)
2 EL Speiseöl, z. B.
Sonnenblumen- oder Rapsöl
1 EL Tomatenmark
etwa 3 l Wasser oder Rotwein
je 2 Stängel Thymian und
Rosmarin
1 Lorbeerblatt
Salz

Insgesamt:
E: 28 g, F: 23 g, Kh: 40 g,
kJ: 3191, kcal: 761, BE: 2,0

1 Fleischknochen mit Küchenpapier abtupfen. Zwiebeln abziehen, grob würfeln. Suppengrün putzen, abspülen, abtropfen lassen.

2 Speiseöl in einem Topf oder Bräter erhitzen. Die Knochen darin anbraten (Foto 1). Das vorbereitete Suppengrün und Zwiebeln hinzugeben und mitrösten. Tomatenmark hinzugeben (Foto 2) und ebenfalls kurz mitrösten (Foto 3).

3 So viel Wasser oder Rotwein hinzugießen, bis der Topfboden knapp bedeckt ist. Die Flüssigkeit verkochen lassen. Diesen Vorgang noch zweimal wiederholen. Dabei darauf achten, dass Gemüse und Knochen nicht anbrennen.

4 Restliches Wasser oder Rotwein hinzugießen, aufkochen lassen, abschäumen. Kräuter abspülen, mit dem Lorbeerblatt hinzufügen. Den Fond bei schwacher Hitze etwa 2 ½ Stunden ohne Deckel auf 1 Liter Flüssigkeit einkochen lassen. Anschließend den Fond durch ein feines Sieb gießen und nach Belieben mit Salz abschmecken.

VERWENDUNG:
Einen braunen, dunklen Rinderfond können Sie zur Zubereitung von dunklen Saucen, z. B. für Braten verwenden, s. a. Lammkeule (S. 80), Gulasch (S. 72).

TIPP:
Der Fond lässt sich gut auf Vorrat zubereiten. Dafür die doppelte Menge zubereiten, einfrieren oder heiß randvoll in vorbereitete Gläser füllen, mit Twist-off®-Deckeln verschließen. Eingefroren hält sich der Fond etwa 3 Monate, in Gläsern im Kühlschrank aufbewahrt etwa 2 Wochen.

» REZEPTVARIANTE:
Heller Geflügelfond
Dafür 1 kg Geflügelknochen oder Geflügelklein (Flügel, Hals, Herz, Magen) mit Küchenpapier abtupfen. 1 Bund Suppengrün wie im Rezept unter Punkt 1 beschrieben vorbereiten. 1 Zwiebel abziehen, mit 1 Gewürznelke und 1 Lorbeerblatt spicken. Alle Zutaten zusammen mit 125 ml Weißwein, 2 Litern Wasser und 2 Teelöffeln Salz in einen Topf geben, ohne Deckel bei mittlerer Hitze zum Kochen bringen. Während des Kochens immer wieder abschäumen. Den Fond ohne Deckel bei schwacher Hitze etwa 2 ½ Stunden bis auf 1 Liter Flüssigkeit einkochen. Dann den Fond durch ein Sieb gießen.

VERWENDUNG:
Der helle Geflügelfond eignet sich als Grundlage für Geflügelsaucen, Geflügelragout, s. Hühnerfrikassee (S. 108), gebundene bzw. Cremesuppen, für Risotto (S. 312) und Fischgerichte.

Helle Grundsauce (im Foto oben rechts)

KLASSISCH

Zubereitungszeit:
etwa 10 Minuten
Kochzeit: etwa 5 Minuten

25 g Butter oder Margarine
20 g Weizenmehl
375 ml Brühe,
z.B. Gemüsebrühe
Salz
gem. Pfeffer
ger. Muskatnuss

Pro Portion:
E: 1 g, F: 5 g, Kh: 4 g,
kJ: 279, kcal: 67, BE: 0,5

1 Butter oder Margarine in einem Topf zerlassen. Mehl darin unter Rühren so lange erhitzen, bis es hellgelb ist.

2 Brühe hinzugießen und mit einem Schneebesen gut durchschlagen. Dabei darauf achten, dass keine Klümpchen entstehen.

3 Die Sauce zum Kochen bringen, kurz aufkochen lassen. Mit Salz, Pfeffer und Muskat abschmecken.

VERWENDUNG:
Die helle Grundsauce eignet sich als Basis für Kräuter- oder Käsesaucen. Servieren Sie die Sauce zu gedünstetem Gemüse, Fisch oder kurz gebratenem Fleisch. Für eine dunkle Sauce (im Foto unten rechts) erhitzen Sie wie unter Punkt 1 beschrieben das Mehl hell- bis dunkelbraun und bereiten wie unter 2+3 beschrieben die Sauce zu.

» REZEPTVARIANTEN:
Meerrettichsauce

Die helle Grundsauce mit 125 ml Gemüsebrühe, 125 ml Milch und 125 g Schlagsahne statt der Brühe zubereiten. Zum Schluss 2 Esslöffel geriebenen Meerrettich (aus dem Glas oder frisch gerieben) unterrühren und die Sauce mit Salz, weißem Pfeffer, Zucker und Zitronensaft abschmecken.

Kräutersauce

(im Foto unten links)
Die helle Grundsauce mit 250 ml Milch und 125 ml Gemüsebrühe (statt Brühe) zubereiten. Zum Schluss 3 Esslöffel gehackte Kräuter (z. B. Petersilie, Kerbel oder Dill) und 2 Esslöffel Crème fraîche unterrühren. Sauce mit Salz, Pfeffer und geriebener Muskatnuss abschmecken.

Béchamelsauce mit Schinken

(im Foto oben links)
1 Zwiebel abziehen, klein würfeln. 40 g rohen Schinken würfeln. 30 g Butter oder Margarine zerlassen. Schinkenwürfel darin andünsten. 25 g Weizenmehl und Zwiebelwürfel darin unter Rühren so lange erhitzen, bis das Mehl hellgelb ist. 125 ml Gemüsebrühe zusammen mit 250 ml Milch oder 250 g Schlagsahne hinzugießen, mit einem Schneebesen gut durchschlagen. Dabei darauf achten, dass keine Klümpchen entstehen. Sauce kurz aufkochen lassen. Sauce mit Salz, Pfeffer und geriebener Muskatnuss abschmecken.

VERWENDUNG:
Reichen Sie die Béchamelsauce zu Gemüse, z. B. Blumenkohl (S. 175), Spargel (S. 184), Möhren (S. 174), Kohlrabi (S. 174) oder zu pochierten Eiern (S. 316).

Sauce hollandaise

KLASSISCH – MIT ALKOHOL

Zubereitungszeit:
etwa 15 Minuten,
ohne Abkühlzeit

150 g Butter
2 Eigelb (Größe M)
2 EL Weißwein
einige Spritzer Zitronensaft
Salz
gem. Pfeffer

Pro Portion:
E: 2 g, F: 34, Kh: 0 g,
kJ: 1343, kcal: 321, BE: 0,0

1 Butter zerlassen, etwas abkühlen lassen und den Schaum abschöpfen (Foto 1).

2 Eigelb mit Weißwein in einer Edelstahlschüssel mit einem Schneebesen verschlagen. Die Schüssel auf ein heißes Wasserbad (Wasser darf nicht kochen) setzen. Die Eigelbmasse mit dem Schneebesen so lange schlagen, bis die Masse schaumig ist (abschlagen, Foto 2).

3 Die Butter langsam unter die Eigelbmasse schlagen (Foto 3). Die Sauce mit Zitronensaft, Salz und Pfeffer würzen.

HINWEIS:

Nur ganz frische Eier verwenden (Legedatum beachten, mind. 23 Tage Resthaltbarkeit).

TIPP:

Aufgeschlagene Saucen lassen sich nur kurze Zeit im Wasserbad warm halten. Nach längerem Stehen trennen sich die Saucen in Fett und Eigelb, sie gerinnen. Deshalb die Saucen möglichst erst kurz vor dem Servieren aufschlagen. Geronnene Saucen entweder mit einem Pürierstab wieder aufschlagen oder 1 Eigelb mit 1 Esslöffel kaltem Wasser verrühren und die geronnene Sauce im Wasserbad nach und nach unterrühren.

REZEPTVARIANTEN:

Sauce béarnaise

Statt Wein Kräutersud verwenden. Dafür 1 Zwiebel abziehen, klein würfeln, in einen Topf geben. Je einen Teelöffel gehackten Estragon, Kerbel, 2 Teelöffel Weißweinessig und 2 Esslöffel Wasser hinzufügen und einmal aufkochen. Den Topf von der Kochstelle nehmen. Den Kräutersud zugedeckt etwa 5 Minuten ziehen lassen. Dann den Sud durch ein feines Sieb gießen. Je 1–2 Teelöffel gehackten Kerbel und Estragon unter die fertige Sauce rühren. Die Sauce mit Salz, Pfeffer und Zitronensaft würzen.

Sauce maltaise

Statt Wein 2 Esslöffel frisch gepressten Blutorangensaft, 2 Teelöffel warmes Wasser und 1 Esslöffel Zitronensaft verwenden. Die Sauce mit Salz und Zucker abschmecken und mit der abgeriebenen Schale von ¼ Bio-Orange (unbehandelt, ungewachst) bestreuen.

Schnelle Hollandaise

(ohne Wasserbad)
Die Butter zerlassen. Eigelb und nur ½ Esslöffel Zitronensaft oder Weißwein mit einem Pürierstab aufschlagen. Heiße Butter langsam einlaufen lassen und durch das Pürieren die Bindung herstellen. Falls die Sauce zu dick wird, mit ½ Esslöffel heißem Wasser verdünnen. Die Sauce mit Gewürzen abschmecken.

Mayonnaise (im Foto links)

SCHNELL

Zubereitungszeit:
etwa 10 Minuten

1 Eigelb (Größe M)
1–2 TL Weißweinessig
oder Zitronensaft
Salz
½–1 TL mittelscharfer Senf
125 ml Speiseöl,
z.B. Sonnenblumenöl

Pro Portion:
E: 1 g, F: 33 g, Kh: 0 g,
kJ: 1234, kcal: 295, BE: 0,0

1 Eigelb mit Essig oder Zitronensaft, Salz und Senf in einer Schüssel mit einem Schneebesen (Foto 1) zu einer schaumigen Masse aufschlagen.

2 Speiseöl in einem dünnen Strahl zulaufen lassen (Foto 2), nach und nach unterschlagen. Es ist nicht notwendig, das Speiseöl tropfenweise zuzugeben, die mit dem Eigelb verrührten Gewürze verhindern eine Gerinnung.

VERWENDUNG:

Die Mayonnaise eignet sich als Grundlage für kalte Saucen und Dips, zu Fondue oder als Brotaufstrich für Sandwiches.

TIPPS:

Alle Zutaten für die Mayonnaise sollten etwa die gleiche Temperatur haben, damit sich die Zutaten gut verbinden.

Sollte die Mayonnaise geronnen sein, nochmals 1 Eigelb mit Essig oder Zitronensaft verrühren und die geronnene Mayonnaise nach und nach unterrühren. Wenn Sie eine würzigere Mayonnaise haben möchten, rühren Sie zusätzlich noch 1–2 Teelöffel mittelscharfen Senf unter die Mayonnaise (im Foto rechts unten).

HINWEIS:

Nur ganz frische Eier verwenden (Legedatum beachten, mind. 23 Tage Resthaltbarkeit). Die fertige Mayonnaise im Kühlschrank aufbewahren und innerhalb von 24 Stunden verzehren.

REZEPTVARIANTEN:

Leichte Mayonnaise

Die Mayonnaise wie im Rezept beschrieben, aber nur mit 5 Esslöffeln Speiseöl zubereiten. Dann 4 Esslöffel Magerquark mit 1 Esslöffel Schlagsahne verrühren und unter die Mayonnaise rühren. Je 50 g Staudensellerie und 50 g Möhren (beides gewürfelt) unterheben.

Remouladensauce

(im Foto oben)
2 hart gekochte Eier pellen und hacken. Mayonnaise wie im Rezept beschrieben zubereiten. Zum Schluss 1 mittelgroße, fein gewürfelte Gewürzgurke, 2 Esslöffel klein geschnittene Kräuter (z. B. Petersilie, Schnittlauch, Dill, Kerbel, Kresse), 1 Teelöffel abgetropfte, gehackte Kapern und die gehackten Eier unterrühren. Die Remouladensauce mit Salz, Pfeffer und Zucker abschmecken.

Sauce tatare

4 Schalotten oder kleine Zwiebeln abziehen, klein würfeln. Mit 2 Teelöffeln abgetropften, gehackten Kapern und 2 Esslöffeln klein geschnittenen Kräutern unter die Mayonnaise rühren. Sauce mit Salz abschmecken.

Aioli

Wie die Mayonnaise zubereiten, nur statt Sonnenblumenöl Olivenöl verwenden und 2 gehackte Knoblauchzehen unterrühren.

Bologneser-Sauce (im Foto hinten)

MIT WEIN VERFEINERT

Zubereitungszeit:
30 Minuten
Garzeit: etwa 15 Minuten

1 Zwiebel
1 Knoblauchzehe
100 g Möhren
50 g Knollensellerie
2 EL Speiseöl
250 g Rindergehacktes
800 g geschälte Tomaten
(aus der Dose)
2 EL Tomatenmark
gerebelter Oregano
Zucker, Salz, gem. Pfeffer
2–3 EL Rotwein
evtl. einige Oreganoblättchen

Pro Portion:
E: 16 g, F: 14 g, Kh: 10 g,
kJ: 1001, kcal: 238, BE: 0,5

1 Zwiebel und Knoblauch abziehen. Möhre und Sellerie putzen, schälen, abspülen, abtropfen lassen. Vorbereitetes Gemüse in kleine Würfel schneiden.

2 Speiseöl in einem Topf erhitzen. Die Gemüsewürfel darin bei mittlerer Hitze dünsten. Gehacktes hinzufügen und unter Rühren anbraten. Dabei die Fleischklümpchen mit einer Gabel zerdrücken. Die geschälten Tomaten in der Dose etwas zerkleinern.

3 Tomaten mit dem Saft und Tomatenmark zum Gehackten in den Topf geben. Mit Oregano, Zucker, Salz und Pfeffer würzen. Die Sauce zum Kochen bringen und zugedeckt bei schwacher Hitze etwa 15 Minuten kochen lassen.

4 Die Sauce mit Rotwein, Salz und Pfeffer abschmecken. Die Bologneser-Sauce nach Belieben mit abgespülten, trocken getupften Oreganoblättchen garniert servieren.

BEILAGE:
Spaghetti.

Asiatische Pilzsauce (im Foto vorn)

RAFFINIERT

Zubereitungszeit:
etwa 20 Minuten

300 g gemischte Pilze
(Shiitake, Austernpilze, Enoki)
1 Zwiebel, 1 Knoblauchzehe
½ grüne Chilischote
1 Bund Frühlingszwiebeln
2 EL Erdnussöl
½ TL gem. Ingwer
100 ml Teriyaki-Sauce
400 ml Gemüsebrühe
10 g Speisestärke

Pro Portion:
E: 4 g, F: 5 g, Kh: 21 g,
kJ: 587, kcal: 140, BE: 1,5

1 Pilze putzen, evtl. kurz abspülen, trocken tupfen und in dünne Scheiben oder Stücke schneiden. Zwiebel und Knoblauch abziehen, in kleine Würfel schneiden. Chilischote putzen, abspülen, trocken tupfen, entstielen und in kleine Würfel schneiden. Hinweis: Da die Chilischote sehr scharf ist, ziehen Sie bei der Verarbeitung der Schote am besten Einweghandschuhe an. Frühlingszwiebeln putzen, abspülen, abtropfen lassen und schräg in Scheiben schneiden.

2 Erdnussöl in einem Wok erhitzen, Pilze darin anbraten. Zwiebel-, Chiliwürfel, Frühlingszwiebelscheiben und Knoblauchwürfel hinzugeben. Ingwer unterrühren, mit der Teriyaki-Sauce ablöschen. Brühe hinzugießen, zum Kochen bringen, etwas einkochen lassen. Speisestärke mit 1 Esslöffel Wasser anrühren, in die Sauce rühren, kurz aufkochen und abschmecken.

TIPP:
Statt Orangensauce können Sie zu dem Rezept Entenbrust (Seite 120) die asiatische Pilzsauce servieren.

Paprika-Limetten-Sauce

(im Foto hinten)

WÜRZIG – MIT ALKOHOL

Zubereitungszeit:
etwa 20 Minuten

2 Stangen Zitronengras
20 g frischer Ingwer
1 Zwiebel
400 g gelbe Paprikaschoten
2 EL Olivenöl
1 TL gem. Kurkuma (Gelbwurz)
1 TL brauner Zucker
100 ml trockener Weißwein
400 ml Fischfond
1 EL Speisestärke
Salz, gem. Pfeffer
Saft von 1 Limette
einige Bio-Limettenscheiben

Pro Portion:
E: 2 g, F: 6 g, Kh: 11 g,
kJ: 526, kcal: 126, BE: 1,0

1 Zitronengras putzen, abspülen, abtropfen lassen und in etwa 1 cm große Stücke schneiden. Ingwer schälen und in Scheiben schneiden. Zwiebel abziehen und in kleine Würfel schneiden. Paprikaschoten halbieren, entstielen, entkernen und die weißen Scheidewände entfernen. Schoten abspülen, abtropfen lassen und in kleine Würfel schneiden.

2 Olivenöl in einem Topf erhitzen, Paprika- und Zwiebelwürfel darin andünsten. Zitronengrasstücke, Ingwerscheiben, Kurkuma und Zucker hinzugeben, mit Weißwein und Fischfond ablöschen. Die Zutaten zugedeckt bei mittlerer Hitze etwa 15 Minuten kochen.

Anschließend die Paprikamasse pürieren und durch ein Sieb streichen.

3 Speisestärke mit 4 Esslöffeln Wasser anrühren, in die Sauce rühren und kurz aufkochen. Die Sauce mit Salz, Pfeffer und Limettensaft abschmecken.

4 Die Paprika-Limetten-Sauce anrichten und mit Limetten-scheiben garnieren.

TIPP:
Die Sauce passt gut zu gebratenem Fischfilet.

Radieschen-Balsamico-Jus

(im Foto vorn)

MIT ALKOHOL

Zubereitungszeit:
etwa 20 Minuten

½ Bund Radieschen
400 ml Fischfond
100 ml Rotwein
100 ml roter Traubensaft
1 EL Balsamico-Sherry-Essig
1 TL flüssiger Honig
1 TL Speisestärke
Salz, gem. Pfeffer

Pro Portion:
E: 1 g, F: 0 g, Kh: 9 g,
kJ: 250, kcal: 60, BE: 0,5

1 Radieschen putzen, abspülen, abtropfen lassen und in Streifen (Julienne) schneiden. Fischfond, Rotwein und Traubensaft in einem Topf zum Kochen bringen und um die Hälfte einkochen lassen. Balsamico und Honig hinzugeben, nochmals aufkochen.

2 Speisestärke mit 2 Esslöffeln Wasser anrühren, in die Sauce rühren und kurz aufkochen. Radieschenstreifen hinzugeben, die Sauce mit Salz und Pfeffer abschmecken.

3 Radieschen-Balsamico-Jus in einer Schale anrichten.

TIPPS:
Die Sauce passt gut zu Fisch-gerichten, z. B. Hechtfilet mit kross gebratener Haut.
Radieschen-Balsamico-Jus mit 1 Esslöffel Schnittlauchröllchen bestreut servieren.

Saisonale Abwechslung

—

Mit Grünkohl, Kürbisgemüse, Spargel oder Wirsing kann man die Jahreszeiten so richtig schmecken. Gemüse sorgt für gesunde Abwechslung, farbenfrohe Vielfalt und vitaminreichen Genuss. Die Variationsmöglichkeiten sind riesig – Chicorée im Schinkenmantel, Rote-Bete-Gemüse, gefüllte Paprikaschoten oder Schwarzwurzeln. Am besten alles mal ausprobieren!

Tipps & Tricks

▶ *Möglichst spät putzen: Gemüse immer vor dem Zerkleinern säubern, aber erst kurz vor der Zubereitung damit anfangen.*

▶ *Schonend behandeln: Gemüse nur bei Bedarf ganz dünn schälen. In der Schale oder direkt darunter stecken viele Vitamine und Mineralstoffe.*

▶ *Weniger ist mehr: Dünsten in wenig Wasser erhält die meisten Vitamine.*

▶ *Kein Deckel: Gemüse behält die appetitliche grüne Farbe, wenn es ohne Deckel gekocht oder gegart wird, damit der Dampf entweichen kann.*

Gemüse: Am besten jeden Tag

Einfacher kann man Gesundheit nicht zu sich nehmen: Gemüse enthält einen hohen Anteil an Kohlenhydraten und Ballaststoffen, Mineralstoffen, Spurenelementen und Vitaminen. Außerdem haben die meisten Gemüsesorten einen geringen Energie- und hohen Wasseranteil. Gemüse ist sehr empfindlich gegen Luft-, Wärme-, Wasser- und Lichteinwirkung und sollte deshalb vorsichtig behandelt werden. Ergänzend zu marktfrischen Angeboten ist TK-Gemüse eine ganzjährige Alternative. Da es schnellstmöglich nach der Ernte eingefroren wird, sind die Nährstoffverluste relativ gering.

Sorten:
Abwechslung garantiert

So behält man den Überblick: Gemüsesorten und ihre beliebtesten Vertreter:

» *Knollen- und Wurzelgemüse:* Kartoffeln, Knollensellerie, Möhren, Rübchen, Schwarzwurzeln
» *Blattgemüse:* Artischocken, Chicorée, Mangold, Spinat
» *Kohlgemüse:* Blumenkohl, Brokkoli, Chinakohl, Grünkohl, Pak Choi, Rosenkohl, Rotkohl, Weißkohl, Wirsing
» *Zwiebelgemüse:* Frühlingszwiebeln, Knoblauch, Porree (Lauch), Zwiebeln
» *Hülsenfrüchte:* Bohnen, Erbsen, Linsen, Sojabohnen, Kichererbsen
» *Fruchtgemüse:* Auberginen, Bohnen, Gurken, Kürbis, Paprikaschoten, Tomaten
» *Stängelgemüse:* Fenchel, Rhabarber, Spargel, Staudensellerie
» *Kultur- oder Zuchtpilze:* Austernseitlinge, Champignons, Kräuterseitlinge, Shiitake-Pilze

Einkauf:
Knackiges aus der Umgebung

Einheimisches saisonales Gemüse ist besonders aromatisch und preiswert. Wichtig ist:

» Möglichst frisches Gemüse ohne welke Stängel und Blätter einkaufen.
» Lagerzeit kurz halten, damit wenig Nähr- und Aromastoffe verloren gehen.
» Kühl aufbewahren – am besten im Gemüsefach des Kühlschranks.

Handwerk:
Kleine Schritte zum Genuss

Schälen, säubern, schneiden, würfeln, enthäuten – jedes Gemüse sollte richtig vorbereitet werden.

» *Zwiebeln* würfeln geht ganz einfach: Abziehen, längs halbieren. Die Zwiebelhälfte mit einem Messer in schmalen Abständen senkrecht durchschneiden, dabei die Wurzel aber ganz lassen; dann waagerecht bis zur Wurzel durchschneiden. Die Würfel senkrecht abschneiden.
» *Paprikaschoten*, die gefüllt werden sollen, werden so behandelt: Deckel abschneiden und weiße Scheidewände sowie Kerne mit einem Löffel entfernen.
» *Zuchtpilze* mit Küchenpapier abreiben. Sie müssen nicht mit Wasser abgespült werden.
» *Weißer Spargel* wird mit einem

Sparschäler oder einem scharfen Messer vom Kopf zum Ende hin dünn geschält. Schalen vollständig entfernen, die Köpfe aber nicht verletzen. Spargelenden und holzige Stellen abschneiden.

» *Grüner Spargel* wird nur im unteren Drittel geschält. Dann die Enden abschneiden.

» *Tomaten* enthäuten ist nicht schwer: abspülen, abtropfen lassen, kreuzweise an der oberen Seite einschneiden, mit kochendem Wasser übergießen. Nach 1–2 Minuten herausnehmen, mit kaltem Wasser abschrecken. Tomaten häuten, halbieren Stängelansätze herausschneiden.

Finale: Richtige Zubereitung

Wenn Gemüse gut eingekauft, schonend gelagert und vorsichtig vorbereitet wird, sollte am Schluss auch bei der Zubereitung darauf geachtet werden, dass möglichst wenige Nährstoffe verloren gehen und die Produkte ihren feinen Eigengeschmack entwickeln

können. Am besten ist es, Gemüse schonend und nur kurz zu garen. TK-Gemüse unaufgetaut mit etwas Flüssigkeit oder gedünsteten Zwiebelwürfeln garen.

» *Dünsten* ist Garen im eigenen Saft oder in wenig Flüssigkeit. Das tropfnasse Gemüse mit Gewürzen in einen Topf geben, einen gut schließenden Deckel auflegen und bei schwacher Hitze bissfest garen und nur bei Bedarf etwas Wasser zufügen. Geschmacks- und Aromastoffe bleiben so optimal erhalten.

» *Dämpfen (Foto 1)* ist Garen im Wasserdampf mit Siebeinsatz. Den Topfboden mit Wasser bedecken, Gemüse in einem passenden Siebeinsatz in den Topf geben und gut verschließen.

» *Kochen* ist Garen in viel Flüssigkeit und bei manchen Gemüsesorten erforderlich. Gargut mit Flüssigkeit fast bedecken. Es wird je nach Sorte in kalte (z. B. Kartoffeln) oder kochende Flüssigkeit (z. B. grüne Bohnen) gegeben.

SOS

❯ *Kein kaltes Wasser: Damit das Gemüse nicht auslaugt, sollte es im Topf nicht in kaltes, sondern immer erst in kochendes Wasser gegeben werden.*

❯ *Nicht wegschütten: Vitamine und Mineralstoffe im Garwasser von Gemüse können noch für Suppen oder Saucen genutzt werden.*

❯ *Kein Wasserbad: Vitamine gehen verloren, wenn Gemüse zum Reinigen ins Wasser gelegt wird. Besser kalt abspülen.*

1

Gemüse: Eines passt immer

Auberginen (Eierfrüchte)

Länglich ovale Früchte mit glatter Schale, tiefvioletter, weißer oder melierter Farbe und wenig Eigengeschmack. Die Schale kann mit verzehrt werden.

Blumenkohl

Fester weißer bis hellgelber Kopf mit vielen kleinen Röschen. Unzerteilten Blumenkohl vor dem Garen etwa 2 Minuten mit dem Kopf nach unten in Salzwasser legen, um vorhandenes Ungeziefer auszuwaschen. Romanesco ist eine grüne Blumenkohlart.

Blattspinat

Vitamin- und mineralstoffreiches Blattgemüse. Die Blätter werden oberhalb der Wurzel abgeschnitten und müssen sehr gründlich gewaschen werden.

Brokkoli

Grün-violette Köpfe mit kleinen Röschen, nicht ganz so fest wie Blumenkohl.

Bohnen

Es gibt verschiedene Arten (z. B. Prinzess-, Brech-, Schneidebohnen, Dicke Bohnen). Bohnen sollten niemals roh gegessen werden, da sie Phasin enthalten. Dieser Stoff, der Magen- und Darmentzündungen hervorrufen kann, wird aber beim Kochen zerstört.

Champignons (Egerlinge)

Diese Pilze sind hauptsächlich als Zuchtpilze auf dem Markt. Champignons sind weiß, rosé oder braun (Steinchampignons mit einem intensiveren Pilzgeschmack). Torfreste an der Pilzunterseite der Champignons abschneiden.

Chicorée

Leicht bitteres Gemüse, das auch als Salat verwendet wird. Der Strunk muss herausgeschnitten werden.

Chinakohl

Große, längliche Köpfe von blassgrüner Farbe. Schmeckt als Gemüse oder Salat.

Erbsen

Es gibt Zucker-, Pal- und Markerbsen. Markerbsen sind geschmacklich besser als Palerbsen. Vor dem Zubereiten werden sie aus den Schoten gelöst (ausgepalt). Zuckerschoten (Kaiserschoten) sind flache, hellgrüne Hülsen mit sehr kleinen Erbsen. Sie werden im Ganzen verzehrt. Zuckerschoten gibt es z. B. bereits geputzt zu kaufen. Frische Zuckerschoten sind knackig, nicht weich.

Fenchel

Weiße, fleischige Blattstiele, die an der Unterseite zu einer festen Knolle zusammengewachsen sind. Das zarte Fenchelkraut kann mitverwendet werden. Fenchel hat einen leichten Anisgeschmack.

Gurken

Es gibt Salat- und Schmorgurken. Freilandgurken haben am Stielansatz häufig Bitterstoffe, dann die Enden großzügig abschneiden.

Grünkohl

Die Blätter haben einen gekräuselten Rand und eine starke Mittelrippe. Erst nach dem ersten Frost ist er richtig schmackhaft, da dann die Stärke im Blatt in Zucker umgewandelt wird. Kälte macht den Kohl außerdem bekömmlicher.

Knollensellerie

Feste, würzige, gelb-weiße Knolle. Beim Kauf darauf achten, dass sie nicht hohl klingt, wenn man darauf klopft, da sie dann im Inneren holzig ist.

Kohlrabi

Glatte, hellgrüne und bläulich-violett gefärbte, feste Knollen. Junge Früchte sind sehr zart, ältere häufig leicht holzig. Die zarten Blättchen können mitverwendet werden.

Kürbis

Hellgelbe bis hellorange Früchte mit fester Schale und vielen Kernen und Fasern im Innern. Es gibt verschiedene Sorten von sehr unterschiedlicher Größe.

Mangold

Knackige, schmale Blattstiele mit einer dickeren Mittelrippe. Vitamin- und mineralstoffreich. Mangold hat einen milden, etwas nussartigen Geschmack. Mangold kann anstelle von Blattspinat verwendet werden.

Möhren (Karotten, Wurzeln)

Spitz zulaufende, kräftige Wurzeln. Besonders reich an Provitamin A, welches bei etwas Fettzugabe (z. B. Butter oder Speiseöl) vom Körper besonders gut aufgenommen und verwertet wird. Werden als Bund- oder Waschmöhren angeboten.

Paprikaschoten

Paprikaschoten sind in rot, grün, gelb, orange im Handel. Reich an Vitamin C und Kalium.

Porree (Lauch)

Feste, hell- bis dunkelgrüne Blattstängel mit kleinem Wurzelansatz. Porree ist mineralstoffreich und intensiv würzig.

Rosenkohl

Dicke, kräftige Stängel mit walnussgroßen Röschen. Ein Wintergemüse mit einem hohen Anteil an Vitamin C.

Rote Bete (Rote Rübe)

Nähr- und mineralstoffreiches Wurzelgemüse. Rote Bete färbt sehr stark, daher bei der Vorbereitung Gummihandschuhe tragen.

Rotkohl (Blaukraut)

Kräftige, pralle Köpfe mit glatten, am Rand leicht gekräuselten Blättern. Ihr blauroter Farbstoff wird bei Zugabe von Säure rot.

Schwarzwurzeln

Längliche, dunkelbraune Wurzel. Wintergemüse mit hohem Anteil an Mineralstoffen und Vitaminen.

Spargel

Frühlingsgemüse, bis zum 24. Juni aus deutscher Ernte frisch im Handel. Weiße, kräftige Stangen mit weißen, grünen oder violetten Köpfen, wächst unter der Erde. Grüner Spargel wächst über der Erde und ist kräftiger im Geschmack.

Spitzkohl

Kegelförmiger, halbfester Kohlkopf, der zur Weißkohlfamilie gehört. Zarter und feiner als Weißkohl.

Staudensellerie (Stangen- oder Bleichsellerie)

Weißgrüne, knackige Blattstiele, am unteren Rand knollenartig verwachsen. Die zarten Blätter können mit verwendet werden.

Steckrüben (Kohlrübe)

Weiß- bis gelbfleischige, pralle Wurzelrüben mit hohem Vitamin- und Mineralstoffanteil. Mairübchen sind sehr zart.

Teltower Rübchen

Eine rundliche Sorte der Speiserübe mit einer dünnen Haut. Je kleiner die Rübchen, desto feiner, sie schmecken angenehm mild und leicht süßlich.

Tomaten

Rote, feste Früchte von unterschiedlicher Größe (z. B. Fleisch- und Cocktailtomate) und Form (z. B. Flaschentomate). Überwiegend saftiges Kerngehäuse. Für warme Gerichte sollte die Haut abgezogen werden. Es gibt auch grüne und gelbe Tomaten. Tomaten nicht zusammen mit Gurken aufbewahren. Tomaten scheiden Äthylen aus, ein Gas, das Gurken schnell gelb werden lässt.

Weißkohl (Weißkraut)

Pralle, feste, gelbgrüne Kohlköpfe. Etwa die Hälfte der Ernte wird zu Sauerkraut verarbeitet. Kohl mit etwas zerstoßenem oder gemahlenem Kümmel, Anis oder Fenchelsamen würzen. Dadurch schmeckt der Kohl süßlich und ist leichter verdaulich.

Wirsing

Kohl mit locker angelegten, leicht gekräuselten Blättern von kräftig grüner Farbe.

Zucchini (Courgette, Zucchetti)

Dunkelgrüne oder gelbe, gurkenartige Früchte mit festem Fleisch. Kleine Früchte sind zarter im Geschmack als große. Die jungen Blüten sind essbar.

Zwiebeln

Eine große Familie mit unterschiedlichen Formen, Größen, Farben und Schärfen. Gemüsezwiebeln sind groß und relativ mild. Schalotten werden oft im Ganzen geschmort. Bei Frühlingszwiebeln (Lauchzwiebeln) wird das Grün meistens mitverwendet.

Glasierte Möhren (Wurzeln, Karotten, gelbe Rüben) (im Foto, S. 177)

FÜR KINDER

Vorbereitung:
max. 1 Tag im Voraus
Zubereitungszeit:
etwa 20 Minuten
Garzeit: 5–10 Minuten

1 kg Möhren
50 g Butter
2 EL Zucker

100 ml Gemüsebrühe
Salz
gem. Pfeffer
1–2 EL klein geschnittene
Petersilie

Pro Portion:
E: 2 g, F: 11 g, Kh: 22 g,
kJ: 809, kcal: 193, BE: 2,0

1 Möhren putzen, schälen, abspülen, abtropfen lassen, in Scheiben, Würfel oder Stifte schneiden.

2 Butter in einem Topf zerlassen. Die Möhren darin unter Rühren kurz dünsten. Zucker hinzugeben und Gemüsebrühe hinzugießen. Die Möhren zugedeckt 5–10 Minuten bei schwacher Hitze garen.

3 Die Möhren mit Salz und Pfeffer würzen, mit Petersilie bestreut servieren.

TIPP:

Sie können auch kleine Finger- oder Bundmöhren verwenden. Diese putzen, dabei etwas Grün stehen lassen.

Kohlrabi (im Foto, S. 177)

SCHMECKT KINDERN

Vorbereitung:
max. 1 Tag im Voraus
Zubereitungszeit:
etwa 20 Minuten
Garzeit: 5–10 Minuten

1 kg Kohlrabi
50 g Butter
100 ml Gemüsebrühe
Salz
gem. Pfeffer
ger. Muskatnuss

Pro Portion:
E: 3 g, F: 11 g, Kh: 6 g,
kJ: 571, kcal: 136, BE: 0,5

1 Kohlrabi putzen und das zarte Grün beiseitelegen. Kohlrabi schälen, abspülen und abtropfen lassen. Kohlrabi zuerst in Scheiben, dann in Stifte schneiden.

2 Butter in einem Topf zerlassen. Die Kohlrabistifte darin kurz unter Rühren dünsten, Gemüsebrühe hinzugießen und zum Kochen bringen. Kohlrabi zugedeckt 5–10 Minuten bei schwacher Hitze garen.

3 Kohlrabi mit Salz, Pfeffer und Muskat würzen. Beiseitegelegtes Kohlrabigrün abspülen, trocken tupfen und klein schneiden. Kohlrabi mit dem Kohlrabigrün bestreut servieren.

Blumenkohl (im Foto, S. 177)

KLASSISCH – 6 PORTIONEN

Zubereitungszeit:
etwa 20 Minuten
Garzeit: etwa 10 Minuten

1 l Wasser
1 großer Blumenkohl
(etwa 1,2 kg)
2 gestr. TL Salz
60 g Butter
2–3 EL Semmelbrösel
evtl. ger. Muskatnuss

Pro Portion:
E: 4 g, F: 9 g, Kh: 7 g,
kJ: 526, kcal: 126, BE: 0,5

1 Wasser in einem Topf zum Kochen bringen. Von dem Blumenkohl Blätter und schlechte Stellen entfernen, den Strunk abschneiden. Blumenkohl abspülen, abtropfen lassen und in Röschen teilen.

2 Blumenkohlröschen in das kochende Wasser geben. Salz hinzufügen, wieder zum Kochen bringen und zugedeckt bei schwacher Hitze in etwa 10 Minuten gar kochen.

3 Butter in einer kleinen Pfanne zerlassen. Semmelbrösel darin unter Rühren hellbraun rösten. Nach Belieben mit Muskat würzen. Blumenkohlröschen mit einer Schaumkelle aus dem Wasser heben, abtropfen lassen und in eine vorgewärmte Schüssel geben. Die Butter-Semmelbrösel-Mischung daraufgeben.

TIPP:
Blumenkohl mit Käse überbacken ist auch als Hauptgericht geeignet.

Brokkoli (im Foto, S. 177)

BELIEBT – 4 PORTIONEN

Vorbereitung:
max. 1 Tag im Voraus
Zubereitungszeit:
etwa 15 Minuten
Garzeit: etwa 8 Minuten

1 l Wasser
1 kg Brokkoli
1 gestr. TL Salz
2 hart gekochte Eier
2 EL gehobelte Mandeln
40 g Butter

Pro Portion:
E: 11 g, F: 15 g, Kh: 5 g,
kJ: 849, kcal: 202, BE: 0,5

1 Wasser in einem Topf zum Kochen bringen. Vom Brokkoli die Blätter entfernen. Den Strunk abschneiden. Brokkoli in Röschen teilen.

2 Brokkoliröschen abspülen, abtropfen lassen, mit Salz in das kochende Wasser geben, wieder zum Kochen bringen und zugedeckt etwa 8 Minuten bei mittlerer Hitze bissfest kochen.

3 Eier pellen und fein hacken. Mandeln in einer beschichteten Pfanne goldgelb rösten. Butter hinzugeben und zerlassen. Die gehackten Eier untermischen.

4 Brokkoli mit einer Schaumkelle aus dem Wasser heben, abtropfen lassen und in eine vorgewärmte Schüssel geben. Mandel-Butter-Eier-Mischung auf dem Brokkoli verteilen.

TIPP:
Durch Zugabe von ½ Teelöffel Natron bleibt der Brokkoli beim Garen schön grün.

Grüne Bohnen (Schnitt- oder Brechbohnen)

KLASSISCH

Vorbereitung:
max. 1 Tag im Voraus
Zubereitungszeit:
etwa 15 Minuten
Garzeit: 8–12 Minuten

2 l Wasser
750 g grüne Bohnen
Salz
3–4 Stängel Bohnenkraut
1 Zwiebel
40 g Butter oder Margarine
gem. Pfeffer

Pro Portion:
E: 4 g, F: 9 g, Kh: 6 g,
kJ: 522, kcal: 124, BE: 0,5

1 Wasser in einem Topf zum Kochen bringen. Von den Bohnen die Enden abschneiden, abfädeln. Bohnen abspülen, abtropfen lassen, in Stücke schneiden. Bohnen und 2 Teelöffel Salz in das kochende Wasser geben, wieder zum Kochen bringen. Bohnen zugedeckt 8–12 Minuten garen.

2 Bohnenkraut abspülen, trocken tupfen. Blättchen von den Stängeln zupfen, klein schneiden. Zwiebel abziehen, würfeln. Butter oder Margarine zerlassen. Zwiebelwürfel darin kurz dünsten. Bohnenkraut hinzugeben.

3 Die gegarten Bohnen abtropfen lassen, zu den Zwiebelwürfeln geben und vermengen. Mit Salz und Pfeffer würzen und abschmecken.

TIPPS:

Grüne Bohnen passen zu Fleischgerichten aller Art oder als Beilage zu Matjes.
Sie können gelbe Wachsbohnen auf die gleiche Weise zubereiten. Prinzess- oder Keniabohnen sind sehr zart (Garzeit 5–7 Minuten). Die gegarten Bohnen mit kaltem Wasser abschrecken, dann behalten sie ihre grüne Farbe. Oder ½ Teelöffel Natron mit in das Salzwasser geben.
70 g durchwachsene Speckwürfel in der Pfanne auslassen. Fett, Zwiebelwürfel und Bohnenkraut wie unter Punkt 2 beschrieben hinzufügen, Bohnen darin schwenken.

Zuckerschoten

FÜR GÄSTE

Vorbereitung:
max. 1 Tag im Voraus
Zubereitungszeit:
etwa 10 Minuten
Garzeit: 2–3 Minuten

2 l Wasser
500 g Zuckerschoten
Salz
30 g Butter, gem. Pfeffer

Pro Portion:
E: 5 g, F: 6 g, Kh: 12 g,
kJ: 534, kcal: 127, BE: 1,0

1 Wasser in einem Topf zum Kochen bringen. In der Zwischenzeit von den Zuckerschoten die Enden abschneiden, evtl. abfädeln. Schoten abspülen und abtropfen lassen. Schoten mit 2 Teelöffeln Salz in das kochende Wasser geben, wieder zum Kochen bringen und zugedeckt in 2–3 Minuten bissfest kochen.

2 Die Schoten sofort mit einer Schaumkelle aus dem Wasser nehmen, in eiskaltes Wasser geben, damit sie ihre grüne Farbe behalten. Dann herausnehmen und gut abtropfen lassen.

3 Butter zerlassen. Die Schoten darin schwenken, mit Salz und Pfeffer würzen.

Rotkohl

KLASSISCH

Vorbereitung:
max. 2 Tage im Voraus
Zubereitungszeit:
etwa 35 Minuten
Garzeit: 45–60 Minuten

1 kg Rotkohl
375 g saure Äpfel, z.B.
Cox Orange oder Boskop
2 Zwiebeln
5 EL Speiseöl oder
50 g Gänseschmalz
1 Lorbeerblatt
3 Gewürznelken
3 Wacholderbeeren
5 Pimentkörner
Salz, gem. Pfeffer, Zucker
2 Stangen Zimt
2 EL Rotweinessig
3 EL Johannisbeergelee

Pro Portion:
E: 4 g, F: 13 g, Kh: 32 g,
kJ: 1116, kcal: 268, BE: 2,0

1 Von dem Rotkohl die äußeren welken Blätter entfernen. Kohl vierteln, abspülen, abtropfen lassen und den Strunk herausschneiden (Foto 1). Den Kohl sehr fein schneiden oder hobeln (Foto 2). Äpfel schälen, vierteln, entkernen, Äpfel klein schneiden. Zwiebeln abziehen und würfeln.

2 Speiseöl oder Schmalz in einem Topf erhitzen. Die Zwiebelwürfel darin unter Rühren kurz dünsten. Rotkohlstreifen und Apfelstücke hinzugeben und mitdünsten.

3 Lorbeerblatt, Gewürznelken, Wacholderbeeren, Pimentkörner, Salz, Pfeffer, Zucker, Zimt, Essig, Johannisbeergelee und 125 ml Wasser hinzufügen (Foto 3). Den Rotkohl zugedeckt 45–60 Minuten bei schwacher Hitze garen, dabei gelegentlich umrühren. Rotkohl mit Salz, Pfeffer und Zucker abschmecken.

TIPPS:

Es ist empfehlenswert, Rotkohl in größeren Mengen zuzubereiten und ihn dann portionsweise einzufrieren. Der Rotkohl sollte dann noch „Biss" haben, also nicht zu gar sein.
Sie können den Rotkohl statt mit Wasser mit der gleichen Menge Weiß- oder Rotwein dünsten oder anstelle von Johannisbeergelee 2 Esslöffel Preiselbeerkompott oder Kirschgrütze unterrühren.
Sie können die Gewürze auch in einen Kaffeefilter geben, diesen mit einem Band verschließen, dann kann man die Gewürze ganz einfach aus dem Gemüse entfernen.

Rosenkohl

WINTERLICHES GEMÜSE

Vorbereitung:
max. 1 Tag im Voraus
Zubereitungszeit:
etwa 15 Minuten
Garzeit: 10–15 Minuten

1 kg Rosenkohl
Salz
40 g Butter, gem. Pfeffer
ger. Muskatnuss

Pro Portion:
E: 9 g, F: 9 g, Kh: 7 g,
kJ: 615, kcal: 146, BE: 0,0

1 Zwei Liter Wasser in einem Topf zum Kochen bringen. In der Zwischenzeit Rosenkohl von den schlechten äußeren Blättchen befreien und etwas vom Strunk abschneiden. Die Rosenkohlröschen am Strunk kreuzförmig einschneiden. Rosenkohl abspülen, abtropfen lassen.

2 Rosenkohl und 2 Teelöffel Salz in das kochende Wasser geben, zum Kochen bringen. Rosenkohl zugedeckt 10–15 Minuten bei schwacher Hitze garen.

3 Rosenkohl in einem Sieb abtropfen lassen. Butter zerlassen, den Rosenkohl darin schwenken. Mit Salz, Pfeffer und Muskat würzen.

TIPP:

Rosenkohl als Beilage zu deftigen Braten (z. B. Wild-, Schweine-, Gänse- oder Rinderbraten) servieren.

Schwarzwurzeln in Sahnesauce

FÜR GÄSTE

Vorbereitung:
max. 1 Tag im Voraus
Zubereitungszeit:
etwa 30 Minuten
Garzeit: 10–15 Minuten

2 l Wasser
3 EL Weißweinessig
oder Zitronensaft
1 kg Schwarzwurzeln
1 gestr. TL Salz

Für die Sahnesauce:
30 g Butter oder Margarine
25 g Weizenmehl
100 g Schlagsahne
275 ml Schwarzwurzel-
kochwasser
1 Eigelb (Größe M)
2 EL kaltes Wasser
Salz
gem., weißer Pfeffer
ger. Muskatnuss
1–2 EL klein geschnittene,
glatte Petersilie

Pro Portion:
E: 4 g, F: 17 g, Kh: 9 g,
kJ: 841, kcal: 202, BE: 0,5

1 Die Hälfte des Wassers mit dem Essig oder Zitronensaft verrühren. Schwarzwurzeln unter fließendem kalten Wasser gründlich abbürsten (am besten mit Gummihandschuhen, da die Schwarzwurzeln stark färben). Schwarzwurzeln dünn schälen, abspülen, abtropfen lassen. Schwarzwurzeln etwa 15 Minuten in das saure Wasser legen, damit die Stangen weiß bleiben, dann abtropfen lassen und in etwa 3 cm lange Stücke schneiden.

2 Restliches Wasser in einem Topf zum Kochen bringen. Schwarzwurzeln und Salz hineingeben, zugedeckt 10–15 Minuten bei schwacher Hitze garen. Die Schwarzwurzeln mit einer Schaumkelle herausnehmen, in eine vorgewärmte Schüssel geben und warm stellen. 275 ml von dem Kochwasser abmessen.

3 Für die Sahnesauce Butter oder Margarine in einem Topf zerlassen. Mehl darin unter Rühren so lange erhitzen, bis es hellgelb ist (Foto 1). Sahne und das abgemessene Kochwasser nach und nach hinzugießen. Mit einem Schneebesen gut durchschlagen (Foto 2+3), dabei darauf achten, dass keine Klümpchen entstehen. Sauce kurz aufkochen.

4 Eigelb und Wasser in einer kleinen Schüssel verschlagen, 4 Esslöffel von der Sauce unterrühren. Die Eigelbmasse unter Rühren in die restliche Sauce geben (die Sauce nicht mehr kochen lassen, da das Eigelb sonst gerinnt). Die Sauce mit Salz, Pfeffer und Muskat abschmecken. Petersilie unterrühren. Die Schwarzwurzeln mit der Sauce vermengen.

TIPPS:

Die Schwarzwurzeln mit Schinken und Salzkartoffeln oder als Beilage zu Steaks (S. 74), Bratwurst (S. 54) oder Hähnchenkeulen (S. 106) servieren.
Statt frischer Schwarzwurzeln können sie auch knapp 700 g abgetropfte Schwarzwurzeln aus dem Glas verwenden, die Garzeit beträgt dann nur etwa 8 Minuten.

Chicorée im Schinkenmantel

BEGEISTERT GÄSTE

Vorbereitung:
max. 1 Tag im Voraus
Zubereitungszeit:
etwa 30 Minuten
Garzeit: etwa 30 Minuten

4 große Chicorée
4 Scheiben Kochschinken
150 g Crème fraîche
150 g Joghurt (3,5 % Fett)
200 g Sahne-Schmelzkäse
Salz
gem. Pfeffer
ger. Muskatnuss
50 g geraspelter Gratin- oder
Gouda-Käse

Pro Portion:
E: 23 g, F: 34 g, Kh: 10 g,
kJ: 1820, kcal: 436, BE: 0,5

1 Den Backofen vorheizen.
Ober-/Unterhitze: etwa 180 °C
Heißluft: etwa 160 °C

2 Vom Chicorée die äußeren welken Blätter entfernen. Chicorée längs halbieren, abspülen und abtropfen lassen. Die Strünke keilförmig so herausschneiden (Foto 1), dass die Blätter noch zusammenhalten.

3 Schinkenscheiben halbieren, je eine Hälfte um eine Chicoréehälfte legen und in eine flache Auflaufform geben.

4 Crème fraîche und Joghurt unter Rühren in einem Topf erhitzen. Schmelzkäse hinzugeben und unter Rühren darin schmelzen.

5 Die Sauce mit Salz, Pfeffer und Muskat würzen, über die Chicoréehälften geben. Mit dem geraspelten Käse bestreuen. Die Form auf dem Rost in den Backofen schieben.
Einschub: unteres Drittel
Garzeit: etwa 30 Minuten

TIPP:
Servieren Sie den Chicorée im Schinkenmantel nach Belieben mit einigen roten Paprikawürfeln bestreut und mit Kräuterblättchen garniert.

BEILAGE:
Kleine Kartoffeln, Baguette oder Reis.

Junge Erbsen (im Foto, S. 177)

KLASSISCH

Vorbereitung:
max. 1 Tag im Voraus
Zubereitungszeit:
etwa 5 Minuten
Garzeit: etwa 8 Minuten

35 g Butter
750 g TK-Erbsen
100 ml Gemüsebrühe
Salz
gem. Pfeffer
ger. Muskatnuss
Zucker

Pro Portion:
E: 13 g, F: 8 g, Kh: 25 g,
kJ: 971, kcal: 232, BE: 2,0

1 Butter in einem Topf zerlassen. Die gefrorenen Erbsen darin unter Rühren kurz dünsten. Gemüsebrühe, Salz, Pfeffer, Muskat und 1 Prise Zucker hinzufügen. Die Erbsen zugedeckt etwa 8 Minuten bei schwacher Hitze garen, dabei gelegentlich umrühren.

2 Die Erbsen nochmals mit den Gewürzen abschmecken.

TIPPS:
Erbsen passen als Beilage zu Fleisch- oder Geflügelgerichten oder als Teil einer gemischten Gemüseplatte.
Frische Erbsen: Um 750 g Erbsen zu erhalten, benötigen Sie 2 kg ungepalte Erbsen (mit Hülsen). Die Erbsen palen, abspülen, abtropfen lassen und wie im Rezept angegeben garen.

Spargel
KLASSISCH

Zubereitungszeit:
etwa 45 Minuten
Garzeit: 10–15 Minuten

2 kg weißer Spargel
2 l Wasser
1–2 gestr. TL Salz
½ TL Zucker
70 g Butter

Pro Portion:
E: 7 g, F: 13 g, Kh: 8 g,
kJ: 745, kcal: 179, BE: 0,0

1 Spargel von oben nach unten dünn schälen, dabei darauf achten, dass die Schalen vollständig entfernt, die Köpfe aber nicht verletzt werden. Die unteren Enden abschneiden. Spargel abspülen und abtropfen lassen.

2 Wasser in einem großen Topf zum Kochen bringen. Salz, Zucker, 10 g Butter und den Spargel hineingeben, wieder zum Kochen bringen und je nach Stangendicke zugedeckt in 10–15 Minuten gar kochen.

3 Den Spargel mit einer Schaumkelle herausnehmen und auf eine vorgewärmte Platte legen.

4 Restliche Butter zerlassen, nach Belieben bräunen und zu dem Spargel reichen.

TIPPS:
Spargel zu rohem Schinken oder Kochschinken, Kalbs- oder Puten-schnitzeln und Petersilienkartoffeln servieren. Den Spargel statt mit Butter mit Sauce hollandaise (S. 160) oder Sauce béarnaise (S. 160) servieren und mit klein geschnittener Petersilie bestreuen. Geschälten Spargel kann man in ein Tuch gewickelt und in einer Plastiktüte verpackt 2 Tage im Kühlschrank aufbewahren.

» ABWANDLUNG:
Anstelle von weißem Spargel können Sie auch grünen Spargel verwenden. Dann den Spargel im unteren Drittel dünn schälen und die Enden abschneiden. Spargel-stangen abspülen, abtropfen lassen und wie im Rezept angegeben garen (7–10 Minuten).

Gurkengemüse
KALORIENARM

Vorbereitung:
max. 1 Tag im Voraus
Zubereitungszeit:
etwa 20 Minuten
Garzeit: etwa 5 Minuten

1 kg Salatgurken
30 g Butter oder Margarine
Salz, gem. Pfeffer
1 EL klein geschnittene
Kräuter, z.B. Dill, Petersilie

Pro Portion:
E: 13 g, F: 8 g, Kh: 25 g,
kJ: 971, kcal: 232, BE: 2,0

1 Gurken schälen und die Enden abschneiden. Gurken längs halbieren. Die Kerne mithilfe eines Löffels herausschaben. Die Gurken in etwa 1 cm breite Streifen schneiden.

2 Butter oder Margarine in einem Topf zerlassen. Die Gurkenstreifen darin zugedeckt bei schwacher Hitze etwa 5 Minuten garen, dabei ab und zu umrühren. Gurkenge-müse mit Salz und Pfeffer würzen, mit Kräutern bestreut servieren.

TIPPS:
Das Gurkengemüse zu Fisch-gerichten, Frikadellen (S. 52) oder Hackbraten (S. 76) servieren. Nach Belieben können Sie zum Schluss 2 Esslöffel Crème fraîche unter die Gurken rühren. Verwenden Sie im Spätsommer Schmorgurken anstelle von Salat-gurken, denn ihr Aroma ist noch intensiver. Schneiden Sie vor dem Schälen die Gurkenenden ab und probieren sie, denn manche schmecken bitter.

Sauerkraut

Vorbereitung:
max. 2 Tage im Voraus
Zubereitungszeit:
etwa 20 Minuten
Garzeit: 25–30 Minuten

4 Zwiebeln
1 Apfel, z.B. Cox Orange
3 EL Speiseöl,
z.B. Sonnenblumenöl
750 g Sauerkraut
125 ml Wasser, Zucker
1 Lorbeerblatt
4 Wacholderbeeren
6 Pfefferkörner
Salz, gem. Pfeffer

Pro Portion:
E: 4 g, F: 8 g, Kh: 11 g,
kJ: 602, kcal: 144, BE: 0,5

1 Zwiebeln abziehen und würfeln. Apfel schälen, vierteln und das Kerngehäuse entfernen. Apfel in Scheiben schneiden.

2 Speiseöl in einem Topf erhitzen. Zwiebelwürfel und Apfelscheiben darin andünsten. Sauerkraut locker zupfen, mit Wasser und 1 Esslöffel Zucker hinzufügen.

3 Lorbeerblatt, Wacholderbeeren und Pfefferkörner hinzugeben, mit Salz würzen. Das Sauerkraut zugedeckt 25–30 Minuten bei schwacher Hitze garen, dabei gelegentlich umrühren. Evtl. noch etwas Wasser hinzugießen. Sauerkraut mit Salz, Zucker und Pfeffer abschmecken.

TIPPS:

Das Sauerkraut zu Kasseler (S. 62) und Kartoffelpüree (S. 234) servieren.
Sauerkraut wird sämiger, wenn Sie in den letzten 10 Minuten 1 geriebene, rohe Kartoffel mitgaren. Das Sauerkraut wird dadurch milder. Nach Belieben den Apfel durch 150 g abgetropfte Ananasstücke (aus der Dose, die Flüssigkeit auffangen) ersetzen. Anschließend das Sauerkraut mit Ananasflüssigkeit abschmecken. Nehmen Sie für die Gewürze einen Kaffeefilter, dann verteilen sich diese nicht im ganzen Sauerkraut. Statt Wasser können Sie Weißwein oder Cidre verwenden.

Blattspinat

Zubereitungszeit:
etwa 25 Minuten
Garzeit: etwa 5 Minuten

1 kg Blattspinat
2 Zwiebeln
1 Knoblauchzehe
40 g Butter oder 4 EL Olivenöl
Salz
gem. Pfeffer
ger. Muskatnuss

Pro Portion:
E: 6 g, F: 10 g, Kh: 3 g,
kJ: 534, kcal: 128, BE: 0,0

1 Spinat verlesen, dicke Stiele entfernen. Spinat gründlich waschen und in einem Sieb abtropfen lassen. Zwiebeln und Knoblauch abziehen, klein würfeln. Butter oder Olivenöl in einem großen Topf zerlassen bzw. erhitzen. Zwiebel- und Knoblauchwürfel darin unter Rühren kurz dünsten.

2 Den Spinat hinzufügen, mit Salz, Pfeffer und Muskat würzen. Spinat zugedeckt bei schwacher Hitze etwa 5 Minuten garen. Spinat vorsichtig umrühren, mit Salz, Pfeffer und Muskat abschmecken.

TIPPS:

Den Spinat zu pochierten Eiern (S. 316), Spiegeleiern (S. 342), zu gedünstetem Fisch oder kurz gebratenem Fleisch reichen. Zusätzlich 125 g klein gewürfelten Mozzarella oder Gorgonzola oder 2 Esslöffel Pinienkerne unter den fertigen Spinat geben. Statt frischem Spinat können Sie auch TK-Blattspinat verwenden. 1 kg frischer Spinat entspricht etwa 600 g TK-Spinat. Die Garzeit kann sich dabei um etwa 5 Minuten verlängern (Packungsanleitung beachten).

Kürbisgemüse (Foto)

LEICHT UND KALORIENARM – 8 PORTIONEN

Zubereitungszeit:
etwa 25 Minuten
Garzeit: etwa 8 Minuten

1,2 kg Kürbis
30 g Butter oder Margarine
125 ml Gemüsebrühe
Salz
gem. Pfeffer
etwas Zucker
1 EL Weißweinessig
je 2 EL klein geschnittener
Dill und Petersilie

Pro Portion:
E: 2 g, F: 3 g, Kh: 5 g,
kJ: 248, kcal: 59, BE: 0,5

1 Kürbis halbieren, Kerne und Innenfasern entfernen. Kürbis in Spalten schneiden, schälen. Fruchtfleisch stifteln oder würfeln.

2 Butter oder Margarine in einem Topf zerlassen. Kürbis darin kurz unter Rühren dünsten. Brühe hinzugießen. Kürbis zugedeckt etwa 8 Minuten bei schwacher Hitze garen, dabei gelegentlich umrühren. Das Kürbisgemüse mit Salz, Pfeffer, Zucker und Essig würzen. Dill und Petersilie unterheben.

» REZEPTVARIANTE:
Kürbisspalten aus dem Backofen
1,2 kg Hokkaido-Kürbis abspülen, abtropfen lassen, nicht schälen, halbieren (Foto 1), vierteln, ent- kernen, Innenfasern entfernen (Foto 2). Kürbis der Länge nach in 2 ½ cm dicke Spalten schneiden. 1 Knoblauchzehe abziehen, fein hacken. 1 Päckchen Dr. Oetker Finesse Orangenschalen-Aroma, ½ Teelöffel Chiliflocken, ½ Teelöffel gemahlener Pfeffer, 1 Teelöffel Kräuter der Provence, ½ Teelöffel Kreuzkümmel und Knoblauch mit 5 Esslöffeln Olivenöl verrühren. Die Spalten mindestens 30 Minuten in der Gewürzmischung marinieren. Den Backofen vorheizen. **Ober-/Unterhitze: etwa 200 °C, Heißluft: etwa 180 °C.** Kürbisspalten mit der Schale nach unten auf ein Backblech (gefettet) setzen, in den Backofen schieben. **Einschub: unteres Drittel, Garzeit: etwa 30 Minuten** Kürbisspalten mit Salz und Pfeffer abschmecken.

Porree (Lauch) (ohne Foto)

LEICHT UND KALORIENARM

Vorbereitung:
max. 1 Tag im Voraus
Zubereitungszeit:
etwa 25 Minuten
Garzeit: 5–8 Minuten

1 kg Porree (Lauch)
30 g Butter oder Margarine
100 ml Gemüsebrühe
Salz, gem. Pfeffer
ger. Muskatnuss

Pro Portion:
E: 3 g, F: 7 g, Kh: 5 g,
kJ: 397, kcal: 96, BE: 0,5

1 Porree putzen, die Stangen längs halbieren, gründlich waschen, abtropfen lassen und in etwa 6 cm lange Stücke schneiden.

2 Butter oder Margarine in einem Topf zerlassen. Porreestücke darin kurz dünsten, Brühe hinzugießen, zum Kochen bringen und zugedeckt 5–8 Minuten bei schwacher Hitze garen.

3 Porree mit Salz, Pfeffer und Muskat würzen.

TIPP:
Porree als Beilage zu Rinderrouladen (S. 70), Rinderschmorbraten (S. 58), Krustenbraten (S. 64), Steaks (S. 74) oder Schnitzeln (S. 56) servieren.

Rote-Bete-Gemüse

RAFFINIERT

Vorbereitung:
max. 1 Tag im Voraus
Zubereitungszeit:
etwa 20 Minuten
Garzeit: etwa 30 Minuten

750 g Rote-Bete-Knollen
etwa 250 g Gemüsezwiebeln
40 g Butter oder Margarine
Salz
gem. Pfeffer
250 ml Gemüsebrühe
150 g Crème fraîche
2 EL Schnittlauchröllchen

Pro Portion:
E: 4 g, F: 20 g, Kh: 17 g,
kJ: 1104, kcal: 266, BE: 1,0

1 Rote Bete unter fließendem kalten Wasser gründlich abbürsten (Foto 1), schälen (am besten mit Gummihandschuhen, da die Rote Bete stark färbt), abspülen, abtropfen lassen und in dünne Scheiben schneiden (Foto 2). Große Scheiben halbieren oder vierteln. Gemüsezwiebeln abziehen und in Scheiben schneiden.

2 Butter oder Margarine in einem Topf zerlassen. Die Rote-Bete- und Zwiebelscheiben darin unter Rühren kurz dünsten. Mit Salz und Pfeffer würzen. Gemüsebrühe hinzugießen. Das Gemüse zugedeckt etwa 30 Minuten bei schwacher Hitze garen, dabei gelegentlich umrühren.

3 Das Rote-Bete-Gemüse auf einer Platte oder in einer Schale anrichten. Crème fraîche auf das Gemüse geben (Foto 3) und mit Schnittlauchröllchen bestreut servieren.

TIPPS:

Rote-Bete-Gemüse als Beilage zu deftigem Schweinebraten (S. 64), Steaks (S. 74), gebratenem, frittiertem Fisch (S. 132) servieren. Sie können auch vakuumierte geschälte Rote Bete oder Rote Bete aus dem Glas verwenden. Die Garzeit beträgt dann insgesamt nur etwa 15 Minuten.

» REZEPTVARIANTE:
Rote Bete aus dem Ofen
(6–8 Portionen)
Den Backofen vorheizen.
Ober-/Unterhitze: etwa 200 °C
Heißluft: etwa 180 °C
Von 8 Rote-Bete-Knollen (etwa 1,2 kg) Wurzeln und Blätter abschneiden. Die Knollen unter fließendem kalten Wasser gründlich abbürsten, dann einzeln in Alufolie (gefettet) wickeln. Rote Bete auf ein Backblech legen und in den Backofen schieben.
Einschub: unteres Drittel
Garzeit: etwa 90 Minuten
Rote Bete mit Kräuter- oder Meerrettichquark servieren.

Wirsing

KLASSISCH

Vorbereitung:
max. 1 Tag im Voraus
Zubereitungszeit:
etwa 40 Minuten
Garzeit: etwa 15 Minuten

1 kg Wirsing
1 Zwiebel
40 g Butter oder Margarine
etwa 125 ml Gemüsebrühe
Salz
gem. Pfeffer
ger. Muskatnuss

Pro Portion:
E: 5 g, F: 9 g, Kh: 6 g,
kJ: 539, kcal: 129, BE: 0,5

1 Von dem Wirsing die äußeren welken Blätter entfernen. Den Wirsing achteln, abspülen, abtropfen lassen und den Strunk herausschneiden. Wirsing in feine Streifen schneiden. Zwiebel abziehen und würfeln.

2 Butter oder Margarine in einem Topf zerlassen. Die Zwiebelwürfel darin kurz dünsten. Die Kohlstreifen hinzugeben und mitdünsten. Gemüsebrühe, Salz, Pfeffer und Muskat hinzufügen. Die Kohlstreifen zugedeckt etwa 15 Minuten bei schwacher Hitze garen.

3 Den Wirsing mit Salz, Pfeffer und Muskat abschmecken.

TIPP:

Kohl mit etwas zerstoßenem oder gemahlenem Kümmel-, Anis- oder Fenchelsamen würzen. Dadurch wird der Kohl leichter verdaulich.

» **REZEPTVARIANTEN:**

Chinakohl oder Spitzkohl

Statt Wirsing China- oder Spitzkohl verwenden (Garzeit bei beiden Kohlsorten: 10–15 Minuten).

Wirsing-Möhren-Gemüse

Nur 800 g Wirsing wie im Rezept beschrieben vorbereiten und zusätzlich 250 g Möhren putzen, schälen, abspülen, abtropfen lassen und in Streifen schneiden. 1–2 Knoblauchzehen abziehen und in Scheiben schneiden. Möhren und Knoblauch zusammen mit dem Wirsing wie im Rezept beschrieben dünsten.

Rahm-Wirsing (Foto)

Von 1 kg Wirsing die groben äußeren Blätter entfernen. Wirsing vierteln und den Strunk herausschneiden. Kohl in Streifen schneiden, abspülen und abtropfen lassen. 1 Esslöffel Butter in einem Topf zerlassen. Wirsingstreifen darin kurz dünsten, mit Salz, Muskatnuss und Pfeffer würzen. 125 ml Gemüsebrühe hinzugießen, den Wirsing etwa 15 Minuten garen. 75 g Schlagsahne oder 2 Esslöffel Crème fraîche unterrühren und kurz miterwärmen. Vor dem Servieren den Rahmwirsing mit 1 Esslöffel Schnittlauchröllchen bestreuen.

Deftiger Grünkohl

MACHT RICHTIG SATT

Vorbereitung:
max. 3 Tage im Voraus
Zubereitungszeit:
etwa 30 Minuten
Garzeit: etwa 60 Minuten

4 l Wasser
4 gestr. TL Salz
1 ½ kg Grünkohl
2 Zwiebeln
3 EL Speiseöl,
z.B. Sonnenblumenöl
oder 30 g Gänseschmalz
375 ml Gemüsebrühe
Salz
gem. Pfeffer
etwa 2 TL mittelscharfer Senf
500 g Kasseler
2 Rauchenden
(Mettwürstchen,
je etwa 150 g)
2 frische oder geräucherte
Kohlwürste (je etwa 150 g)
Zucker
20 g zarte Haferflocken

Pro Portion:
E: 59 g, F: 60 g, Kh: 13 g,
kJ: 3436, kcal: 822, BE: 1,0

1 Wasser in einem großen Topf zum Kochen bringen. Salz hinzufügen. In der Zwischenzeit vom Grünkohl welke oder fleckige Blätter und die Blattrippen entfernen. Den Grünkohl gründlich waschen, abtropfen lassen und fein hacken. Grünkohl portionsweise in das kochende Salzwasser geben, wieder zum Kochen bringen und 1–2 Minuten blanchieren. Anschließend kurz in kaltem Wasser abschrecken und in einem Sieb abtropfen lassen.

2 Zwiebeln abziehen und würfeln. Speiseöl oder Schmalz in einem Topf erhitzen. Die Zwiebelwürfel darin unter Rühren dünsten. Grünkohl hinzufügen und die Brühe hinzugießen, mit Salz und Pfeffer würzen. 2 Teelöffel Senf unterrühren. Grünkohl zum Kochen bringen und zugedeckt etwa 30 Minuten bei schwacher Hitze kochen, dabei gelegentlich umrühren.

3 Inzwischen Kasseler mit Küchenpapier abtupfen. Das Fleisch zum Grünkohl geben und zugedeckt etwa 15 Minuten mitkochen.

4 Rauchenden und Kohlwürste zum Grünkohl geben und zugedeckt etwa 15 Minuten bei schwacher Hitze erwärmen.

5 Fleisch und Würste herausnehmen und zugedeckt warm stellen. Den Grünkohl mit Salz, Pfeffer, Senf und 1 Prise Zucker abschmecken. Haferflocken unterrühren und einmal aufkochen. Das Fleisch in Scheiben schneiden, mit den Würsten und dem Grünkohl auf einer großen Platte anrichten.

BEILAGE:
Salzkartoffeln (S. 230) oder in Butter gebratene Röstkartoffeln.

TIPPS:
Grünkohl kann sehr gut in größeren Mengen zubereitet und portionsweise eingefroren werden. Er kann auch blanchiert und gehackt zur späteren Verwendung eingefroren werden.
Grünkohl schmeckt auch aufgewärmt.
Sie können auch fertig geschnittenen oder TK-Grünkohl (Packungsanleitung beachten) oder Grünkohl aus der Dose (nur 15 Minuten kochen) verwenden.

Gefüllte Paprikaschoten

LECKERES FÜR JEDEN TAG

Zubereitungszeit:
etwa 40 Minuten
Garzeit: etwa 50 Minuten

4 Paprikaschoten
(je etwa 200 g)
250 g Gemüsezwiebeln
500 g Tomaten
6 EL Olivenöl
400 g Gehacktes (halb Rind-,
halb Schweinefleisch)
2 EL Tomatenmark
Salz
gem. Pfeffer
etwa 300 ml Gemüsebrühe
gerebelter Oregano
Zucker

Pro Portion:
E: 24 g, F: 32 g, Kh: 15 g,
kJ: 1874, kcal: 447, BE: 1,0

1 An den Stielenden der Paprikaschoten einen Deckel abschneiden. Kerne und weiße Scheidewände entfernen. Die Schoten innen und außen abspülen, abtropfen lassen und die Böden begradigen. Gemüsezwiebeln abziehen, halbieren und würfeln. Tomaten abspülen, abtrocknen, halbieren, entkernen und die Stängelansätze herausschneiden. Die Hälfte der Tomaten würfeln. Restliche Tomaten in grobe Stücke schneiden.

2 Zwei Esslöffel Olivenöl in einer Pfanne erhitzen. Die Hälfte der Zwiebelwürfel darin kurz dünsten. Gehacktes hinzufügen und unter Rühren anbraten, dabei die Fleischklümpchen mit einer Gabel zerdrücken.

3 Tomatenwürfel und 1 Esslöffel Tomatenmark unterrühren, mit Salz und Pfeffer würzen. Die Hackfleischmasse etwas abkühlen lassen, dann die Masse in die vorbereiteten Paprikaschoten füllen. Die Paprikadeckel wieder auflegen.

4 Restliches Olivenöl (4 Esslöffel) in einem großen Topf erhitzen. Die restlichen Zwiebelwürfel darin kurz andünsten. Die Paprikaschoten nebeneinander in den Topf setzen. Die Tomatenstücke und die Gemüsebrühe hinzugeben. Die gefüllten Paprikaschoten zugedeckt etwa 50 Minuten bei schwacher Hitze garen. Anschließend die gegarten Paprikaschoten herausnehmen und auf einer vorgewärmten Platte warm stellen.

5 Für die Sauce die Garflüssigkeit mit den Tomatenstücken und Zwiebeln pürieren, evtl. durch ein Sieb passieren. Restliches Tomatenmark unterrühren.

6 Die Sauce mit Salz, Pfeffer, Oregano und etwas Zucker würzen, zu den gefüllten Paprikaschoten servieren.

BEILAGE:

Reis, Salz- oder Pellkartoffeln und ein gemischter Blattsalat.

» REZEPTVARIANTEN:

Paprikaschoten mit Geflügelfüllung

Das Gehackte durch 400 g Hähnchenbrust- oder Putenbrustfilet ersetzen. Das Filet mit Küchenpapier abtupfen, in sehr feine Würfel schneiden und wie im Rezept (ab Punkt 2) beschrieben verarbeiten. Sauce mit 2 Esslöffeln klein geschnittener Petersilie statt mit Oregano würzen.

Für eine **vegetarische Füllung** können Sie die Füllung vom Rezept „Vegetarische Kohlroulade mit Bulgur" (S. 290) nehmen. Die Kohlstreifen in der Füllung dann einfach weglassen.

Knackige bunte Vitamine

—

Salate bringen schnell und einfach richtig frischen Genuss auf den Tisch. Mit und ohne Fleisch sind sie vielfältig zu kombinieren – zum Beispiel Caesar-Salat, Sommersalat mit Hähnchenbruststreifen, Süddeutscher Kartoffelsalat oder Tomaten-Zwiebel-Salat. Schmeckt toll als Vorspeise, Snack, Beilage oder Hauptspeise. Und ist so gesund!

Tipps & Tricks

➤ *Nicht quetschen:*
Salatköpfe während
des Transports nicht
zusammendrücken.

➤ *Nicht lange lagern:*
Blattsalate möglichst
schnell zubereiten und
nicht lange aufbe-
wahren. Nicht ein-
frieren, sonst wird er
welk. Nur einige Salat-
sorten (z. B. Eisbergsalat)
sind in Folie gewickelt
einige Tage im Kühl-
schrank haltbar.

➤ *Richtig kühlen:*
Frische Blattsalate zum
Aufbewahren in einen
großen Plastikbeutel
geben, etwas Luft
hineinblasen, den
Beutel fest verschließen
und im Gemüsefach
des Kühlschranks
aufbewahren. So
kann der Salat nicht
zerdrückt werden und
bleibt länger frisch.

➤ *Geduld haben:*
Salatsaucen (Marinaden)
und Dressings erst
kurz vor dem Servieren
unterheben. Sonst
machen die empfind-
lichen Salatblätter
schnell schlapp.

Salate:
Kalorienarme Sattmacher

Saisonale Gerichte mit Salaten bieten viele Kombinationsmöglich-keiten für eine gesunde, kalorien-arme Ernährung. Blattsalate enthalten wichtige Vitamine, Mineralstoffe und Spurenelemente, aber so gut wie kein Fett. Freiland-ware ist Treibhaussalaten vorzu-ziehen, da die Blätter robuster sind und außerdem mehr Nährstoffe und weniger Nitrat enthalten. Für Rohkost-, Blatt- und Gemüsesalate immer frische, knackige Rohware verwenden.

Vorbereiten:
So viel Zeit muss sein

» Äußere und unansehnliche Blätter entfernen und den Salatkopf in einzelne Blätter zerteilen. Unzerteilte Blätter vorsichtig, aber gründlich mit kaltem Wasser abspülen (stark verschmutzten Salat auch mehrmals), dabei die Blätter nicht drücken und nicht im Wasser liegen lassen, da die Blätter sonst welk und wertvolle Nährstoffe ausgelaugt werden.
» Blätter gut in einem Sieb oder Durchschlag abtropfen lassen oder mit einer Salatschleuder trocken schleudern.
» Grobe Stiele und harte Mittel-rippen entfernen und die Blätter nach Bedarf in kleinere oder größere Stücke zerpflücken. Bei festeren Sorten eventuell schneiden.
» Für Gemüsesalate vorbereitetes Gemüse fein oder grob raspeln oder in glatte oder gewellte

(mit einem Buntmesser) Scheiben oder Stifte schneiden.

» Salatzutaten in eine ausreichend große Schüssel geben, damit sie sich locker mit der Sauce mischen lassen.

Angemacht:
Immer wieder anders gut

Saucen und Marinaden unter-streichen den geschmacklichen Charakter der Salatzutaten, ohne ihn zu überdecken.

Essig-Öl-Marinade (Vinaigrette):
Sie ist ein „Klassiker" und wird aus 1 Teil Essig und 1–2 Teilen Speiseöl zubereitet und mit Pfeffer, Salz, Zucker, nach Belieben frischen Küchenkräutern, Zwiebelwürfeln

und etwas Senf abgeschmeckt. Zuerst den Essig mit den Gewürzen verrühren, bis sich Salz und Zucker aufgelöst haben, dann eventuell Senf unterrühren und das Öl unterschlagen. Zum Schluss Kräuter und eventuell Zwiebelwürfel unterrühren.

Sahnesaucen: Saure oder süße Sahne mit Zitronensaft oder Essig vermischen, wie die Vinaigrette mit Gewürzen abschmecken und mit Kräutern verfeinern.

Mayonnaise: Für Saucen mit selbst gemachter Mayonnaise nur ganz frische Eier verwenden (Legedatum beachten, mind. 23 Tage Resthaltbarkeit!). Den fertigen Salat im Kühlschrank aufbewahren und innerhalb von 24 Stunden verzehren. Mayonnaisesaucen können etwas fettärmer zubereitet werden, wenn ein Teil der Mayonnaise durch Quark oder Joghurt ersetzt wird.

Essig & Öl: Durch die Wahl der Essig- und Ölsorte für die Sauce kann man den Geschmack eines Salates stark beeinflussen. Wein- und Kräuteressige sind sehr vielfältig einsetzbar, während ein dunkler Balsamico-Essig (Aceto Balsamico) nicht unbedingt zu jedem Salat passt. Sonnenblumenöl, Maiskeimöl oder Rapsöl sind relativ geschmacksneutral. Olivenöl oder Nussöle dagegen weisen einen stärkeren Eigengeschmack auf. Für Salate möglichst hochwertige, kalt gepresste Öle verwenden.

Knoblauch: Ganz besondere Note

Lieber etwas sparsamer verwenden: Wer nur einen Hauch Knoblauch möchte, reibt die Salatschüssel mit einer durchgeschnittenen Zehe aus. Für ein kräftigeres Aroma kann der gepresste Knoblauch in die Salatsauce oder in Scheiben geschnitten direkt in den Salat gegeben werden, oder Sie zerdrücken den Knoblauch mit etwas Salz mit der Breitseite eines großen Messers.

SOS

❯ *Keine Keime:*
Auch Fertigsalate sollten gründlich vor dem Verzehr abgespült werden. Außerdem unbedingt beim Kauf schon auf die richtige Kühlung achten. Nur dann sind sie bis zum Mindesthaltbarkeitsdatum verwendbar.

❯ *Zu fad:*
Vorsichtig Salz oder Zucker hinzufügen. Schon kleine Mengen intensivieren den Geschmack.

❯ *Zu salzig:*
Zusätzlich zur überwürzten Vinaigrette noch einmal die doppelte bis dreifache Menge ohne Salz zubereiten, alles vermischen und in den Kühlschrank stellen. Abmildernd wirken auch Wasser, Zucker, flüssiger Honig oder Dicksaft von Apfel, Birne oder Dattel.

Salate: Grüne Vielfalt

Bataviasalat
Aufgrund der Blattbeschaffenheit ein Zwischentyp von Kopf- und Eisbergsalat. Die Sorten unterscheiden sich sowohl in der Blattfarbe als auch in der Konsistenz. Der Geschmack reicht von herzhaft-würzig bis mild-süßlich.

Chinakohl
Eher ein Blattgemüse, aber beliebt für Salat. Längliche Kohlköpfe mit hellgrünen, leicht gewellten Blättern. Leichter Kohlgeschmack.

Eisbergsalat (Eissalat, Krachsalat)
Helle, feste Blätter mit wenig Eigengeschmack. Der sehr knackige Salat hält sich in Folie verpackt einige Tage im Kühlschrank.

Chicorée
Weiße, feste Staude mit hellgelben Spitzen und leicht bitterem Geschmack. Lichtgeschützt lagern, die Spitzen werden sonst grün und bitter.

Eichblattsalat (Eichenlaubsalat)
Leicht geschlitzte Blätter, die Eichenblättern ähneln. Grün, z. T. mit roten Spitzen, leicht nussiger Geschmack.

Feldsalat (Acker-, Rapunzel- oder Nüsslisalat)
Kleine Rosetten mit tiefgrünen, kleinen Blättern mit fester Struktur. Hoher Vitamin- und Mineralstoffgehalt (Kalium, Eisen). Angenehmes Nussaroma.

Endivie (Glatte Endivie, Escariol)
Fester, grüner Kopf mit hellgelben Herzblättern. Breite, glatte Blätter mit grob gezahntem Rand.

Kopfsalat (Grüner Salat)
Eine der beliebtesten Salatarten. Mehr oder weniger geschlossene Köpfe mit zarten Blättern. Hellgelbe Herzblättchen.

Radicchio (Rote Endivie)
Faustgroße, sehr feste Köpfe mit violettroten bis rosafarbenen Blättern, die mit weißen Adern durchzogen sind. Leicht bitterer Geschmack.

Friséesalat (Krause Endivie)
Krausblättrige Endiviensorte. Zarte, gefiederte, hellgrüne Außen- und gelbe Innenblätter. Knackiger, leicht bitterer Geschmack.

Lollo Rossa, Lollo Bionda
Gehören zur Familie der Endiviensalate. Knackige rote oder hellgrüne Blätter mit leicht bitterem, nussigen Geschmack.

Römischer Salat (Römersalat, Romana Salat)
Grüner, fester Kopf mit länglichen, schmalen, knackigen Blättern. Leicht bitterer Geschmack.

Löwenzahn
Eine Wiederentdeckung im Salatsortiment mit schmalen, gezähnten Blättern. Löwenzahn aus Anbau ist milder als wild wachsender Löwenzahn.

Portulak
Portulak besteht aus zarten, glatten, langstieligen, fleischigen Blättern, die zu einer Rosette angeordnet sind. Er wird ähnlich wie der Feldsalat zubereitet, kann aber auch wie Spinat gekocht werden.

Rucola (Rauke)
Schmale, gezackte Blätter mit würzig-nussigem, manchmal leicht scharfem Geschmack. Im Bund oder abgepackt angeboten.

Tomaten-Zwiebel-Salat

FÜR GÄSTE – 6 PORTIONEN

Vorbereitung:
max. 1 Tag im Voraus
Zubereitungszeit:
etwa 35 Minuten

500 g Tomaten
250 g Zwiebeln
1 EL klein geschnittene,
glatte Petersilie

Für die Salatsauce:
2 EL Kräuteressig
2 EL Orangensaft
1 TL Orangen- oder Feigensenf
1 EL flüssiger Honig
Salz
gem. Pfeffer
6 EL Olivenöl
evtl. glatte
Petersilienblättchen

Pro Portion:
E: 2 g, F: 7 g, Kh: 7 g,
kJ: 531, kcal: 127, BE: 0,5

1 Tomaten abspülen, trocken tupfen und die Stängelansätze herausschneiden. Tomaten in Scheiben schneiden. Zwiebeln abziehen, zunächst in Scheiben schneiden, dann in Ringe teilen. Tomatenscheiben mit den Zwiebelringen und der Petersilie in einer Salatschüssel mischen.

2 Für die Salatsauce Essig mit Orangensaft, Senf, Honig, Salz und Pfeffer verrühren. Nach und nach das Olivenöl unterschlagen. Salatsauce abschmecken.

3 Die Salatsauce über die Salatzutaten geben. Den Salat bis zum Verzehr zugedeckt in den Kühlschrank stellen. Nach Belieben mit abgespülten, trocken getupften Petersilienblättchen garnieren.

TIPP:
Den Tomaten-Zwiebel-Salat als Beilage zu Steaks (S. 74) oder Gegrilltem, zu Schinken oder als Partysalat servieren.

» **REZEPTVARIANTEN:**
Tomaten-Porree-Salat
Die Zwiebeln durch Porree (Lauch) ersetzen. Dafür Porree putzen, die Stangen längs halbieren, gründlich waschen, abtropfen lassen und in Scheiben schneiden. Porree in kochendem Salzwasser etwa 1 Minute blanchieren, dann abtropfen lassen und anstelle der Zwiebeln mit den Tomaten einschichten.

Korsischer Tomatensalat
800 g Fleischtomaten wie im Rezept unter Punkt 1 beschrieben vorbereiten. Tomaten in Scheiben schneiden und auf einer Platte anrichten. 2 Zwiebeln und 4 Knoblauchzehen abziehen, klein würfeln. 1 Bund Petersilie abspülen, trocken tupfen, Blättchen von den Stängeln zupfen. Blättchen klein schneiden, mit 3 Esslöffeln abgetropften Kapern, 10 schwarzen Oliven, Zwiebel- und Knoblauchwürfeln über die Tomaten streuen. Tomatensalat mit 4 Esslöffeln Olivenöl beträufeln. Den Salat mit Salz und Pfeffer kräftig würzen.

Feldsalat (Rapunzelsalat)

KLASSISCH – 6 PORTIONEN

Zubereitungszeit:
etwa 25 Minuten

250 g Feldsalat
2 Scheiben Weißbrot
20 g Butter
1 hart gekochtes Ei

Für die Sauce:
1 EL Balsamico-Essig
Salz, gem. Pfeffer, Zucker
3 EL Speiseöl, z.B. Walnussöl
1 EL gehackte Kräuter, z.B.
Petersilie, Schnittlauch

Pro Portion:
E: 3 g, F: 9 g, Kh: 3 g,
kJ: 434, kcal: 103, BE: 0,5

1 Feldsalat verlesen, Wurzelansätze abschneiden. Feldsalat gründlich waschen und trocken schleudern.

2 Weißbrot entrinden und in kleine Würfel schneiden. Butter in einer Pfanne zerlassen, die Brotwürfel darin bei mittlerer Hitze von allen Seiten knusprig braten. Ei pellen und fein hacken.

3 Für die Sauce Essig mit Salz, Pfeffer und Zucker verrühren. Speiseöl unterschlagen. Kräuter unterrühren. Den Salat kurz vor dem Servieren mit der Sauce vermengen. Weißbrotwürfel und gehacktes Ei darüberstreuen.

» REZEPTVARIANTE:
Feldsalat mit Walnusskernen
1 kleine, geschälte und entkernte Birne sehr klein würfeln und zusätzlich in die Salatsauce geben. 50 g Walnusskerne grob hacken und den Salat mit Nüssen statt mit Ei bestreuen.

Bohnensalat

KLASSISCH – 6 PORTIONEN

Vorbereitung:
max. 1 Tag im Voraus
Zubereitungszeit:
etwa 35 Minuten,
ohne Durchziehzeit

750 g grüne Bohnen
¼ gestr. TL Salz

Für die Sauce:
1 Zwiebel
2–3 EL Essig, z.B. Kräuteressig
Salz, gem. Pfeffer, Zucker
3 EL Olivenöl
1 EL gehackte Kräuter, z.B.
Petersilie, Dill, Bohnenkraut

Pro Portion:
E: 3 g, F: 5 g, Kh: 5 g,
kJ: 329, kcal: 78, BE: 0,0

1 Von den Bohnen die Enden abschneiden. Bohnen abfädeln, abspülen, abtropfen lassen, in Stücke schneiden. 250 ml Wasser in einem Topf zum Kochen bringen. Salz und Bohnen hinzufügen. Die Bohnen zugedeckt etwa 10 Minuten bei mittlerer Hitze garen.

2 Die gegarten Bohnen in ein Sieb geben, mit kaltem Wasser abschrecken und abtropfen lassen.

3 Für die Sauce Zwiebel abziehen, klein würfeln. Essig mit Salz, Pfeffer und Zucker verrühren. Olivenöl unterschlagen. Zwiebelwürfel und Kräuter unterrühren. Die noch warmen Bohnen mit der Sauce vermengen. Den Salat etwa 30 Minuten oder über Nacht durchziehen lassen.

4 Den Bohnensalat vor dem Servieren nochmals mit Salz, Pfeffer und Zucker abschmecken.

Möhren-Apfel-Salat

SCHMECKT AUCH KINDERN

Vorbereitung:
max. 1 Tag im Voraus
Zubereitungszeit:
etwa 20 Minuten

500 g Möhren
250 g säuerliche Äpfel, z.B.
Elstar, Cox Orange

Für die Sauce:
3 EL Zitronensaft
3 EL Orangensaft
1–2 TL Zucker oder
flüssiger Honig, Salz
1 TL Rapsöl

Pro Portion:
E: 1 g, F: 1 g, Kh: 14 g,
kJ: 314, kcal: 75, BE: 1,0

1 Möhren putzen, schälen, abspülen und abtropfen lassen. Äpfel schälen, vierteln und das Kerngehäuse herausschneiden. Möhren und Äpfel auf einer Haushaltsreibe raspeln.

2 Für die Sauce Zitronen- und Orangensaft mit Zucker oder Honig und Salz verrühren. Rapsöl unterschlagen. Geraspelte Möhren und Äpfel mit der Sauce vermengen. Den Salat mit Zucker abschmecken.

TIPPS:
Bei ungespritzten Äpfeln können Sie die Äpfel auch nur abspülen, abtrocknen und mit der Schale raspeln.
Die Sauce nach Belieben zusätzlich mit 1 Messerspitze gemahlenem Ingwer würzen.
Zusätzlich können Sie noch 150 g Crème fraîche unter den Salat geben.

Gurkensalat

KALORIENARM – 6 PORTIONEN

Zubereitungszeit:
etwa 15 Minuten

600–750 g Salatgurken

Für die Sauce:
1 Zwiebel
2 EL Kräuteressig
Salz
gem. Pfeffer
Zucker
3 EL Speiseöl,
z.B. Sonnenblumenöl
2 EL klein geschnittene
Kräuter, z.B. Dill, Petersilie

Pro Portion:
E: 1 g, F: 7 g, Kh: 3 g,
kJ: 311, kcal: 74, BE: 0,0

1 Gurken schälen und die Enden abschneiden. Gurken in feine Scheiben schneiden oder hobeln.

2 Für die Sauce Zwiebel abziehen und klein würfeln. Essig mit Salz, Pfeffer und Zucker verrühren, Speiseöl unterschlagen. Zwiebelwürfel und Kräuter unterrühren.

3 Die Gurkenscheiben mit der Sauce vermengen und den Salat sofort servieren.

TIPP:
Den Gurkensalat als Beilage zu Fischgerichten, Hackbraten (S. 76) oder Frikadellen (S. 52) oder als Teil einer Salatplatte servieren.

» REZEPTVARIANTE:
Cremiger Gurkensalat
Gurken wie unter Punkt 1 beschrieben vorbereiten. 150 g Crème fraîche mit 100 g Schmand (Sauerrahm) oder Joghurt, 1 Esslöffel grob körnigen Dijon-Senf, 1 Teelöffel flüssigen Honig, Salz, Pfeffer, 1 Teelöffel Currypulver und 1 Esslöffel Kräuteressig verrühren. 2 Esslöffel klein geschnittene Kräuter (z. B. Dill, Petersilie) mit den Gurkenscheiben und der Sauce vermengen und servieren.

Sommersalat mit Hähnchenbruststreifen

SOMMERLICHES GÄSTEESSEN – 8 PORTIONEN

Zubereitungszeit:
etwa 30 Minuten

1 kleiner Kopf Lollo Rosso
1 kleiner Kopf Lollo Bionda
100 g Feldsalat
je 1 kleine rote und
gelbe Paprikaschote
4 Hähnchenbrustfilets
(je etwa 150 g)
5 EL Speiseöl,
z.B. Sonnenblumenöl
Salz
gem. Pfeffer
4 EL Weißweinessig

Pro Portion:
E: 19 g, F: 7 g, Kh: 4 g,
kJ: 656, kcal: 157, BE: 0,0

1 Salatköpfe putzen, äußere schlechte Blätter entfernen. Salatblätter jeweils vom Strunk lösen. Feldsalat verlesen, Wurzelenden abschneiden. Salatblätter abspülen, Feldsalat gründlich waschen. Beide Salate trocken schleudern oder in einem Sieb abtropfen lassen. Große Salatblätter kleiner zupfen und die Herzblätter ganz lassen.

2 Paprikaschoten halbieren, entstielen, entkernen und die weißen Scheidewände entfernen. Schoten abspülen, trocken tupfen und in Streifen schneiden.

3 Hähnchenbrustfilets mit Küchenpapier abtupfen, evtl. Sehnen entfernen. Filets quer zur Faser in etwa ½ cm dicke Streifen schneiden.

4 Zwei Esslöffel des Speiseöls in einer Pfanne erhitzen. Die Fleischstreifen darin in 2 Portionen von allen Seiten braten. Dann das Fleisch herausnehmen und warm stellen.

5 Paprikastreifen in dem verbliebenen Bratfett 2–3 Minuten dünsten, dann herausnehmen, mit Salz und Pfeffer würzen und ebenfalls warm stellen.

6 Für die Sauce den Bratensatz mit Essig ablöschen, mit dem restlichen Speiseöl verschlagen, mit Salz und Pfeffer würzen.

7 Vorbereitete Salatzutaten mit den Hähnchenbruststreifen auf einer Platte oder in einer Schüssel anrichten und mit der lauwarmen Sauce beträufeln. Salat sofort servieren.

TIPP:

Anstelle der angegebenen Salate können Sie auch 400–500 g gemischte Salate aus der Kühltheke verwenden.

Geflügelsalat

AROMATISCH – FRUCHTIG – 6 PORTIONEN

Zubereitungszeit:
etwa 30 Minuten
Durchziehzeit:
etwa 30 Minuten

125 g Zartweizen
500 g gebratenes oder
gekochtes Geflügelfleisch,
z.B. Hähnchenbrustfilet
je 100 g grüne und blaue
kernlose Weintrauben
4 Stängel Estragon
½ rote Chilischote

Für die Sauce:
2 Knoblauchzehen
2 EL Kräuteressig
1 EL flüssiger Honig
150 g Crème fraîche
2 EL Apfelsaft
1 EL mittelscharfer Senf
6 EL Olivenöl
Salz
gem. Pfeffer

Pro Portion:
E: 23 g, F: 19 g, Kh: 25 g,
kJ: 1500, kcal: 359, BE: 2,0

1 Zartweizen nach Packungsanleitung garen und erkalten
lassen. Geflügelfleisch in Streifen
schneiden. Weintrauben abspülen
(Foto 1), abtropfen lassen und
halbieren. Estragon abspülen und
trocken tupfen. Die Blättchen von
den Stängeln zupfen (Foto 2),
Blättchen grob zerschneiden.
Chilischote halbieren, entkernen
und die weißen Scheidewände
entfernen. Schote abspülen,
abtropfen lassen und fein hacken.

2 Für die Sauce Knoblauch abziehen
und grob hacken. Essig mit Honig,
Crème fraîche, Apfelsaft, Senf und
Knoblauch pürieren. Nach und
nach Olivenöl unterschlagen. Sauce
mit Salz und Pfeffer abschmecken.

3 Geflügelstreifen mit der Marinade,
Chili und Zartweizen in einer
Schüssel vermengen. Weintrauben
und Estragon vorsichtig unterheben. Den Salat zugedeckt im
Kühlschrank etwa 30 Minuten
durchziehen lassen.

TIPPS:
Statt Zartweizen können Sie auch
Reis verwenden oder statt der
Weintrauben 100 g gekochten
Spargel.

» REZEPTVARIANTEN:
**Geflügelsalat
mit Erbsen** (Foto 3)
Die Weintrauben durch 200 g TK-
Erbsen ersetzen. Die gefrorenen
Erbsen in wenig kochendes
Salzwasser geben, 3–5 Minuten
kochen, mit kaltem Wasser
abschrecken, abtropfen lassen.
Erbsen unter den Salat heben.

**Geflügelsalat
mit geräucherter
Hähnchenbrust**
Das gebratene Geflügelfleisch
durch in Streifen geschnittenes,
geräuchertes Hähnchenbrust-
oder Putenbrustfilet ersetzen.

Weißkohlsalat

GUT VORZUBEREITEN – 12 PORTIONEN

Vorbereitung:
max. 2 Tage im Voraus
Zubereitungszeit:
etwa 30 Minuten
Durchziehzeit:
etwa 60 Minuten
oder über Nacht

1–1 ½ kg Weißkohl
300 g Gemüsezwiebeln
1 TL Kümmelsamen
4 EL Speiseöl, z.B.
Sonnenblumen- oder Rapsöl

Für die Marinade:
5 EL Weißweinessig
1 TL Selleriesalz
1 gestr. TL Salz
½ TL gem. Pfeffer
1–2 EL Zucker
1–2 TL ger. Meerrettich
(aus dem Glas)

Pro Portion:
E: 1 g, F: 4 g, Kh: 7 g,
kJ: 282, kcal: 67, BE: 0,5

1 Von dem Weißkohl die äußeren welken Blätter entfernen. Den Kohl vierteln, abspülen, abtropfen lassen und den Strunk herausschneiden. Den Kohl in feine Streifen schneiden oder hobeln (Foto 1). Gemüsezwiebeln abziehen und in feine Streifen schneiden. Die Kohl- und Zwiebelstreifen in eine große Schüssel geben. Kümmel mit ein paar Tropfen Speiseöl auf einem Schneidbrett grob hacken (Foto 2, Hinweis: Das Öl dient dazu, dass der Kümmel beim Hacken nicht wegspringt.)

2 Für die Marinade restliches Speiseöl mit Essig, Selleriesalz, Salz, Pfeffer, Zucker und Meerrettich in einen Topf geben und einmal aufkochen lassen.

3 Die heiße Marinade über den Weißkohlsalat geben und gut vermengen. Den Salat etwa 60 Minuten oder über Nacht durchziehen lassen.

4 Den Salat vor dem Servieren mit Salz, Pfeffer, Meerrettich und Zucker abschmecken.

TIPPS:
Nach Belieben den Salat mit kross gebratenen Baconscheiben belegen. Wenn Sie den Weißkohlsalat durchkneten, wird er noch weicher und zieht besser durch. Statt Weißkohl können sie auch Spitzkohl verwenden.

» REZEPTVARIANTE:
Weißkohlsalat mit Sonnenblumenkernen
2 Esslöffel Sonnenblumenkerne in einer Pfanne ohne Fett rösten und auf den fertigen Salat streuen.

Caesar-Salat

RAFFINIERT – 6 PORTIONEN

Zubereitungszeit:
etwa 40 Minuten,
ohne Abkühlzeit

Für den Salat:
200 g Mini Romana
(Salatherzen)
250 g Eisbergsalat
etwas Radicchio

Für das Dressing:
50 g Parmesan
1 Knoblauchzehe
250 g Salatmayonnaise
150 g Crème fraîche
2 EL Weißweinessig
Salz
gem. Pfeffer
evtl. 1 EL Wasser

Für die Croûtons:
3 Scheiben Toastbrot
2 EL Butter

4 Hähnchenbrustfilets
(etwa 500 g)
3 EL Speiseöl

50 g Parmesan

Pro Portion:
E: 27 g, F: 37 g, Kh: 10 g,
kJ: 2015, kcal: 483, BE: 0,5

1 Für den Salat Salate putzen, abspülen und gut abtropfen lassen. Radicchio zum Garnieren getrennt von den anderen Salaten beiseitelegen. Die restlichen Salate in Streifen oder Stücke schneiden.

2 Für das Dressing Parmesan fein reiben, Knoblauch abziehen. Mayonnaise, Crème fraîche, Knoblauch, Essig, Salz, Pfeffer und den geriebenen Parmesan in einen Rührbecher geben und fein pürieren (Foto 1). Falls das Dressing zu fest ist, noch etwas Wasser hinzufügen. Dressing abschmecken.

3 Für die Croûtons Toastbrotscheiben entrinden und in kleine Würfel schneiden. Butter in einer Pfanne zerlassen. Die Brotwürfel bei schwacher Hitze von allen Seiten goldbraun rösten (Foto 2), herausnehmen und beiseitelegen.

4 Hähnchenbrustfilets mit Küchenpapier abtupfen, mit Salz und Pfeffer würzen. Speiseöl in einer Pfanne erhitzen. Die Filets darin von beiden Seiten kräftig anbraten. Anschließend bei mittlerer Hitze in etwa 10 Minuten fertig garen, dabei ab und zu wenden. Die Filets herausnehmen, etwas abkühlen lassen, anschließend in Scheiben schneiden (Foto 3).

5 Den Salat mit dem Dressing vermischen und in tiefen Tellern anrichten. Parmesan hobeln. Den Salat mit Parmesan, beiseitegelegtem Radicchio, Croûtons und den Hähnchenfiletscheiben garnieren.

TIPPS:

Für eine vegetarische Variante können Sie statt der Hähnchenbrustfilets auch gebratene Halloumi-Scheiben (in einer beschichteten Pfanne ohne Fett braten) verwenden.
Wenn es schnell gehen soll, nehmen Sie fertige Croûtons und gehobelten Parmesan aus dem Kühlregal.

Italienischer Nudelsalat

IDEAL FÜR EIN BÜFFET – 6 PORTIONEN

Zubereitungszeit:
etwa 50 Minuten
Durchziehzeit:
etwa 20 Minuten

2 ½ l Wasser
2 ½ gestr. TL Salz
250 g Nudeln,
z. B. Penne, Orecchiette
250 g Gemüsezwiebeln
200 g Zucchini
Salzwasser
200 g Fleischtomaten
200 g Bratenaufschnitt,
z. B. Kalbsbraten
3 EL Balsamico-Essig
Salz
gem. Pfeffer
gerebelter Oregano
4 EL Olivenöl
12 abgetropfte
schwarze Oliven, ohne Stein
2 TL abgetropfte Kapern
(aus dem Glas)

Für die Tunfischsauce:
185 g Tunfisch in Öl
150 g Joghurt (3,5 % Fett)
1 EL Salatmayonnaise
1 Topf Basilikum

Pro Portion:
E: 26 g, F: 30 g, Kh: 41 g,
kJ: 2297, kcal: 549, BE: 3,0

1 Wasser in einem großen Topf zugedeckt zum Kochen bringen. Dann Salz und Nudeln hinzugeben. Die Nudeln im geöffneten Topf bei mittlerer Hitze nach Packungsanleitung bissfest kochen, dabei gelegentlich umrühren. Anschließend die Nudeln in ein Sieb geben, mit kaltem Wasser abspülen und abtropfen lassen.

2 Gemüsezwiebeln abziehen, halbieren und in dünne Scheiben schneiden. Zucchini abspülen, abtrocknen und die Enden abschneiden. Zucchini in dünne Scheiben schneiden. Zwiebel- und Zucchinischeiben in wenig kochendes Salzwasser geben, einmal aufkochen lassen. Dann in ein Sieb geben, mit kaltem Wasser übergießen und abtropfen lassen.

3 Tomaten kreuzweise einschneiden und mit kochendem Wasser übergießen. Nach 1–2 Minuten herausnehmen und mit kaltem Wasser abschrecken. Tomaten häuten, halbieren und die Stängelansätze herausschneiden. Tomaten entkernen und in Spalten schneiden. Bratenaufschnitt in Streifen schneiden.

4 Essig mit Salz, Pfeffer und Oregano verrühren. Olivenöl unterschlagen. Die Sauce mit den vorbereiteten Zutaten, Oliven und Kapern in einer Schüssel vermengen. Den Salat etwa 20 Minuten durchziehen lassen.

5 Für die Tunfischsauce Tunfisch mit dem Öl, Joghurt und Mayonnaise in einen Rührbecher geben und pürieren. Die Sauce mit Salz und Pfeffer abschmecken.

6 Basilikum abspülen und trocken tupfen. Die Blättchen von den Stängeln zupfen. Die Sauce damit garnieren. Die Tunfischsauce zu dem Salat reichen.

TIPP:
Den italienischen Nudelsalat als kaltes Hauptgericht mit Ciabatta oder als Partysalat servieren.

ABWANDLUNG:
Anstelle von Bratenaufschnitt können Sie auch 150 g gegrilltes oder geräuchertes, in Scheiben geschnittenes Hähnchenbrustfilet verwenden.

Kartoffelsalat mit Mayonnaise
(im Foto hinten)

KLASSISCH – 6 PORTIONEN

Vorbereitung:
max. 1 Tag im Voraus
Zubereitungszeit:
etwa 45 Minuten,
ohne Abkühlzeit
Durchziehzeit:
etwa 30 Minuten

800 g festkochende Kartoffeln
2 Zwiebeln
100 g abgetropfte
Gewürzgurken (aus dem Glas)
3 hart gekochte Eier

6 EL Salatmayonnaise
3 EL Gurkenflüssigkeit
1 EL mittelscharfer Senf
Salz, gem. Pfeffer

Pro Portion:
E: 10 g, F: 25 g, Kh: 31 g,
kJ: 1630, kcal: 389, BE: 2,5

1 Kartoffeln gründlich waschen, in einem Topf knapp mit Wasser bedeckt, zugedeckt zum Kochen bringen und bei mittlerer Hitze in 20–25 Minuten gar kochen.

2 Die gegarten Kartoffeln abgießen, abtropfen, kurz abkühlen lassen, pellen, in Scheiben schneiden und in eine große Schüssel geben.

3 Zwiebeln abziehen, klein würfeln. Gurken und die gepellten Eier in Scheiben schneiden.

4 Mayonnaise mit Gurkenflüssigkeit und Senf verrühren. Zwiebelwürfel, Gurken- und Eierscheiben mit den abgekühlten Kartoffelscheiben zur Sauce geben und vorsichtig untermischen. Mit Salz und Pfeffer würzen. Kartoffelsalat mindestens 30 Minuten durchziehen lassen.

TIPP

Den Kartoffelsalat als Beilage zu Gegrilltem, zu Wurst, Leberkäse, Schinkenbraten oder Frikadellen (S. 52) servieren.

Süddeutscher Kartoffelsalat
(im Foto vorn)

TRADITIONELL – GUT VORZUBEREITEN – 6 PORTIONEN

Vorbereitung:
max. 1 Tag im Voraus
Zubereitungszeit:
etwa 50 Minuten
Durchziehzeit: einige Stunden

1 kg festkochende Kartoffeln
1 Lorbeerblatt
2 Zwiebeln
etwa 100 ml Rapsöl
4–5 EL Kräuteressig
125 ml heiße Gemüsebrühe

1 Kartoffeln gründlich waschen, mit dem Lorbeerblatt in einem Topf knapp mit Wasser bedeckt, zugedeckt zum Kochen bringen, bei schwacher Hitze in 20–25 Minuten gar, aber nicht zu weich kochen.

2 Zwiebeln abziehen, klein würfeln. 1 Esslöffel Rapsöl in einem Topf erhitzen, Zwiebelwürfel darin anbraten. Mit Essig und Brühe ablöschen, etwa 3 Minuten ziehen

lassen. Die Sauce mit Salz und Pfeffer würzen.

3 Die gegarten Kartoffeln abgießen, abtropfen lassen, heiß pellen, in Scheiben schneiden und in eine hitzebeständige Schüssel geben. Die Zwiebelsauce vorsichtig unter die warmen Kartoffelscheiben mischen. Nach und nach restliches Speiseöl hinzugeben. Den Salat einige Stunden durchziehen lassen.

(Fortsetzung Seite 218)

(Fortsetzung von Seite 216)

Salz, gem. Pfeffer
2 EL Schnittlauchröllchen

Pro Portion:
E: 3 g, F: 17 g, Kh: 24 g,
kJ: 1110, kcal: 265, BE: 2,0

4 Etwa 30 Minuten vor dem Servieren den Backofen vorheizen.
Ober-/Unterhitze: etwa 150 °C
Heißluft: etwa 130 °C

5 Den Salat mit Salz, Pfeffer und Essig nochmals abschmecken. Die Schüssel mit dem Salat auf dem Rost in den vorgeheizten Backofen schieben. Den Salat 15–20 Minuten wärmen, dabei gelegentlich durchschwenken.

6 Schnittlauchröllchen unterrühren. Den Salat warm servieren.

» **REZEPTVARIANTE:**
Süddeutscher Kartoffelsalat mit Kürbiskernen
Zusätzlich 70 g Kürbiskerne in einer Pfanne ohne Fett rösten, herausnehmen und unter den warmen Kartoffelsalat mischen. Salat mit Kürbiskernöl beträufeln.

Wurst-Käse-Salat
EINFACH ZUZUBEREITEN – 6 PORTIONEN

Vorbereitung:
max. 1 Tag im Voraus
Zubereitungszeit:
etwa 35 Minuten
Durchziehzeit: etwa 1 Stunde

250 g Zwiebeln
250 g Emmentaler
350 g Fleischwurst
75 g abgetropfte Gewürzgurken

Für die Sauce:
2 EL Weißweinessig
2 EL Wasser
1 TL mittelscharfer Senf
4 EL Speiseöl,
z.B. Sonnenblumenöl
Salz
gem. Pfeffer
Zucker
1 EL Schnittlauchröllchen

Pro Portion:
E: 29 g, F: 48 g, Kh: 4 g,
kJ: 2357, kcal: 563, BE: 0,0

1 Zwiebeln abziehen, zunächst in Scheiben schneiden, dann in Ringe teilen. Zwiebelringe in kochendem Wasser etwa 2 Minuten blanchieren, dann in ein Sieb geben und abtropfen lassen.

2 Emmentaler entrinden und in Streifen schneiden. Fleischwurst enthäuten. Fleischwurst und Gewürzgurken in dünne Scheiben schneiden.

3 Für die Sauce Essig mit Wasser und Senf verrühren, Speiseöl unterschlagen. Die Sauce mit Salz, Pfeffer und Zucker würzen. Die Salatzutaten mit der Sauce vermengen und den Salat etwa 1 Stunde durchziehen lassen. Den Salat mit Schnittlauchröllchen bestreut servieren.

TIPPS:
Den Wurst-Käse-Salat als kleine Mahlzeit mit Laugenbrötchen oder -brezeln oder als Partysalat servieren. Sie können den Salat auch mit Geflügelfleischwurst oder Kasseler zubereiten.

Schichtsalat mit Curry-Dressing

FÜR DIE PARTY – GUT VORZUBEREITEN – 10 PORTIONEN

Vorbereitung:
max. 1 Tag im Voraus
Zubereitungszeit:
etwa 40 Minuten,
ohne Abkühlzeit
Durchziehzeit:
mind. 2 Stunden

250 g festkochende Kartoffeln
1 ½ l Wasser
1 ½ gestr. TL Salz
125 g griechische Nudeln
(Kritharaki)
250 g Eisbergsalat
3 hart gekochte Eier
340 g abgetropfte
Ananasstücke (aus der Dose)
125 g Kochschinken

Für das Dressing:
250 ml Currysauce
(aus der Flasche)
150 g Salatmayonaise
150 g Crème fraîche
100 ml Ananassaft
(aus der Dose)
Salz
gem. Pfeffer
Cayennepfeffer

285 g abgetropfter
Gemüsemais (aus der Dose)
370 g abgetropfter Sellerie in
Streifen (aus dem Glas)
2 EL Röstzwiebeln
(Fertigprodukt)

Pro Portion:
E: 9 g, F: 21 g, Kh: 30 g,
kJ: 1472, kcal: 353, BE: 2,5

1 Kartoffeln gründlich waschen, in einem Topf knapp mit Wasser bedeckt, zugedeckt zum Kochen bringen und bei mittlerer Hitze in 20–25 Minuten gar kochen. Kartoffeln abgießen, abtropfen lassen, heiß pellen, etwas abkühlen lassen und in Scheiben schneiden.

2 Wasser in einem Topf zugedeckt zum Kochen bringen. Dann Salz und Nudeln hinzugeben. Die Nudeln im geöffneten Topf bei mittlerer Hitze nach Packungsanleitung bissfest kochen, dabei gelegentlich umrühren.

3 Anschließend die Nudeln in ein Sieb geben, mit kaltem Wasser abspülen, abtropfen und vollständig erkalten lassen.

4 Eisbergsalat putzen, abspülen, abtropfen lassen und in kleine Stücke schneiden. Eier in Scheiben schneiden.

5 Von den Ananasstücken den Saft auffangen und 100 ml Saft abmessen. Ananasstücke nochmals zerkleinern. Schinken in kleine Würfel schneiden.

6 Für das Dressing Currysauce mit Mayonnaise, Crème fraîche und Ananassaft verrühren, mit Salz, Pfeffer und Cayennepfeffer würzen und abschmecken.

7 Die vorbereiteten Zutaten schichtweise in eine hohe Schüssel (Ø 30 cm, Höhe 15 cm) einschichten, dabei auf jede Schicht etwas von dem Dressing geben. Oder den Salat portionsweise in Gläsern einschichten. Die erste und die letzte Schicht sollten aus Eisbergsalat bestehen. Den Salat mindestens 2 Stunden durchziehen lassen.

8 Den Salat kurz vor dem Servieren mit Röstzwiebeln bestreuen.

TIPP:
Statt griechischer Nudeln können Sie auch Reis verwenden.

Haltbares Tomaten-Dressing
(im Foto rechts)

SCHNELL ZUZUBEREITEN – INSGESAMT ETWA 350 ML

Vorbereitung:
max. 4 Tage im Voraus
Zubereitungszeit:
etwa 15 Minuten

250 g Fleischtomaten
1 Zwiebel
3 EL Obstessig
1 TL Ahornsirup
5 EL Olivenöl
Chiliflocken
Salz
gem. Pfeffer

Insgesamt:
E: 3 g, F: 51 g, Kh: 14 g,
kJ: 2214, kcal: 528, BE: 0,5

1 Tomaten abspülen, abtropfen lassen und die Stängelansätze herausschneiden. Tomaten grob zerkleinern. Zwiebel abziehen und in Würfel schneiden. Tomatenstücke mit den Zwiebelwürfeln, Essig, Sirup, Olivenöl und Chiliflocken in einen Rührbecher geben und fein pürieren. Dressing mit Salz und Pfeffer würzen.

2 Dressing in vorbereitete Gläser füllen. Mit Schraubverschluss oder Twist-off-Deckel® verschließen und bis zur Verwendung in den Kühlschrank stellen.

TIPPS:
Sie können noch 1 abgezogene Knoblauchzehe hinzugeben oder kurz vor der Verwendung abgespülte, trocken getupfte, klein geschnittene Basilikumblättchen in das Dressing geben.
Das Dressing eignet sich gut zu einem Nudelsalat, zu einem einfachen Blattsalat oder auch zu Gnocchi (S. 244).

Paprika-Erdnuss-Dressing
(im Foto links oben)

RAFFINIERT – PIKANT – ERGIBT 250 ML

Vorbereitung:
max. 4 Tage im Voraus
Zubereitungszeit:
15 Minuten

1 gelbe Paprikaschote
(etwa 150 g)
1 Zwiebel
3 EL Obstessig
1 TL Ahornsirup
5 EL Olivenöl
Chiliflocken
Salz
gem. Pfeffer
50 g geröstete Erdnusskerne
(ohne Fett, pikant gewürzt)

Insgesamt:
E: 16 g, F: 77 g, Kh: 19 g,
kJ: 3448, kcal: 823, BE: 1,5

1 Paprikaschote halbieren, entstielen, entkernen und die weißen Scheidewände entfernen. Schote abspülen, abtropfen lassen und in Würfel schneiden. Zwiebel abziehen und würfeln.

2 Paprika-, Zwiebelwürfel, Essig, Sirup, Olivenöl und Chiliflocken in einen Rührbecher geben und fein pürieren. Mit Salz und Pfeffer würzen. Erdnusskerne hinzugeben und alles nochmals fein pürieren. Dressing mit den Gewürzen abschmecken.

3 Dressing in vorbereitete Gläser füllen. Mit Schraubverschluss oder Twist-off-Deckeln® verschließen und bis zur Verwendung in den Kühlschrank stellen.

TIPP:
Sie können noch 1 abgezogene, zerdrückte Knoblauchzehe mit in das Dressing geben.

Sesam-Honig-Dressing (im Foto Mitte)

NUSSIG – WÜRZIG – 8 PORTIONEN

Zubereitungszeit:
etwa 15 Minuten

2 EL Sesamsamen
1 TL flüssiger Honig
½ TL milder Senf
2 EL Weißweinessig
4 EL Orangensaft
Salz, gem. Pfeffer
einige Stängel Thymian
4 EL Rapsöl

Pro Portion:
E: 1 g, F: 7 g, Kh: 2 g,
kJ: 288, kcal: 69, BE: 0,0

1 Sesamsamen in einer Pfanne ohne Fett bei mittlerer Hitze rösten, bis er leicht bräunt. Sesamsamen herausnehmen und erkalten lassen.

2 Honig mit Senf, Essig und Orangensaft verrühren. Mit Salz und Pfeffer würzen.

3 Thymian abspülen, trocken tupfen. Blättchen von den Stängeln zupfen, klein schneiden, unter das Dressing rühren.

4 Das Öl mit einem Schneebesen unterschlagen, sodass ein sämiges Dressing entsteht. Zuletzt den Sesamsamen unterrühren.

Zitronen-Buttermilch-Dressing (im Foto vorn)

SCHNELL – 8 PORTIONEN

Zubereitungszeit:
etwa 5 Minuten

125 g Buttermilch
150 g Crème fraîche
1 Pck. Dr. Oetker Finesse Geriebene Zitronenschale
Salz, gem. Pfeffer
2 EL Schnittlauchröllchen

Pro Portion:
E: 1 g, F: 6 g, Kh: 2 g,
kJ: 262, kcal: 63, BE: 0,0

1 Buttermilch mit Crème fraîche und Zitronenschale verrühren. Mit Salz und Pfeffer würzen, Schnittlauchröllchen unterrühren.

» REZEPTVARIANTE:
Pikantes Himbeer-Dressing (im Foto oben)
300 g frische Himbeeren verlesen, pürieren und anschließend durch ein Sieb streichen. 2 Esslöffel Himbeergelee mit 4 Esslöffeln Balsamico-Essig verrühren. 2 Teelöffel milden Senf und 1 Päckchen Dr. Oetker Finesse Orangenschalen-Aroma unterrühren. Mit Salz und Pfeffer abschmecken. 6 Esslöffel Oliven- oder Distelöl unterschlagen.

Nahrhafte Alleskönner

Grundnahrungsmittel sind alles andere als langweilig. Sie machen nicht nur satt, sondern sind anpassungsfähige Begleiter vieler Mahlzeiten. Knusprige Bratkartoffeln, lockere Semmelknödel, Spaghetti ‚al dente‘ oder geschmälzte Spätzle lassen viele Hauptgerichte erst zu einem besonderen Erlebnis werden. Da darf man dann auch ruhig einen Nachschlag nehmen.

Tipps & Tricks

▶ *Kurz einstechen: Kartoffeln für die Garprobe mit einer Gabel oder einem Messer einstechen.*

▶ *Kurz anfeuchten: Fertig geformte Klöße/Knödel auf einen mit Wasser befeuchteten Teller oder ein bemehltes Brett legen. So kleben sie nicht fest.*

▶ *Kurz entscheiden: Selbst gemacht oder fertig – es gibt die Wahl zwischen Teigwaren aus Mehl, Wasser, Salz und Ei oder Teigwaren aus Hartweizengrieß, Mehl, Wasser und Salz ohne Ei. Probieren Sie auch Nudeln aus Buchweizen, Dinkel und Reis.*

▶ *Kurz abspülen: Für Nudelsalate die gegarten Nudeln mit kaltem Wasser abspülen. Dann garen sie nicht nach.*

Kartoffeln: Lebendige Tradition

Nicht nur in Deutschland ist die alltägliche Küche ohne Kartoffeln undenkbar. Sie enthalten wichtige Vitamine, Mineral-, Nähr- und Ballaststoffe und haben je nach Sorte ganz unterschiedliche Eigenschaften. Man teilt sie ein in:

» *Festkochend* wie Cilena, Hansa, Linda, Nicola, Sieglinde, Selma. Sie lassen sich gut in Scheiben schneiden – gut für Salate, Gratins, Salz-, Pell- oder Brat-kartoffeln.

» *Vorwiegend festkochend* wie Atica, Clivia, Christa, Gloria, Granola, Grata, Hela, Leyla. Geeignet für Salz-, Pell- und Bratkartoffeln, Folienkartoffeln, Kartoffelgemüse oder Suppen.

» *Mehligkochend* wie Adretta, Afra, Aula, Bintje, Datura, Ilona, Irmgard, Maritta. Wegen ihres hohen Stärkeanteils gut für Klöße (Knödel), Kartoffelpuffer (Reibekuchen), Suppen, Eintöpfe oder Kartoffelplätzchen.

5 Wege zur perfekten Zubereitung

» Damit sie zur gleichen Zeit gar sind, für Pellkartoffeln möglichst gleich große Kartoffeln auswählen und Salzkartoffeln in etwa gleich große Stücke schneiden.

» Kartoffeln erst kurz vor dem Zubereiten schälen und in kaltes Wasser legen, damit sie sich nicht verfärben.

» Die ab Anfang Juni erhältlichen Frühkartoffeln haben eine so dünne Schale, dass diese mit-verzehrt werden kann. Vor dem Kochen sorgfältig waschen bzw. abbürsten.

» Kartoffeln zum Kochen knapp mit Wasser bedecken oder mit wenig Wasser im Kartoffeldämpfer garen.

» Nach dem Abgießen des Koch-wassers die Kartoffeln im offenen Topf unter leichtem Schütteln abdämpfen lassen oder zum Abdämpfen ein Küchentuch oder Küchenpapier zwischen Topf und Deckel legen.

Runde Sache: Klöße und Knödel

Ob eigenständiges Hauptgericht oder schmackhafte Beilage – Klöße und Knödel gehören einfach dazu. Zubereitet werden sie aus verschiedenen Grundteigen, vorwiegend aus rohen oder gekochten Kartoffeln oder Semmeln (Brötchen). Man kann auch Hefeteig, Grieß oder Grünkern verwenden – je nach Rezept wird der Teig herzhaft oder süß. Selbst gemachte Klöße und Knödel schmecken am besten, vorgefertigte Produkte sparen Zeit.

Perfekte Klöße: 10 Schritte

» Zutaten gut durchmischen – sie müssen sich zu einer einheitlichen Masse verbinden.

» Klöße mit einem angefeuchteten Löffel abstechen und mit ange-feuchteten oder leicht bemehlten Händen formen (Foto 1).

» Zum Füllen die Masse zu einem Kloß formen, in die Mitte eine Mulde eindrücken, die Füllung hineingeben, die Masse vorsichtig über die Füllung drücken und glatt formen.

» Längliche Klößchen mit 2 angefeuchteten Löffeln formen.

» Klöße brauchen zum Garen viel Platz. Daher einen breiten Topf wählen.

» Konsistenz beim Garen mit einem Probekloß prüfen. Zerfällt der Kloß, unter den Teig noch etwas Grieß, Kartoffeln, Kartoffelstärke oder Mehl mischen. Ist der Kloß zu fest, etwas Brühe, Milch, Quark oder Ei hinzufügen.

» Klöße in kochendes Wasser legen, die Temperatur herunterstellen und sie ohne Deckel (Ausnahme Hefeklöße) gar ziehen und nicht kochen lassen.

» Topf ab und zu leicht rütteln, damit die Klöße an die Oberfläche steigen (Foto 2).

» Zum Ende der Garzeit einen Kloß mit 2 Gabeln aufreißen. Ist das Kloßinnere trocken, sind sie gar, ist es noch feucht, müssen die Klöße noch ziehen.

» Die garen Klöße mit einer Schaumkelle aus dem Wasser nehmen und gut abtropfen lassen.

Nudeln: Lang, kurz, lecker!

Teigwaren werden meist Nudeln genannt und können als Beilage, Suppeneinlage oder eigenständiges Gericht zubereitet werden. Es gibt sie in vielen Formen und Farben, gefüllt und ungefüllt, getrocknet und als Frischteigwaren im Kühlregal. Sie sind problemlos in der Vorratshaltung – vor allem getrocknete Nudeln sind sehr lange haltbar – und einfach und schnell in der Zubereitung.

100 Gramm auf einen Liter

Beim Kochen lieber den größeren Topf nehmen, denn Nudeln sollten immer in reichlich Wasser gegart werden. Dann können sie sich ausdehnen und kleben nicht zusammen. Pro Liter Wasser wird 1 Teelöffel Salz zugefügt. Salz und Nudeln werden in das kochende Wasser gegeben. Nudeln ohne Deckel bei mittlerer Hitze nach Packungsanleitung unter gelegentlichem Umrühren bissfest (al dente) kochen – selbst gemachte Nudeln benötigen dazu nur wenige Minuten. Die garen Nudeln in ein Sieb schütten, mit heißem Wasser abspülen und abtropfen lassen.

SOS

❯ *Nudeln ohne Öl:*
Der kleine Schuss Öl im Nudelwasser, damit die Nudeln nicht zusammenkleben, bringt nichts. Er schwimmt an der Oberfläche und verhindert später, dass die Sauce gut an den Nudeln haftet. Besser das Nudelwasser beim Kochen regelmäßig umrühren.

❯ *Keime vermeiden:*
Kartoffeln möglichst luftig, kühl (4–6 °C) und dunkel lagern. Bei warmer, heller Lagerung wird die Keimbildung gefördert und es kann zu einer Grünverfärbung kommen. Die Kartoffeln eventuell mit Papier zudecken.

❯ *Nicht pürieren:*
Kartoffelpüree bekommt eine klebrige Konsistenz, wenn man die Kartoffeln mit dem Pürierstab zerkleinert, weil dann die Stärke zerstört wird. Besser durch eine Kartoffelpresse drücken oder zerstampfen.

Salzkartoffeln (ohne Foto)

EINFACH

Zubereitungszeit:
etwa 10 Minuten
Garzeit: 20–25 Minuten

750 g Kartoffeln
1 gestr. TL Salz

Pro Portion:
E: 3 g, F: 0 g, Kh: 22 g,
kJ: 447, kcal: 107, BE: 2,0

1 Kartoffeln schälen, abspülen, abtropfen lassen, größere Kartoffeln 1–2-mal durchschneiden. Kartoffeln in einem Topf knapp mit Wasser bedeckt, zugedeckt zum Kochen bringen. Salz hinzugeben. Kartoffeln zugedeckt in 20–25 Minuten bei mittlerer Hitze gar kochen.

2 Das Kochwasser abgießen. Die Kartoffeln im offenen Topf unter leichtem Schütteln abdämpfen.

TIPP:
Salzkartoffeln passen zu den meisten Fleisch-, Fisch- oder Gemüsegerichten mit Sauce.

» REZEPTVARIANTEN:
Pellkartoffeln (im Foto vorn)
1 kg Kartoffeln gründlich waschen, evtl. abbürsten, in einem Topf knapp mit Wasser bedeckt, zugedeckt zum Kochen bringen, in 20–25 Minuten gar kochen. Die gegarten Kartoffeln abgießen, mit kaltem Wasser abschrecken, abtropfen lassen, sofort pellen. Die Pellkartoffeln als Beilage oder als Hauptgericht mit Kräuterquark und Räucherlachs oder Béchamelsauce und Salat servieren.

Folienkartoffeln (im Foto hinten)

KLASSISCH

Zubereitungszeit:
etwa 20 Minuten
Garzeit: etwa 25 Minuten

8 mehligkochende Kartoffeln
(etwa 1 kg)

150 g Crème fraîche
1 EL gehackte Petersilie
Salz, gem. Pfeffer
evtl. einige Kümmelsamen

Außerdem:
8 Bögen Alufolie

Pro Portion:
E: 6 g, F: 12 g, Kh: 38 g,
kJ: 1207, kcal: 289, BE: 3,0

1 Den Backofen vorheizen.
Ober-/Unterhitze: etwa 200 °C
Heißluft: etwa 180 °C

2 Kartoffeln gründlich waschen, evtl. abbürsten (Foto 1), in einem Topf knapp mit Wasser bedeckt, zugedeckt zum Kochen bringen. Kartoffeln etwa 20 Minuten vorgaren, dann abgießen. Die Kartoffeln einzeln in Alufolie wickeln (Foto 2) und auf dem Rost in den Backofen schieben.
Einschub: unteres Drittel
Garzeit: etwa 25 Minuten,
je nach Größe der Kartoffeln

3 Crème fraîche mit Petersilie verrühren, mit Salz und Pfeffer würzen. Nach Belieben mit etwas Kümmel abschmecken.

4 Wenn die Kartoffeln gar sind, Alufolie öffnen und die Kartoffel auseinanderdrücken. Die Sauce auf den Kartoffeln verteilen oder dazureichen.

TIPP:
Die Folienkartoffeln zu gegrilltem Fleisch oder Gemüse, zu Steaks oder als Snack servieren.

Kartoffelpuffer (Kartoffelpfannkuchen, Reibekuchen)

(im Foto vorn)

KLASSISCH

Zubereitungszeit:
etwa 45 Minuten
Bratzeit: 6–8 Minuten
je Portion

1 kg festkochende Kartoffeln
1 Zwiebel
3 Eier (Größe M)
1 gestr. TL Salz
40 g Weizenmehl
100 ml Sonnenblumenöl
einige rote Paprikawürfel
Schnittlauchröllchen
grob gehackte Petersilie

Pro Portion:
E: 11 g, F: 25 g, Kh: 38 g,
kJ: 1758, kcal: 419, BE: 3,0

1 Kartoffeln schälen, abspülen und abtropfen lassen. Zwiebel abziehen. Kartoffeln und Zwiebel fein reiben. Eier, Salz und Mehl hinzufügen und unterrühren.

2 Etwas von dem Öl in einer Pfanne erhitzen. Den Teig portionsweise hineingeben, sofort flach drücken. Die Puffer bei mittlerer Hitze von beiden Seiten in 6–8 Minuten knusprig braun braten.

3 Die fertigen Puffer aus der Pfanne nehmen, überschüssiges Fett mit Küchenpapier abtupfen. Die Puffer sofort servieren oder warm stellen.

4 Aus dem restlichen Teig auf die gleiche Weise Puffer braten, mit Paprikawürfeln, Schnittlauchröllchen und Petersilie bestreut servieren.

TIPPS:

Die Kartoffelpuffer mit Apfelmus (S. 350), Kräuterquark oder zu Räucherlachs mit Kräuter-Crème-fraîche servieren.

EXTRA-TIPP:

Wenn Sie die Hälfte des Mehls durch 2–3 Esslöffel Haferflocken ersetzen, werden die Kartoffelpuffer noch knuspriger.

Rösti (im Foto oben)
KLASSISCH

Zubereitungszeit:
15–20 Minuten, ohne Kühlzeit
Garzeit Kartoffeln:
etwa 20 Minuten
Bratzeit Rösti:
etwa 10 Minuten

500 g festkochende Kartoffeln
Salz, gem. Pfeffer
6 EL Speiseöl

Pro Portion:
E: 2 g, F: 15 g, Kh: 17 g,
kJ: 889, kcal: 212, BE: 1,5

1 Kartoffeln gründlich waschen, in einem Topf knapp mit Wasser bedeckt, zugedeckt zum Kochen bringen, in etwa 20 Minuten gar kochen. Dann Kartoffeln abgießen, mit kaltem Wasser abspülen, abtropfen lassen, pellen, zugedeckt mindestens 4 Stunden oder über Nacht in den Kühlschrank stellen.

2 Die Kartoffeln grob raspeln (Foto 1). Mit Salz und Pfeffer würzen. Speiseöl in einer beschichteten Pfanne (Ø 24 cm) erhitzen. Die Kartoffelraspel in die Pfanne geben, etwas flach drücken (Foto 2), bei schwacher Hitze von beiden Seiten unter einmaligem Wenden etwa 10 Minuten braun und knusprig braten.

3 Nach Belieben Rösti zum Servieren in 4 Stücke teilen.

TIPP:

Rösti zum Wenden evtl. aus der Pfanne auf einen Topfdeckel gleiten lassen (Foto 3) und zurück in die Pfanne stürzen (Foto 4).

Kartoffelpüree (Kartoffelbrei)

FÜR KINDER

Zubereitungszeit:
etwa 15 Minuten
Garzeit: etwa 20 Minuten

**1 kg mehligkochende
Kartoffeln
Salz
50 g Butter oder Margarine
etwa 250 ml Milch (3,5 % Fett)
ger. Muskatnuss**

Pro Portion:
E: 6 g, F: 13 g, Kh: 32 g,
kJ: 1164, kcal: 278, BE: 2,5

1 Kartoffeln schälen, abspülen, abtropfen lassen und in Stücke schneiden. Kartoffeln in einem Topf knapp mit Wasser bedeckt, zugedeckt zum Kochen bringen. 1 Teelöffel Salz hinzugeben. Die Kartoffeln zugedeckt in etwa 20 Minuten bei mittlerer Hitze gar kochen, abgießen, sofort durch eine Kartoffelpresse drücken (Foto 1) oder mit einem Kartoffelstampfer zerdrücken. Butter oder Margarine hinzugeben.

2 Milch aufkochen und mit einem Schneebesen oder Kochlöffel nach und nach unter die Kartoffelmasse rühren (Foto 2, je nach Beschaffenheit der Kartoffeln kann die Milchmenge etwas variieren).

3 Das Püree bei schwacher Hitze so lange mit dem Schneebesen rühren, bis eine einheitlich lockere Masse entstanden ist. Mit Salz und Muskat abschmecken.

Wichtig: Die Kartoffeln nicht mit einem Mix- oder Pürierstab pürieren, das Püree wird dann zäh!

TIPPS:

Kartoffelpüree als Beilage, z. B. zu Braten, Frikadellen (S. 52) oder Fisch servieren. Kartoffelpüree nach Belieben mit in Butter gebräunten Zwiebelringen garnieren.

» REZEPTVARIANTEN:

Kartoffelpüree mit Knoblauch und Kräutern

Zusätzlich 1–2 Knoblauchzehen abziehen und hacken. Butter zerlassen, Knoblauch darin bei schwacher Hitze etwa 5 Minuten dünsten. Die Knoblauchbutter mit 2 Esslöffeln klein geschnittener Petersilie und 1 Esslöffel Schnittlauchröllchen zum Schluss unter das Püree rühren.

Kartoffelpüree mit Käse

Zusätzlich zum Schluss 4 Esslöffel geriebenen mittelalten Gouda- oder Emmentaler unter das Püree rühren und mit 1 Esslöffel klein geschnittener Petersilie oder Kerbel bestreut servieren.

Kartoffelpüree mit Pesto

100 g grünes oder rotes Pesto aus dem Glas unter das fertige Kartoffelpüree ziehen. Dieses Püree passt besonders gut zu gegrillten Lammkoteletts.

Stampfkartoffeln mit Olivenöl

Die Butter durch 4 Esslöffel Olivenöl ersetzen. Die Kartoffeln mit etwas Kartoffelwasser (2–4 Esslöffel) und dem Olivenöl mit einem Kartoffelstampfer stampfen. Zusätzlich gehackte schwarze Oliven in die Stampfkartoffeln geben.

Bratkartoffeln

PREISWERT

Zubereitungszeit:
etwa 20 Minuten,
ohne Abkühlzeit
Bratzeit: etwa 32 Minuten

1 kg festkochende Kartoffeln
5–7 EL Speiseöl, z.B. Raps-
oder Sonnenblumenöl
Salz
gem. Pfeffer
2 Zwiebeln (etwa 100 g)
1 EL Schnittlauchröllchen

Pro Portion:
E: 5 g, F: 15 g, Kh: 35 g,
kJ: 1252, kcal: 299, BE: 3,0

1 Kartoffeln schälen, abspülen, trocken tupfen und in kleine Würfel oder dünne Scheiben schneiden.

2 Die Hälfte des Speiseöls in einer großen Pfanne erhitzen. Die Hälfte der Kartoffelwürfel/-scheiben hinzufügen, mit Salz und Pfeffer würzen. Kartoffeln etwa 15 Minuten bei schwacher bis mittlerer Hitze goldbraun braten, dabei zwischendurch wenden. Bratkartoffeln warm stellen und die restlichen Kartoffeln ebenso in dem Speiseöl braten.

3 In der Zwischenzeit Zwiebeln abziehen und klein würfeln. Die Zwiebelwürfel zu den angebratenen Kartoffeln geben und weitere etwa 2 Minuten unter gelegentlichem Wenden braten. Die Bratkartoffeln mit Salz und Pfeffer abschmecken und mit Schnittlauchröllchen bestreuen.

TIPPS:
Bratkartoffeln sind auch eine gute Resteverwertung für übrig gebliebene Pell- oder Salzkartoffeln vom Vortag.
Bratkartoffeln zu Spiegelei (S. 342) oder Rührei (S. 314), Gemüse- oder Fleischsülzen, Salaten, Würsten oder zu Roastbeef (S. 68) mit Remouladensauce (S. 162) servieren. Die Bratkartoffeln zusätzlich mit Paprikapulver edelsüß oder 1–2 Teelöffeln gerebelten Kräutern (z. B. Majoran, Thymian oder Rosmarin) würzen.

» REZEPTVARIANTEN:

Bauernfrühstück

1 weitere Zwiebel abziehen, würfeln. Zusätzlich 75 g durchwachsenen Speck würfeln. Speck- und Zwiebelwürfel 5 Minuten vor Ende der Bratzeit zu den Kartoffeln geben und mitbraten. 3 Eier mit 3 Esslöffeln Milch, etwas Salz, Pfeffer, Paprikapulver edelsüß und geriebener Muskatnuss verschlagen, über die braun gebratenen Kartoffeln in die Pfanne gießen. Die Eiermilch bei schwacher Hitze etwa 5 Minuten stocken lassen, dabei die Kartoffeln evtl. einmal wenden. Das Bauernfrühstück mit eingelegten sauren Gurken servieren.

Bratkartoffeln aus dem Backofen

Den Backofen vorheizen.
Ober-/Unterhitze: etwa 220 °C, Heißluft: etwa 200 °C.
1 kg Kartoffeln schälen, abspülen, trocken tupfen, in 3 mm dünne Scheiben schneiden, nochmals trocken tupfen. 2 Zwiebeln abziehen, klein würfeln. Kartoffelscheiben und Zwiebelwürfel mit 5–7 Esslöffeln Speiseöl vermengen. Mit Salz und Pfeffer würzen. Kartoffeln auf einem Backblech (mit Backpapier belegt) verteilen, in den Backofen schieben.
Einschub: Mitte
Garzeit: etwa 25 Minuten
Kartoffeln nach der Hälfte der Garzeit wenden. Die Kartoffelscheiben sollen goldgelb und knusprig sein.

Gekochte Kartoffelklöße

(im Foto unten links)

KLASSISCH – 12 STÜCK (4 PORTIONEN)

Vorbereitung:
max. 2 Tage im Voraus
Zubereitungszeit:
etwa 40 Minuten (an 2 Tagen),
ohne Kühlzeit
Garzeit Kartoffeln:
20–25 Minuten
Garzeit Klöße:
etwa 20 Minuten

750 g mehligkochende
Kartoffeln
50 g Semmelbrösel
20 g Weizenmehl
2 Eier (Größe M)
Salz
ger. Muskatnuss
Salzwasser
(auf 1 l Wasser 1 TL Salz)

Pro Portion:
E: 9 g, F: 4 g, Kh: 38 g,
kJ: 944, kcal: 225, BE: 3,0

1 Kartoffeln gründlich waschen, knapp mit Wasser bedeckt, zugedeckt in einem Topf zum Kochen bringen, 20–25 Minuten bei mittlerer Hitze gar kochen. Kartoffeln abgießen, mit kaltem Wasser abschrecken, abtropfen lassen. Kartoffeln pellen, sofort durch eine Kartoffelpresse drücken (Foto 1), abkühlen lassen, zugedeckt bis zum nächsten Tag in den Kühlschrank stellen.

2 Semmelbrösel, Mehl und Eier mit einem Mixer (Knethaken) oder Rührlöffel unter die Kartoffelmasse arbeiten, mit Salz und Muskat würzen. Daraus mit bemehlten Händen 12 Klöße formen (Foto 2).

3 In einem großen Topf so viel Salzwasser zum Kochen bringen, dass die Klöße in dem Wasser „schwimmen" können. Klöße in das kochende Salzwasser geben, ohne Deckel etwa 20 Minuten gar ziehen lassen (das Wasser muss sich leicht bewegen). Gegarte Klöße mit einer Schaumkelle herausnehmen (Foto 3), gut abtropfen lassen.

TIPPS:

Kartoffelklöße zu Sauerbraten (S. 58) oder Schweinebraten mit Rotkohl (S. 178) oder Brokkoli (S. 175) reichen.

» REZEPTVARIANTEN:
Rohe Kartoffelklöße

(im Foto rechts)
1 1/2 kg mehligkochende Kartoffeln schälen, abspülen, abtropfen lassen, in eine Schüssel mit kaltem Wasser reiben. Ein Sieb mit einem Geschirrtuch auslegen, Masse hineingeben, Tuch zusammendrehen, Masse gut auspressen, in eine Rührschüssel geben. 250 ml Milch mit 40 g Butter und 2 Teelöffeln Salz in einem Topf zum Kochen bringen. 150 g Hartweizengrieß unter Rühren einstreuen, kurz aufkochen lassen, sofort zu den ausgepressten Kartoffeln geben, mit dem Mixer (Knethaken) zu einer glatten Masse verkneten, mit Salz abschmecken. 1 Brötchen (Semmel) klein würfeln. 30 g Butter in einer Pfanne zerlassen, Brötchenwürfel darin von allen Seiten goldbraun rösten. Aus der Kartoffelmasse 12 Klöße formen, in jeden Kloß einige Brötchenwürfel drücken. Klöße wie im Rezept beschrieben garen.

Kartoffelklöße
halb und halb (im Foto oben)

750 g mehligkochende Kartoffeln wie unter Punkt 1 beschrieben kochen, kalt stellen. Weitere 500 g mehligkochende Kartoffeln schälen, abspülen, abtropfen lassen, in eine Schüssel mit kaltem Wasser reiben. Dann Kartoffeln in ein Sieb geben, mit einem Geschirrtuch gut auspressen, zu den gekochten Kartoffeln geben. 1 Ei (Größe M), 65 g Weizenmehl und 1 Teelöffel Salz unterkneten. Aus der Masse 12 Klöße formen und wie im Rezept oben beschrieben garen.

Semmelknödel

KLASSISCH – 12 STÜCK (4 PORTIONEN)

Vorbereitung:
max. 1 Tag im Voraus
Zubereitungszeit:
etwa 30 Minuten,
ohne Abkühlzeit
Garzeit: etwa 20 Minuten

50 g durchwachsener Speck
2 Zwiebeln
1 EL Speiseöl,
z.B. Sonnenblumenöl
300 g (etwa 8 Stück) Brötchen
(Semmeln) vom Vortag
300 ml Milch (3,5 % Fett)
30 g Butter
4 Eier (Größe M)
2 EL klein geschnittene
Petersilie
Salz
Salzwasser
(auf 1 l Wasser 1 TL Salz)

Pro Portion:
E: 17 g, F: 22 g, Kh: 43 g,
kJ: 1869, kcal: 447, BE: 3,5

1 Speck würfeln. Zwiebeln abziehen, in kleine Würfel schneiden. Speiseöl in einer Pfanne erhitzen. Die Speckwürfel darin knusprig braten. Zwiebelwürfel hinzufügen und bei schwacher Hitze unter Rühren andünsten.

2 Brötchen in kleine Würfel schneiden und in eine Schüssel geben. Milch mit Butter erhitzen, über die Brötchenwürfel gießen und gut verrühren. Die Speck-Zwiebel-Masse mit dem Bratfett unter die eingeweichten Brotwürfel rühren. Masse abkühlen lassen.

3 Eier mit Petersilie verschlagen, mit der abgekühlten Masse vermengen und mit Salz würzen. Aus der Masse mit bemehlten Händen 12 Knödel formen. In einem großen Topf so viel Salzwasser zum Kochen bringen, dass die Knödel in dem Wasser „schwimmen" können. Die Knödel in das kochende Salzwasser geben, wieder zum Kochen bringen und in etwa 20 Minuten gar ziehen lassen (das Wasser muss sich leicht bewegen). Die gegarten Knödel mit einer Schaumkelle aus dem Wasser nehmen und gut abtropfen lassen.

TIPPS:
Semmelknödel als Beilage zu Braten oder Pilzen in Rahmsauce servieren. Die Brötchen vor der Verarbeitung 2–3 Tage trocknen lassen.

» ABWANDLUNG:
Für **Brezelknödel** die Brötchen durch Laugengebäck ersetzen und zusätzlich 1 Esslöffel Schnittlauchröllchen unter die Knödelmasse mischen.

Hefeklöße

FÜR KINDER – 8 STÜCK

Vorbereitung:
max. 1 Tag im Voraus
Zubereitungszeit:
etwa 20 Minuten,
ohne Teiggehzeit
Garzeit: 20–25 Minuten

125 ml Milch (3,5 % Fett)
50 g Butter oder Margarine
300 g Weizenmehl
1 Pck. Dr. Oetker
Trockenbackhefe
50 g Zucker
1 Pck. Dr. Oetker
Vanillin-Zucker
1 gestr. TL Salz
1 Ei (Größe M)
etwas Weizenmehl

Pro Portion:
E: 12 g, F: 14 g, Kh: 77 g,
kJ: 2033, kcal: 486, BE: 6,5

1 Milch in einem Topf erwärmen und Butter oder Margarine darin zerlassen. Mehl in eine Rührschüssel geben und sorgfältig mit der Trockenbackhefe mischen. Restliche Zutaten und die Milch-Fett-Mischung hinzugeben. Mit einem Mixer (Knethaken) zunächst kurz auf niedrigster, dann auf höchster Stufe in etwa 5 Minuten zu einem glatten Teig verarbeiten. Den Teig zugedeckt so lange an einem warmen Ort gehen lassen, bis er sich sichtbar vergrößert hat (etwa 40 Minuten).

2 Den Teig leicht mit Mehl bestreuen, aus der Schüssel nehmen, auf der bemehlten Arbeitsfläche nochmals kurz durchkneten, zu einer Rolle formen, Rolle in 8 gleich große Stücke schneiden, mit bemehlten Händen zu Klößen formen, auf ein bemehltes Schneidbrett legen. Nochmals zugedeckt an einem warmen Ort so lange gehen lassen, bis sie sich sichtbar vergrößert haben (etwa 15 Minuten).

3 Ein Tuch straff über einen breiten Topf mit kochendem Wasser spannen. Tuch mit einem Band (Paketband) festbinden (Foto 1), mit Mehl bestreuen, Klöße darauflegen (Foto 2), eine hitzebeständige Schüssel als Deckel daraufsetzen. Achtung: die Schüssel kann sehr heiß werden. Die Klöße 20–25 Minuten bei mittlerer Hitze garen (zur Garprobe mit einem Holzstäbchen in die Klöße stechen, es darf kein Teig mehr daran kleben).

TIPP:
Die Hefeklöße mit zerlassener, gebräunter Butter, Zimt-Zucker oder Pflaumenkompott (S. 350) servieren.

» REZEPTVARIANTEN:

Bayerische Dampfnudeln

Den Teig wie im Rezept beschrieben zubereiten. 8 gleich große Kugeln formen und auf der bemehlten Arbeitsfläche zugedeckt etwa 30 Minuten gehen lassen. 30 g Butter, 100 g Schlagsahne und 100 ml Milch in einem breiten Topf oder in 2 kleinen Töpfen erhitzen. Die Teigkugeln in die Flüssigkeit geben, zugedeckt 20–25 Minuten bei mittlerer Hitze garen. Die Klöße mit der Flüssigkeit servieren.

Gefüllte Rohrnudeln

Den Backofen vorheizen.
Ober-/Unterhitze: etwa 180 °C
Heißluft: etwa 160 °C
Teig wie im Rezept beschrieben (aber nur mit 1 Prise Salz) zubereiten, zu einer Rolle formen, in 12 Scheiben schneiden. Auf jede Scheibe 1 Teelöffel Pflaumenmus geben, den Teig über dem Mus beutelartig zusammendrücken. 40–50 g zerlassene Butter in eine Auflaufform (etwa 20 x 30 cm) geben. Rohrnudeln mit der Nahtstelle nach unten in die Form legen, etwa 10 Minuten an einem warmen Ort gehen lassen, bis sie sich sichtbar vergrößert haben. Die Form auf dem Rost in den Backofen schieben. **Einschub: Mitte, Backzeit: 25–30 Minuten.** Die Rohrnudeln heiß servieren.

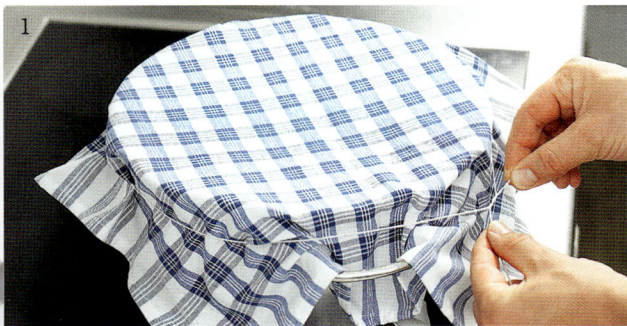

Schupfnudeln

EINFACH – SCHNELL / ETWA 50 STÜCK (4 PORTIONEN)

Zubereitungszeit:
etwa 25 Minuten,
ohne Abkühlzeit
Garzeit Kartoffeln:
etwa 20 Minuten
Garzeit Schupfnudeln:
3–4 Minuten

300 g mehligkochende
Kartoffeln
Salz
1 Ei (Größe M)
100 g Weizenmehl
etwa 4 EL Speisestärke
gem. Pfeffer
ger. Muskatnuss
Salzwasser
(auf 1 l Wasser 1 TL Salz)
etwa 40 g Butterschmalz

Pro Portion:
E: 5 g, F: 12 g, Kh: 41 g,
kJ: 1213, kcal: 290, BE: 3,5

1 Kartoffeln schälen, abspülen, abtropfen lassen, in einem Topf knapp mit Wasser bedeckt, zugedeckt zum Kochen bringen, ½ Teelöffel Salz hinzufügen. Die Kartoffeln zugedeckt in etwa 20 Minuten bei mittlerer Hitze gar kochen. Dann abgießen, abdämpfen, sofort durch die Kartoffelpresse drücken oder mit einem Kartoffelstampfer zerdrücken und erkalten lassen.

2 Die Kartoffelmasse mit Ei, Mehl, 1 Esslöffel Speisestärke, Salz, Pfeffer und Muskat in einer Rührschüssel mit einem Mixer (Knethaken) verkneten. Die Masse auf einer mit einem weiteren Esslöffel Speisestärke bestreuten Arbeitsfläche zu einem glatten Teig verkneten (Foto 1).

3 Die Hände mit etwas Speisestärke bestreuen, dann aus dem Teig zuerst fingerdicke, etwa 5 cm lange Röllchen formen, dann die Röllchen an den Enden etwas dünner rollen (Foto 2). Ein Backblech mit restlicher Speisestärke bestreuen und die Röllchen bis zur Weiterverarbeitung darauflegen.

4 Butterschmalz in einer Pfanne zerlassen. Die Schupfnudeln darin von allen Seiten unter gelegentlichem Wenden bei schwacher Hitze 3–4 Minuten braten.

TIPPS:
Die Schupfnudeln zu Rinderschmorbraten (S. 58), Gulasch (S. 72), Geschnetzeltem oder Sauerkraut (S. 184) servieren. Für klassische Schupfnudeln werden die geformten Röllchen 6–8 Minuten in schwach kochendem Salzwasser gegart. Dann mit einer Schaumkelle herausnehmen, gut abtropfen lassen und wie angegeben in Butter braten.

» REZEPTVARIANTE:
Gnocchi
Drehen Sie die Röllchen nicht spitz, sondern drücken Sie diese über die Zinken einer Gabel (Foto 3), sodass das typische Rillenmuster entsteht. Die Gabel ab und zu in Weizenmehl tauchen. Servieren Sie die Gnocchi z. B. in Tomatensauce (S. 272) oder zu Saltimbocca alla Romana (S. 60).

Für Gnocchi mit Spinat 100 g aufgetauten, gehackten, gut ausgedrückten TK-Spinat mit der Kartoffelmasse verkneten.

Spätzle (ohne Foto)

PREISWERT

Vorbereitung:
max. 2 Tage, ohne Braten
Zubereitungszeit:
etwa 30 Minuten
Garzeit: 3–5 Minuten

250 g Weizenmehl
3 Eier (Größe M)
½ gestr. TL Salz
1 Msp. ger. Muskatnuss
etwa 100 ml Wasser oder
Milch

3 l Wasser
3 gestr. TL Salz
40 g Butter

Pro Portion:
E: 12 g, F: 14 g, Kh: 45 g,
kJ: 1501, kcal: 359, BE: 4,0

1 Mehl in eine Rührschüssel geben. Eier, Salz, Muskat und Wasser oder Milch hinzugeben. Die Zutaten mit einem Holzlöffel verrühren, dabei darauf achten, dass keine Klümpchen entstehen. Den Teig so lange rühren, bis er eine zähe, dickflüssige Konsistenz hat und Blasen wirft (Foto 1).

2 Wasser in einem großen Topf zugedeckt zum Kochen bringen, dann Salz hinzugeben. Den Teig portionsweise mit einem Spätzlehobel (Foto 2+3) oder durch eine Spätzlepresse in das kochende Salzwasser geben und in 3–5 Minuten gar kochen (Spätzle sind gar, wenn sie an der Oberfläche schwimmen).

3 Die gegarten Spätzle mit einer Schaumkelle aus dem Wasser nehmen, in ein Sieb geben, mit kaltem Wasser abschrecken und abtropfen lassen. Butter in einer Pfanne bräunen und die Spätzle darin schwenken.

TIPP:
Beilage zu Rinderschmorbraten (S. 58) oder Gulasch (S. 72).

» **REZEPTVARIANTEN:**
Geschmälzte Spätzle
30 g Butter zerlassen (schmälzen), mit 2 Esslöffeln Semmelbröseln verrühren und über die Spätzle geben.

Käsespätzle (Foto)
3 Zwiebeln abziehen, zunächst in Scheiben schneiden, dann in Ringe teilen. Zwiebelringe in zerlassener Butter oder Margarine bräunen. Den Backofen vorheizen.
Ober-/Unterhitze: etwa 200 °C
Heißluft: etwa 180 °C
Spätzle wie im Rezept beschrieben zubereiten und die abgetropften Spätzle abwechselnd mit insgesamt 200 g geriebenem Emmentaler in eine Auflaufform (gefettet) schichten (die oberste Schicht sollte aus Käse bestehen). Die Form auf dem Rost in den Backofen schieben.
Einschub: Mitte
Backzeit: etwa 20 Minuten
Die Käsespätzle mit gebräunten Zwiebelringen und Schnittlauchröllchen bestreuen und mit einem gemischten Salat oder Tomaten-Zwiebel-Salat (S. 202) als Hauptgericht servieren.

Spaghetti oder Makkaroni

SCHNELL

Vorbereitung:
max. 1 Tag im Voraus
Zubereitungszeit:
etwa 25 Minuten

2 ½ l Wasser
2 ½ gestr. TL Salz
250 g getrocknete Spaghetti,
Makkaroni oder andere
getrocknete Nudeln

Pro Portion:
E: 8 g, F: 1 g, Kh: 44 g,
kJ: 909, kcal: 218, BE: 3,5

1 Wasser in einem großen Topf zugedeckt zum Kochen bringen. Dann Salz und Nudeln hinzugeben. Die Nudeln im geöffneten Topf bei mittlerer Hitze nach Packungsanleitung bissfest kochen, dabei gelegentlich umrühren.

2 Anschließend die Nudeln in ein Sieb geben, mit heißem Wasser abspülen und abtropfen lassen.

TIPPS:

250 g getrocknete Nudeln reichen für 4 Portionen als Beilage, zum Sattessen sollten Sie 400–500 g Nudeln zubereiten. Pro 100 g Nudeln benötigt man 1 Liter Wasser, pro Liter Wasser wird jeweils 1 Teelöffel Salz hinzugegeben. Ab einer Nudelmenge von 500 g evtl. 2 Töpfe verwenden.
Wenn Sie frische Nudeln oder Gnocchi aus dem Kühlregal verwenden möchten, benötigen Sie für ein Hauptgericht mit Sauce für 2 Portionen etwa 500 g Nudeln oder Gnocchi.

EXTRA-TIPP:

Makkaroni z. B. als Beilage zu Gulasch (S. 72) reichen. Spaghetti z. B. mit Pesto (S. 270) servieren oder in 20 g zerlassener Butter schwenken und mit geriebenem Käse bestreuen.

» REZEPTVARIANTE:

Spaghetti oder Makkaroni carbonara (Foto)
400 g Spaghetti oder Makkaroni wie im Rezept beschrieben garen und abtropfen lassen. 150 g durchwachsenen Speck in Würfel schneiden, in 1 Esslöffel erhitztem Olivenöl in einer großen Pfanne oder einem flachem Topf bei mittlerer Hitze ausbraten. 4 Eier verschlagen, mit 50 g geriebenem Parmesan mischen, mit Salz und Pfeffer würzen und mit 6 Esslöffeln Schlagsahne verrühren. 50 g Butter zu den Speckwürfeln geben und zerlassen. Das Eiergemisch und die Nudeln hinzufügen und mit einer Gabel durchrühren, bis die Eiermasse gestockt ist. Mit einem gemischten Blattsalat oder Feldsalat (S. 204) servieren.

Lasagne (im Foto oben)

BELIEBT BEI GROSS UND KLEIN – 6 PORTIONEN

Zubereitungszeit:
etwa 45 Minuten
Backzeit: etwa 35 Minuten

Für die Sauce Bolognese:
2 Zwiebeln
1 Knoblauchzehe
2 EL Olivenöl
300 g Thüringer Mett
(gewürztes Schweinemett)
800 g stückige Tomaten
(aus der Dose)
125 ml Gemüsebrühe
1 EL Tomatenmark
1 Lorbeerblatt
½ EL klein geschnittenes
Basilikum
Salz
Tabascosauce

Für die Béchamelsauce:
30 g Butter oder Margarine
25 g Weizenmehl
300 ml Milch (3,5 % Fett)
200 ml Gemüsebrühe
200 g ger. Gratin-Käse
gem. Pfeffer
ger. Muskatnuss

12 Lasagneplatten
(etwa 250 g, ohne Vorgaren)

Außerdem:
etwas Fett

Pro Portion:
E: 27 g, F: 31 g, Kh: 38 g,
kJ: 2293, kcal: 548, BE: 3,0

1 Für die Sauce Bolognese Zwiebeln und Knoblauch abziehen, beides würfeln. Olivenöl in einem Topf oder einer Pfanne erhitzen. Das Mett darin unter Rühren anbraten, dabei die Fleischklümpchen mit einer Gabel zerdrücken. Zwiebel- und Knoblauchwürfel hinzugeben und mitdünsten.

2 Stückige Tomaten mit der Flüssigkeit, Gemüsebrühe, Tomatenmark, Lorbeerblatt und Basilikum zu dem Mett geben, unterrühren und etwa 5 Minuten bei schwacher Hitze leicht kochen lassen. Mit Salz und Tabascosauce würzen.

3 Den Backofen vorheizen.
Ober-/Unterhitze: etwa 200 °C
Heißluft: etwa 180 °C

4 Für die Béchamelsauce Butter oder Margarine in einem Topf zerlassen. Mehl darin unter Rühren so lange erhitzen, bis es hellgelb ist. Milch und Gemüsebrühe hinzugießen, mit einem Schneebesen durchschlagen. Dabei darauf achten, dass keine Klümpchen entstehen. Die Sauce einmal aufkochen. Ein Drittel des Käses unterrühren, die Sauce kräftig mit Salz, Pfeffer und Muskat würzen.

5 Das Lorbeerblatt aus der Sauce entfernen. Auf den Boden einer rechteckigen Auflaufform (gefettet, etwa 20 x 30 cm, Inhalt etwa 2 ½ l) etwas Sauce Bolognese geben. Darauf eine Schicht Lasagneplatten legen (Foto 1), dann wieder Sauce Bolognese daraufgeben und mit etwa 3 Esslöffeln Béchamelsauce beträufeln (Foto 2). Nacheinander wieder Lasagneplatten, Sauce Bolognese und Béchamelsauce einschichten, sodass 4 Lasagneschichten entstehen.

6 Die restliche Béchamelsauce auf die oberste Lasagneschicht streichen (Foto 3) und mit dem restlichen Käse bestreuen. Die Form auf dem Rost in den Backofen schieben.
Einschub: Mitte
Backzeit: etwa 35 Minuten

7 Anschließend die Lasagne aus dem Backofen nehmen, etwas abkühlen lassen und servieren.

» REZEPTVARIANTE:

Spinat-Lasagne

(im Foto unten)
2 Esslöffel Olivenöl in einem Topf erhitzen. 1 abgezogene, gewürfelte Knoblauchzehe und 2 abgezogene, gewürfelte Zwiebeln darin dünsten. 450 g aufgetauten TK-Blattspinat hinzufügen und etwa 4 Minuten mitdünsten. Mit Salz und Pfeffer abschmecken. Eine Béchamelsauce aus 60 g Butter, 50 g Weizenmehl, 600 ml Milch, 200 ml Gemüsebrühe und Gewürzen wie im Rezept beschrieben zubereiten. Lasagne in die Auflaufform einschichten, mit 500 g in Stücke gezupftem Mozzarella belegen und bei der im Rezept **angegebenen Backofentemperatur** etwa **35 Minuten backen.**

Ravioli-Käse-Auflauf (Foto)

EINFACH – 6 PORTIONEN

Zubereitungszeit:
etwa 15 Minuten
Backzeit: etwa 45 Minuten

1,6 kg Ravioli in Tomatensauce
(aus Dosen)
½ Bund Frühlingszwiebeln
50 g Speisestärke
200 g ger. Emmentaler

Außerdem:
etwas Fett

Pro Portion:
E: 15 g, F: 15 g, Kh: 49 g,
kJ: 1673, kcal: 397, BE: 4,0

1 Den Backofen vorheizen.
Ober-/Unterhitze: etwa 200 °C
Heißluft: etwa 180 °C

2 Ravioli in einem Sieb abtropfen lassen, die Tomatensauce dabei auffangen. Frühlingszwiebeln putzen, abspülen, abtropfen lassen und in Scheiben schneiden. Speisestärke unter die Tomatensauce rühren. Dabei darauf achten, dass keine Klümpchen entstehen. Die Hälfte des Käses und die Frühlingszwiebelscheiben unterrühren.

3 Ravioli in einer Auflaufform (gefettet, etwa 20 x 30 cm, Inhalt etwa 2 ½ l) verteilen. Angerührte Tomatensauce gleichmäßig darauf verteilen. Mit restlichem Käse bestreuen. Die Form auf dem Rost in den Backofen schieben.
Einschub: Mitte
Backzeit: etwa 45 Minuten

4 Den Auflauf aus dem Backofen nehmen, etwas abkühlen lassen und servieren.

Makkaroni-Auflauf (ohne Foto)

FÜR KINDER

Zubereitungszeit:
etwa 20 Minuten
Backzeit: etwa 35 Minuten

250 g Makkaroni
2 ½ l Wasser
2 ½ gestr. TL Salz
200 g Kochschinken,
in Scheiben
250 g Porree (Lauch)
3 Eier (Größe M)
200 ml Milch (3,5 % Fett)
Salz, gem. Pfeffer
ger. Muskatnuss
15 g Semmelbrösel
20 g Butter
10 g Semmelbrösel

Pro Portion:
E: 27 g, F: 15 g, Kh: 52 g,
kJ: 1946, kcal: 465, BE: 4,0

1 Makkaroni in Stücke brechen. Wasser in einem großen Topf zugedeckt zum Kochen bringen. Dann Salz und Nudeln hinzugeben. Die Nudeln im geöffneten Topf bei mittlerer Hitze nach Packungsanleitung bissfest kochen, dabei gelegentlich umrühren. Anschließend die Nudeln in ein Sieb geben, mit heißem Wasser abspülen, gut abtropfen lassen.

2 Den Backofen vorheizen.
Ober-/Unterhitze: etwa 200 °C
Heißluft: etwa 180 °C

3 Schinken klein würfeln. Porree putzen, Stangen längs halbieren, gründlich waschen, abtropfen lassen, in feine Streifen schneiden.

Die Nudeln mit den Schinkenwürfeln vermengen. Abwechselnd mit den Porreestreifen in eine Auflaufform (Inhalt etwa 2 ½ l, gefettet, mit Semmelbröseln ausgestreut) schichten.

4 Eier mit Milch verschlagen. Mit Salz, Pfeffer und Muskat würzen. Eiermilch über den Auflauf gießen. Mit Semmelbröseln bestreuen, Butter in Flöckchen daraufsetzen. Die Form auf dem Rost in den Backofen schieben.
Einschub: Mitte
Backzeit: etwa 35 Minuten

5 Den Auflauf aus dem Backofen nehmen, etwas abkühlen lassen und servieren.

Gesund & glücklich ohne Fleisch

Leckere Gemüse, knackige Salate, duftender Reis, exotische Früchte und würzige Kräuter bieten wunderbare Geschmackserlebnisse – für Vegetarier und für alle, die gelegentlich mal auf Fisch oder Fleisch verzichten wollen. Vom kleinen Snack bis zum kompletten Menü gibt es so viele Möglichkeiten, bewusste Ernährung und intensiven Genuss kreativ zu kombinieren.

Vegane Alternativen

So können Zutaten ersetzt werden:

➤ *Fleisch und Wurst: Sojaprodukte, Seitan, Tempeh*

➤ *Milchprodukte: Soja, Reis, Hafer, Dinkel, Kokos oder Mandeln*

➤ *Sahne: Sojasahne, Kokosmilch, Sojacreme*

➤ *Saure Sahne: Sojaghurt, pürierter Tofu*

➤ *Käse: evtl. Tofu; Hefeflocken als Schmelzkäse-Ersatz*

➤ *Joghurt, Frischkäse und Quark: Sojaprodukte*

➤ *Butter: Vegane Margarine, Pflanzenöle (zum Braten)*

➤ *Honig: Ahorn- oder Zuckerrübensirup, Agaven-, Äpfel oder Birnendicksaft, Löwenzahnhonig, Voll-Rohrzucker*

➤ *Gelatine: Agar-Agar*

Fleischlos: Neue Geschmackswelten entdecken

Nicht jeder muss dauerhaft auf tierische Produkte verzichten, aber eine Mahlzeit ohne Fleisch und Fisch ist nachweisbar gesund. Sie kann vor Zivilisationskrankheiten wie Diabetes, Gicht oder Fettstoffwechselstörungen schützen. Wer für Familie, Freunde und Gäste kocht, wird zunehmend besondere Ernährungsformen berücksichtigen müssen.

Entscheidend: Kombinieren, statt nur weglassen

Wer Fleisch und Fleischprodukte einfach nur weglässt, riskiert Mangelerscheinungen, da die Nahrung möglicherweise falsch zusammengestellt ist. Wenn Getreide, Nüsse, Hülsenfrüchte und Gemüse richtig kombiniert werden, müssen bei vegetarischer und veganer Ernährung keine Mangelerscheinungen befürchtet werden. Wichtig ist deshalb immer ein abwechslungsreicher Speiseplan mit der richtigen Kombination verschiedener Proteinträger, damit das pflanzliche Eiweiß besser ausgenutzt werden kann. Nicht nur Kichererbsen sind eine Alternative, die Spaß macht.

Unterschiede: Essen ohne tierische Produkte

» **Vegetarier** verzichten auf Fleisch, Geflügel, Fisch sowie Wurstwaren inklusive Rinder- und Hühnerbrühe – außerdem auf Zusatzstoffe und Aromen auf tierischer Basis.

» **Ovo-lacto-Vegetarier** essen neben der pflanzlichen Kost (wie Gemüse und Hülsenfrüchte) auch tierische Produkte von lebenden Nutztieren wie Milch, Milchprodukte und Eier.

» **Vegane Ernährung** besteht ausschließlich aus Pflanzenkost. Tierische Produkte werden generell abgelehnt. Dazu zählen nicht nur Fleisch und Wurst, Fisch und Meerestiere, Wild und Geflügel, sondern auch Milch, Milchprodukte, Eier und Honig.

Fünf am Tag: Gemüse und Obst

Das ist immer richtig: Zwei Handvoll Obst und drei Gemüseportionen am Tag (insgesamt etwa 600 g) zu essen (egal ob roh oder gekocht). Obst und Gemüse liefern viele Vitamine, Mineralstoffe, sekundäre Pflanzenstoffe und Ballaststoffe. Letztere machen satt, sind hilfreich für die Verdauung, regulieren den Blutzucker und senken den Cholesterinspiegel.

Eier: Preisgünstig und vielseitig

Hühnereier sind ernährungsphysiologisch wertvoll und sollten unversehrt und so frisch wie möglich eingekauft werden. Für den Endverbraucher sind praktisch nur Eier der Güteklasse A im Handel erhältlich – zum Teil wird auch das Legedatum auf das einzelne Ei aufgedruckt. Stehen in den Rezepten Eier in der Zutatenliste, sind übrigens immer Hühnereier gemeint.

Die Gewichtsklasse ist vom Gewicht des einzelnen Eies abhängig:

» XL (sehr groß): 73 g und darüber
» L (groß): 63 g bis unter 73 g
» M (mittel): 53 g bis unter 63 g
» S (klein): unter 53 g

Eiweiß und Eigelb werden je nach Rezept nicht immer zusammen verwendet. Das Trennen geht ganz einfach: Das Ei auf einer Kante aufschlagen, Schale auseinanderbrechen und das Eigelb von einer Schalenhälfte in die andere gleiten lassen. Dabei das Eiweiß in einem darunterstehenden Gefäß auffangen.

Einfacher geht es, wenn man einen Eitrenner verwendet. Das Ei wird in den Eitrenner gegeben, das Eiweiß läuft durch eine Rinne ab und das Eigelb bleibt in der Mulde liegen.

Frische:
Einfacher Schwimmtest

Während der Lagerung von Eiern verdunstet Luft, deshalb vergrößert sich die Luftkammer am stumpfen Ende. Diese Alterungsvorgänge laufen bei hoher Lagertemperatur und geringer Luftfeuchtigkeit schneller ab, deshalb Eier immer im Kühlschrank lagern. Wenn man nicht sicher ist, wie alt die Eier sind, lässt sich die entstandene Luftmenge für den Frischetest nutzen. Dabei das rohe Ei in ein Glas mit kaltem Wasser legen:

» Ein frisches Ei bleibt auf dem Boden liegen. Das Eiweiß umschließt das Eigelb fest, das Eigelb ist kugelig.

» Ein etwa 7 Tage altes Ei richtet sich leicht auf. Das Eiweiß beginnt zu fließen, es steht nicht mehr so fest.

» Ein etwa 3 Wochen altes Ei beginnt zu schwimmen. Das Eiweiß ist wässrig, das Eigelb ist flach.

Öko-Gütesiegel

> *Das deutsche Bio-Siegel und das EU-Bio-Logo erleichtern das Erkennen von Bio-Produkten, die gemäß der EU-Öko-Verordnung erzeugt wurden. Bio-Lebensmittel, die nach strengeren Standards der Verbände erzeugt wurden, erkennt man an deren Warenzeichen.*

Tipps & Tricks

> *Nachgaren einplanen: Reis als Suppeneinlage nur knapp gar kochen und erst kurz vor dem Servieren in die Suppe geben, er gart in der heißen Flüssigkeit nach.*

> *Übergaren verhindern: Gegarter Reis bleibt körnig, wenn nach dem Garen zwischen Topf und Topfdeckel ein Tuch gelegt wird. Der aufsteigende Dampf wird in dem Tuch aufgesaugt.*

> *Formvollendet anrichten: Gegarten Reis zum Anrichten in eine Suppenkelle, gefettete Reisrandform oder Tasse füllen, leicht andrücken und auf eine vorgewärmte Platte stürzen.*

Getreide: Kraft aus Körnern

Im Getreide steckt konzentrierte Energie, denn es enthält wichtige Vitamine, Mineralstoffe, Spurenelemente und Ballaststoffe. Getreidekörner werden in Form von ganzen Körnern, grob oder fein geschrotet, gequetscht (Flocken) oder unterschiedlich fein gemahlen angeboten. Nährmittel sind Trockenerzeugnisse aus Getreidekörnern (Reis, Roggen, Weizen, Gerste, Hafer, Hirse, Buchweizen und Mais). Dazu gehören Stärke, Graupen, Sago, Pudding-Pulver, Frühstücks-Cerealien oder Suppen und Saucen in Pulverform.

Reis: Dreifacher Genuss

Reis geht bei der Zubereitung um das Dreifache auf – aus einer Tasse rohem Reis werden 3 Tassen gekochter Reis. Er ist vitamin- und mineralstoffreich, kalorienarm und sehr gut verträglich. Ob man nun Langkorn-,

Rundkorn, Patna- und Wildreis bevorzugt oder aromatischen Basmatireis, sämigen Risottoreis oder den praktischen Schnellkochreis schätzt – die Zubereitung ist denkbar einfach und richtet sich nach der Sorte. Ungeschälter Reis benötigt 35–40 Minuten, geschälter Reis gart 15–20 Minuten (Packungsanleitung beachten). Es gibt zwei Möglichkeiten: Kochen oder quellen. Beim Kochen in Salzwasser gehen durch das Abschütten des Kochwassers viele Nährstoffe verloren. Man kann ihn auch erst in etwas Öl andünsten und dann in wenig Flüssigkeit (Verhältnis Reis zu Flüssigkeit = 1 zu 2) ausquellen lassen. Dabei nimmt der Reis die gesamte Flüssigkeit auf und alle Nährstoffe bleiben erhalten. Reisreste können zugedeckt im Kühlschrank bis zu 3 Tagen aufbewahrt werden. Besser ist es, Reisreste tiefkühlgerecht verpackt einzufrieren und bei Bedarf im

Siebeinsatz über Wasserdampf aufzutauen und zu erwärmen. Reis zum Aufwärmen in größeren Mengen in eine gefettete, hitzebeständige Form einfüllen. Den Reis zugedeckt im vorgeheizten Backofen bei etwa 150 °C aufwärmen.

Sorten: Runde Vielfalt

» *Naturreis*: Er hat eine bräunliche Farbe und enthält noch das zarte Silberhäutchen und den Keimling, in dem wichtige Vitamine und Mineralstoffe enthalten sind. Da er schneller ranzig wird, soll dieser Reis schnell verarbeitet und nicht lange gelagert werden. Seine Garzeit ist länger als die von polierten Sorten.

» *Basmatireis*: Aromatische Duftreis-Sorte.

» *Parboiled Reis*: Leicht gelblich, wird beim Garen weiß. Er ist körnig, auch wenn er wieder aufgewärmt wird. Mit Dampf und Druck werden die Vitamine und Mineralstoffe aus dem Silberhäutchen in das Innere des Reiskornes gebracht. Beim anschließenden Schleifen und Polieren bleiben sie erhalten.

» *Risottoreis*: Italienische Mittelkorn-reis-Sorte. Er gibt während des Garens Stärke ab und sorgt so für die Sämigkeit des Risottos.

» *Schnellkochreis*: Wird nach dem Schleifen durch Dampf und Wärme vorgegart. Deshalb ist seine Garzeit auf 3–5 Minuten verkürzt.

» *Wildreis*: Keine Reissorte, sondern der Samen eines Wassergrases. Fast schwarze Körner mit nussigem Geschmack. Lange Garzeit von mindestens 40–50 Minuten. Sehr teuer, häufig mit Langkornreis gemischt.

SOS

➤ *Salmonellen vermeiden: Bei falscher Lagerung sind rohe Eier sehr anfällig für Salmonellen, die eine Lebensmittelvergiftung verursachen können. Deshalb Eier immer im Kühlschrank (8–10 °C) lagern.*

➤ *Haltbarkeit einhalten: Für Speisen, die mit rohen Eiern zubereitet werden, nur ganz frische Eier verwenden (Legedatum beachten, mind. 23 Tage Resthaltbarkeit!). Die fertige Speise im Kühlschrank aufbewahren und innerhalb von 24 Stunden verzehren.*

➤ *Kein Risiko eingehen: Eier mit beschädigter Schale nur durcherhitzt verzehren.*

Wildreis-mischung

Parboiled Reis

Basmati Reis

ungeschälter Reis

Risottoreis

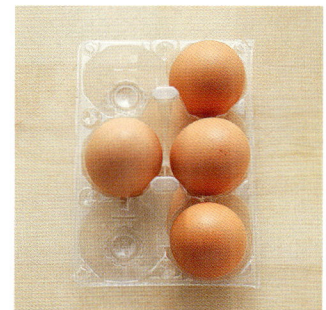

Gemüsebrühe (ohne Foto)

KLASSISCH

VEGAN ❄️ 🍲

Vorbereitung:
1 Tag im Voraus
Zubereitungszeit:
etwa 30 Minuten
Garzeit: etwa 60 Minuten

3 Zwiebeln, 2 Knoblauchzehen
2 Bund Suppengrün
etwa 100 g Petersilienwurzeln
200 g Weißkohl, 130 g Tomaten
50 ml Rapsöl, 1 gestr. EL Salz
2 Lorbeerblätter
1 TL Pfefferkörner
1 Bund Petersilie
2 Stängel Liebstöckel
ger. Muskatnuss

Pro Portion:
E: 1 g, F: 13 g, Kh: 1 g,
kJ: 501, kcal: 120, BE: 0,0

1 Zwiebeln und Knoblauch abziehen, klein würfeln. Suppengrün und Petersilienwurzeln putzen, schälen, abspülen, abtropfen lassen, grob würfeln. Von dem Weißkohl die äußeren welken Blätter entfernen. Kohl vierteln, abspülen, abtropfen lassen, Strunk herausschneiden. Kohl in Streifen schneiden. Tomaten abspülen, abtropfen lassen, halbieren, Stängelansätze herausschneiden.

2 Rapsöl in einem großen Topf erhitzen. Zwiebel- und Knoblauchwürfel darin unter Rühren andünsten. Das restliche vorbereitete Gemüse hinzufügen, kurz mitdünsten. 3 Liter Wasser hinzugießen. Salz, Lorbeerblätter und Pfefferkörner hinzugeben, zum Kochen bringen. Das Gemüse ohne Deckel etwa 60 Minuten bei mittlerer Hitze leicht kochen lassen.

3 Petersilie und Liebstöckel abspülen, trocken tupfen. Die Blättchen von den Stängeln zupfen, klein schneiden. Nach Ende der Kochzeit die Kräuter hinzufügen, einige Minuten in der Brühe bei schwacher Hitze ziehen lassen. Die Brühe mit Muskat würzen und anschließend durch ein Sieb geben.

TIPP:

Sie können die Gemüsebrühe als Grundlage für Suppen, Eintöpfe, Saucen und Gemüserezepte verwenden.

Möhrensuppe mit Linsen (Foto)

KLASSIKER MAL ANDERS

VEGAN ❄️ 🍲 🍲

Vorbereitung:
1 Tag im Voraus
Zubereitungszeit:
etwa 25 Minuten
Garzeit: 15 Minuten

750 g Möhren
10 g Ingwer , 2 EL Rapsöl
100 g rote Linsen, gem. Pfeffer
gem. Kardamom
etwa 1,1 l Gemüsebrühe
5–6 Pfefferminzeblättchen
Salz, ½ TL Chiliflocken

Pro Portion:
E: 9 g, F: 6 g, Kh: 24 g,
kJ: 776, kcal: 185, BE: 2,0

1 Möhren putzen, schälen, abspülen, abtropfen lassen, klein würfeln. Ingwer schälen, fein reiben.

2 Rapsöl in einem Topf erhitzen. Möhrenwürfel und Ingwer darin etwa 5 Minuten unter gelegentlichem Rühren dünsten.

3 Linsen, Pfeffer und etwas Kardamom hinzufügen, 2 Minuten mitdünsten. Brühe hinzugießen, zum Kochen bringen, zugedeckt 8–10 Minuten bei schwacher Hitze kochen lassen.

4 Minzeblättchen abspülen, trocken tupfen, in feine Streifen schneiden. Die Suppe mit Salz, Pfeffer und Chiliflocken abschmecken, mit Minzestreifen bestreuen.

BEILAGE:

Geröstete Baguettescheiben.

Gemüsecremesuppe (Grundrezept)

KLASSISCH

Zubereitungszeit:
etwa 20 Minuten

650–1100 g Gemüse
(je nach Sorte)
1 Zwiebel
25 g Butter oder 2 EL Speiseöl,
z.B. Raps- oder Olivenöl
1 l Gemüsebrühe
Salz
gem. Pfeffer
evtl. Gewürze
evtl. Suppeneinlage

Pro Portion
(Brokkoli-Variante):
E: 5 g, F: 6 g, Kh: 4 g,
kJ: 369, kcal: 88, BE: 0,0

1 Gemüse vorbereiten (putzen, evtl. schälen, abspülen, abtropfen lassen) und zerkleinern. Zwiebel abziehen und würfeln. Butter oder Speiseöl in einem Topf erhitzen. Zwiebelwürfel darin andünsten.

2 Vorbereitetes Gemüse hinzufügen, unter Rühren kurz mitdünsten. Gemüsebrühe hinzugießen, zum Kochen bringen. Gemüse gar kochen.

3 Die Suppe anschließend mit einem Pürierstab pürieren, mit Salz und Pfeffer und entsprechenden Gewürzen abschmecken. Nach Belieben eine Einlage in die Suppe geben und die Suppe servieren.

» REZEPTVARIANTEN:
Brokkolicremesuppe
(im Foto rechts)
Von 700 g Brokkoli die Blätter entfernen und die Röschen abschneiden, die Stängel schälen, in Stücke schneiden, beides abspülen und abtropfen lassen. Stängel mit den Röschen zu den Zwiebelwürfeln in den Topf geben. Nach der Brühezugabe zugedeckt in etwa 8 Minuten bei mittlerer Hitze gar kochen, anschließend pürieren. Suppe zusätzlich mit geriebener Muskatnuss abschmecken, nach Belieben mit 1–2 Teelöffeln Joghurt und 1 Teelöffel gehobelten, gerösteten Mandeln pro Portion servieren.

Möhrencremesuppe
(im Foto hinten)
700 g Möhren putzen, schälen, abspülen, abtropfen lassen und in etwa 1 cm dicke Scheiben schneiden. Nach der Brühezugabe zugedeckt in 12–15 Minuten bei mittlerer Hitze gar kochen, anschließend pürieren. Suppe zusätzlich mit Zucker und nach Belieben mit gemahlenem Ingwer abschmecken. Die Suppe nach Belieben mit 1–2 Teelöffeln Crème fraîche und 1 Teelöffel gerösteten Sesamsamen servieren.

Kürbiscremesuppe
1,1 kg Kürbis halbieren, Kerne und Innenfasern entfernen. Kürbis schälen und das Fruchtfleisch in Würfel schneiden. Nach der Brühezugabe zugedeckt in etwa 15 Minuten bei mittlerer Hitze gar kochen, anschließend pürieren. Die Suppe zusätzlich mit Zucker und Currypulver oder gemahlenem Ingwer abschmecken. Die Suppe mit 1–2 Teelöffeln Crème fraîche, 1–2 Teelöffeln gerösteten Kürbiskernen oder etwas klein geschnittenem Dill pro Portion servieren.

Erbsencremesuppe
650 g TK-Erbsen unaufgetaut zu den Zwiebelwürfeln geben. Nach der Brühezugabe zugedeckt in etwa 8 Minuten bei mittlerer Hitze gar kochen, anschließend pürieren. Suppe zusätzlich mit geriebener Muskatnuss, Zucker und Cayenne-

(Fortsetzung Seite 264)

(Fortsetzung von Seite 262)
pfeffer abschmecken. Suppe mit 1–2 Teelöffeln Crème fraîche, 1 Teelöffel gehobelten, gerösteten Mandeln, etwas klein geschnittener Petersilie oder klein geschnittenem Kerbel servieren.

Kartoffelcremesuppe

1 Bund Suppengrün (Sellerie, Möhren, Porree) putzen, schälen, abspülen und abtropfen lassen. 400 g Kartoffeln schälen, abspülen, abtropfen lassen. Vorbereitete Zutaten zerkleinern. Nach der Brühezugabe zugedeckt in 15–20 Minuten bei mittlerer Hitze gar kochen, anschließend pürieren. Suppe mit geriebener Muskatnuss abschmecken. Mit 1–2 Teelöffeln Crème fraîche, gehackter Petersilie oder gehacktem Kerbel oder einigen Croûtons pro Portion servieren.

Spargelcremesuppe

(im Foto S. 263 vorn)

500 g weißen Spargel von oben nach unten dünn schälen, untere Enden abschneiden (holzige Stellen vollkommen entfernen). Den Spargel abspülen, abtropfen lassen, in etwa 2 cm lange Stücke schneiden. 40 g Butter oder Margarine in einem breiten Topf zerlassen. Spargelstücke darin kurz andünsten. Mit 30 g Weizenmehl bestreuen. Dann mit 250 ml Gemüsebrühe oder Weißwein und 250 ml Milch (3,5 % Fett) ablöschen. Nach und nach 400 ml Gemüsebrühe unter Rühren hinzugießen. Die Suppe zugedeckt etwa 20 Minuten bei mittlerer Hitze kochen, dabei ab und zu umrühren. Anschließend die Suppe pürieren, 150 g Crème fraîche unterrühren, mit Salz, Pfeffer, etwas Zucker und einem Spritzer Zitronensaft abschmecken. Mit einigen abgespülten, trocken getupften Blättchen glatter Petersilie bestreut servieren.

Kräutersuppe

GRÜNES SUPPENGLÜCK

Zubereitungszeit: etwa 25 Minuten
Garzeit: etwa 15 Minuten

4 Bund verschiedene Kräuter, z.B. Kerbel, Dill, Petersilie
100 g Blattspinat oder
50 g gehackter TK-Spinat
1 Kästchen Kresse
300 g Kartoffeln
1 Bund Frühlingszwiebeln
1 EL Butter
Salz, gem. Pfeffer
800 ml Gemüsebrühe
100 g Schlagsahne oder
150 g Crème fraîche
ger. Muskatnuss

Pro Portion:
E: 4 g, F: 15 g, Kh: 16 g,
kJ: 931 , kcal: 223 , BE: 1,0

1 Kräuter abspülen und trocken tupfen. Blättchen bzw. Spitzen von den Stängeln zupfen. Die Kräuterstängel klein hacken. Frischen Spinat verlesen, dicke Stiele entfernen. Spinat gründlich waschen, abtropfen lassen, trocken tupfen (TK-Spinat auftauen lassen).

2 Kresse abspülen, trocken tupfen, bis auf einen kleinen Rest zum Garnieren abschneiden. Kartoffeln schälen, abspülen, abtropfen lassen, klein würfeln. Frühlingszwiebeln putzen, abspülen, abtropfen lassen, in feine Scheiben schneiden.

3 Butter in einem Topf zerlassen, gehackte Kräuterstängel, Frühlingszwiebelscheiben und Kartoffelwürfel darin unter Rühren andünsten, mit Salz und Pfeffer würzen. Brühe hinzugießen, zum Kochen bringen, etwa 15 Minuten bei schwacher Hitze kochen.

4 Kräuterblättchen, -spitzen und den frischen Spinat hacken, TK- oder frischen Spinat zur Suppe geben. Die Suppe gut pürieren. Sahne oder Crème fraîche unter die Suppe rühren und kurz erwärmen, aber nicht mehr kochen lassen.

5 Die Suppe mit Salz, Pfeffer und Muskat abschmecken und mit der restlichen abgeschnittenen Kresse garniert servieren.

Eintopf „Quer durch den Garten"

VEGAN ❄ 🍲

DAS MÖGEN KINDER

Vorbereitung:
1 Tag im Voraus
Zubereitungszeit:
etwa 30 Minuten
Garzeit: etwa 25 Minuten

500 g Kartoffeln
1 Lorbeerblatt
500 ml Wasser
150 g grüne Bohnen
100 g Möhren
500 g Kohlrabi
400 g Knollensellerie
2 l Gemüsebrühe
½ kleiner Blumenkohl oder
Brokkoli (etwa 250 g)
1 Bund Frühlingszwiebeln
Salz
gem. Pfeffer
1 kleines Bund Petersilie

Pro Portion:
E: 9 g, F: 1 g, Kh: 30 g,
kJ: 724, kcal: 173, BE: 2,0

1 Kartoffeln schälen, abspülen, abtropfen lassen und in Würfel schneiden. Kartoffelwürfel, Lorbeerblatt und Wasser in einem großen Topf zugedeckt zum Kochen bringen und etwa 5 Minuten kochen lassen.

2 In der Zwischenzeit von den Bohnen die Enden abschneiden, evtl. abfädeln. Bohnen abspülen, abtropfen lassen und in Stücke schneiden. Möhren putzen, schälen, abspülen, abtropfen lassen und in Würfel schneiden. Kohlrabi schälen, abspülen, abtropfen lassen und würfeln. Sellerie putzen, schälen, abspülen, abtropfen lassen und in Würfel schneiden. Bohnenstücke, Möhren-, Kohlrabi- und Selleriewürfel zu den Kartoffelwürfeln in den Topf geben. Gemüsebrühe hinzugießen, zum Kochen bringen und weitere etwa 10 Minuten garen.

3 Vom Blumenkohl oder Brokkoli die Blätter entfernen und den Strunk abschneiden. Blumenkohl oder Brokkoli in kleine Röschen teilen, abspülen und abtropfen lassen. Vom Brokkoli den Strunk schälen, abspülen, abtropfen lassen und in kleine Würfel schneiden. Frühlingszwiebeln putzen, abspülen, abtropfen lassen und in schmale Scheiben schneiden.

4 Blumenkohlröschen oder Brokkoli ebenfalls in den Topf geben. Mit Salz und Pfeffer würzen. Den Eintopf bei mittlerer Hitze noch etwa 8 Minuten kochen lassen.

5 Petersilie abspülen und trocken tupfen. Die Blättchen von den Stängeln zupfen, Blättchen klein schneiden. Kurz vor Ende der Garzeit die Frühlingszwiebelscheiben und Petersilie hinzugeben.

6 Lorbeerblatt aus dem Eintopf entfernen. Eintopf mit Salz und Pfeffer abschmecken.

TIPPS:
Der Eintopf kann sehr gut mit anderen Gemüsesorten, wie z. B. Spargel, weiß und grün, Zucchini, Porree (Lauch) usw. zubereitet werden.
Statt frischem Gemüse können Sie auch 1,4–1,6 kg TK-Gemüse verwenden.

Gazpacho

BELIEBT – 6 PORTIONEN

Vorbereitung:
max. 2 Tage im Voraus
Zubereitungszeit:
etwa 30 Minuten,
ohne Kühlzeit

Für die Suppe:
100 g Weißbrot (vom Vortag)
1 grüne Paprikaschote
(etwa 150 g)
1 Salatgurke (etwa 300 g)
2 Schalotten
2 Knoblauchzehen
1 Tomate
800 g geschälte Tomaten
(aus der Dose)
100 ml Olivenöl
4 EL Weißweinessig
Salz
gem. Pfeffer
2 Msp. Chiliflocken

Pro Portion:
E: 4 g, F: 17 g, Kh: 14 g,
kJ: 957, kcal: 228, BE: 1,0

1 Für die Suppe Weißbrot mindestens 10 Minuten in etwas kaltem Wasser einweichen.

2 In der Zwischenzeit Paprikaschote halbieren, entstielen, entkernen und die weißen Scheidewände entfernen. Schote abspülen und abtropfen lassen. Die Gurke schälen und die Enden abschneiden. Schalotten und Knoblauch abziehen. Tomate abspülen, abtropfen lassen, halbieren und den Stängelansatz herausschneiden.

3 Tomate entkernen und klein würfeln. Ebenso ein Viertel der Paprikaschote und ein Drittel der Gurke klein würfeln und als Einlage beiseitestellen. Restliches Gemüse grob würfeln.

4 Tomaten aus der Dose mit der Flüssigkeit in eine Rührschüssel geben. Das eingeweichte Weißbrot ausdrücken, mit Olivenöl, Essig und dem grob gewürfelten Gemüse hinzugeben. Die Zutaten mit einem Pürierstab pürieren, bis eine cremige Suppe entstanden ist. Evtl. die Suppe mit etwas Wasser verdünnen.

5 Gazpacho mit Salz, Pfeffer und Chiliflocken würzen und zugedeckt bis zum Servieren, am besten über Nacht, in den Kühlschrank stellen.

6 Gazpacho in tiefen Tellern oder Suppenschüsseln verteilen und mit den beiseitegestellten Gemüsewürfeln garnieren.

TIPPS:

Geben Sie nach Belieben einige Olivenringe in die Suppe. Anstelle von Essig können Sie auch Rotwein oder Zitronensaft verwenden. Möchten Sie gern Kräuter hinzugeben, eignet sich Thymian sehr gut. Dafür einige Stängel Thymian abspülen und trocken tupfen. Die Blättchen von den Stängeln zupfen. Thymianblättchen auf der Suppe verteilen. Gerebelten Thymian geben Sie schon vor dem Pürieren in die Suppe. So kann er etwas einweichen und sein mediterranes Aroma entfaltet sich gut.

Frankfurter Grüne Sauce (Foto)

KLASSISCH

Zubereitungszeit:
etwa 20 Minuten

etwa 150 g frische Kräuter für
Frankfurter Grüne Sauce
150 g Crème fraîche oder
saure Sahne
1 kleine Zwiebel
150 g Joghurt (3,5 % Fett)
1–2 EL Olivenöl
1 TL mittelscharfer Senf
Zitronensaft
Salz
gem. Pfeffer

Pro Portion:
E: 4 g, F: 13 g, Kh: 7 g,
kJ: 677, kcal: 162, BE: 0,5

1 Kräuter abspülen, trocken tupfen. Blättchen von den Stängeln zupfen, grob zerschneiden, mit 2 Esslöffeln Crème fraîche oder saurer Sahne in einer Rührschüssel pürieren oder die Kräuter sehr klein schneiden und mit Crème fraîche oder saurer Sahne verrühren. Zwiebel abziehen, klein würfeln.

2 Die restliche Crème fraîche oder saure Sahne mit Joghurt, Zwiebelwürfeln, Olivenöl, Senf und der Kräuter-Crème-fraîche-Masse verrühren. Sauce mit 1 Spritzer Zitronensaft, Salz und Pfeffer würzen, bis zum Servieren zugedeckt in den Kühlschrank stellen.

TIPPS:
Die Frankfurter Grüne Sauce zu neuen Kartoffeln mit hart gekochten Eiern reichen.
In die „echte" Frankfurter Sauce gehören 7 frische Kräuter. Es gibt abgepackte Kräutermischungen für die Sauce zu kaufen (etwa 150 g). Sie können auch ein Bund gemischte Kräuter, z. B. Petersilie, Schnittlauch, Kerbel, Pimpinelle, Borretsch, Zitronenmelisse und Kresse oder Sauerampfer verwenden. Oder die frischen Kräuter durch TK-Kräuter ersetzen. Pürierte Kräuter kurz vor dem Servieren unterheben, da die Sauce sonst schnell grau wird.

Pesto (Italienische Basilikumsauce)
(ohne Foto)

KLASSISCH – ERGIBT 300–350 ML

Vorbereitung:
1 Woche im Voraus
Zubereitungszeit:
etwa 20 Minuten,
ohne Abkühlzeit

60 g Pinienkerne
3–4 Knoblauchzehen
etwa 8 EL klein geschnittene
Basilikumblättchen
200 ml Olivenöl
50 g ger. Pecorino
50 g ger. Parmesan
(oder insgesamt
100 g ger. Parmesan)

Insgesamt:
E: 46 g, F: 261 g, Kh: 8 g,
kJ: 10605, kcal: 2532, BE: 0,5

1 Pinienkerne in einer Pfanne ohne Fett goldgelb rösten und auf einem Teller erkalten lassen.

2 Knoblauch abziehen, mit Pinienkernen, Basilikumblättchen und 100 ml Olivenöl in einen Rührbecher geben und pürieren.

3 Beide Käsesorten zugeben, nochmals pürieren. Zum Schluss restliches Öl einlaufen lassen und weiter pürieren, bis ein dickflüssiges Pesto entstanden ist.

VERWENDUNG:
Das Pesto zu Nudelgerichten und Gemüsesuppen reichen.

Für Nudelgerichte das Pesto mit 1–2 Esslöffeln von dem heißen Nudelwasser verrühren und mit den Nudeln vermengt servieren.

» REZEPTVARIANTEN:
Rucola-Pesto
3 Knoblauchzehen, 60 g geröstete Sonnenblumenkerne, 100 g klein geschnittenen Rucola (Rauke), 100 g geriebenen Parmesan und 150 ml Olivenöl wie im Rezept beschrieben verarbeiten. Mit Salz und Pfeffer abschmecken.
Für ein **Bärlauch-Pesto** können Sie statt Rucola 100 g Bärlauch verwenden.

VEGAN

Tomatensauce (im Foto vorn)

KLASSISCH

Vorbereitung:
1 Tag im Voraus
Zubereitungszeit:
etwa 15 Minuten
Garzeit: etwa 15 Minuten

1 kg reife Tomaten
1 Zwiebel
1 Knoblauchzehe
2–3 EL Olivenöl
evtl. 2 EL Tomatenmark
Salz
gem. Pfeffer
etwa 1 TL Voll-Rohrzucker
1 Spritzer Weißweinessig
1 EL klein geschnittener
Oregano

Pro Portion:
E: 2 g, F: 7 g, Kh: 8 g,
kJ: 438, kcal: 104, BE: 0,0

1 Tomaten abspülen, abtropfen lassen und die Stängelansätze entfernen (Foto 1). Tomaten kreuzweise einschneiden (Foto 2) und mit kochendem Wasser übergießen. Nach 1–2 Minuten herausnehmen und mit kaltem Wasser abschrecken. Tomaten häuten, halbieren und in Würfel schneiden. Zwiebel und Knoblauch abziehen, klein würfeln.

2 Olivenöl in einem Topf erhitzen. Zwiebel- und Knoblauchwürfel darin andünsten. Die Tomatenwürfel hinzufügen, nach Belieben Tomatenmark unterrühren. Mit Salz und Pfeffer würzen. Die Tomatenmasse zum Kochen bringen und zugedeckt etwa 15 Minuten bei schwacher Hitze leicht kochen lassen, dabei gelegentlich umrühren.

3 Die Sauce nach Belieben pürieren (Foto 3), mit Salz, Pfeffer, Zucker, Essig und Oregano abschmecken.

TIPPS:

Sollte die fertige Sauce noch zu flüssig sein, lassen Sie sie entweder bei mittlerer Hitze noch etwas einkochen oder binden Sie die Sauce mit hellem Saucenbinder. Statt mit frischen Tomaten können Sie die Sauce auch mit 800 g geschälten Tomaten aus der Dose zubereiten, den Saft dabei mitverwenden. Die Zugabe von Tomatenmark macht die Sauce sämig und gibt einen intensiven Tomatengeschmack.

» REZEPTVARIANTE:
Tomaten-Gemüse-Sauce
(im Foto oben)
1 Bund Suppengrün putzen, abspülen, abtropfen lassen und in kleine Würfel schneiden. 1 Esslöffel Suppengrünwürfel zum Garnieren beiseitelegen. Restliches Suppengrün mit 1 abgezogenen, gewürfelten Zwiebel und 1 abgezogenen, gewürfelten Knoblauchzehe in 2–3 Esslöffeln Olivenöl andünsten. 1 Lorbeerblatt und 125 ml Gemüsebrühe hinzugeben. Die Sauce zum Kochen bringen und zugedeckt etwa 15 Minuten bei schwacher Hitze kochen. 800 g geschälte Tomaten aus der Dose mit dem Saft hinzugeben, noch etwa 5 Minuten kochen. Das Lorbeerblatt entfernen. Die Sauce pürieren, mit Salz, Pfeffer und Zucker abschmecken. Die Sauce mit beiseitegelegten Suppengrünwürfeln garniert servieren.

1

2

3

Spargelpäckchen im Backofen

RAFFINIERT

Zubereitungszeit:
etwa 40 Minuten
Garzeit: etwa 25 Minuten

1 kg weißer Spargel
Salz
gem. Pfeffer
Zucker
50 g Butter
einige Petersilienblättchen

Außerdem:
4 Bögen Alufolie
(je etwa 30 x 40 cm)
4 Bögen Backpapier
(je etwa 30 x 40 cm)

Pro Portion:
E: 4 g, F: 11 g, Kh: 5 g,
kJ: 552, kcal: 132, BE: 0,0

1 Den Backofen vorheizen.
Ober-/Unterhitze: etwa 200 °C
Heißluft: etwa 180 °C

2 Den Spargel von oben nach unten schälen. Darauf achten, dass die Schalen vollständig entfernt, die Köpfe aber nicht verletzt werden. Die unteren Enden abschneiden (holzige Stellen vollkommen entfernen). Die Spargelstangen abspülen, abtropfen lassen, je nach Länge dritteln oder halbieren.

3 Alufolienbögen einzeln auf einer Arbeitsfläche ausbreiten, je einen Bogen Backpapier darauflegen (Foto 1).

4 Je ein Viertel des Spargels in die Mitte der Papierbögen legen. Spargel mit Salz, Pfeffer und Zucker würzen (Foto 2). Die Butter in Stückchen auf dem Spargel verteilen. Mit abgespülten, trocken getupften Petersilienblättchen belegen. Den Spargel jeweils so in den Bögen einschlagen und verschließen, dass ein rechteckiges Päckchen entsteht (Foto 3).

5 Die Päckchen auf ein Backblech legen, in den Backofen schieben.
Einschub: unteres Drittel
Garzeit: etwa 25 Minuten

TIPPS:

Statt Petersilie können Sie einige Thymianstängel verwenden. Wenn Sie den Spargel insgesamt in einem Päckchen (30 x 45 cm) garen, beträgt die Garzeit etwa 35 Minuten.

» REZEPTVARIANTEN:

Grüner Spargel mit Käse

1 kg grünen Spargel im unteren Drittel schälen, Enden abschneiden. Wie unter Punkt 2+3 beschrieben weiter zubereiten. 100 g Rucola (Rauke) verlesen, dicke Stiele abschneiden. Rucola abspülen, trocken tupfen und grob zerkleinern. 100 g Schafskäse in Würfel schneiden. Dann den Spargel wie unter Punkt 4 beschrieben auf Alu-, Backpapierbögen legen, würzen und mit 50 g Butter in Stückchen belegen. Rucola und Käse darauf verteilen. Dann wie unter Punkt 4+5 beschrieben die Päckchen verschließen und **bei angegebener Backofentemperatur etwa 20 Minuten garen.**

Thai-Spargel (Babyspargel) mit getrockneten Tomaten

Von 400 g Thai-Spargel die unteren Enden abschneiden, Stangen abspülen, abtropfen lassen und wie unter Punkt 3+4 beschrieben auf Alu-, Backpapierbögen verteilen. Mit Salz, Pfeffer und Zucker würzen, 50 g Butter in Stückchen auf dem Spargel verteilen. 50 g getrocknete Tomaten in Öl zerkleinern. 100 g Ziegenfrischkäse oder Gorgonzola zerkleinern, mit den Tomaten auf dem Spargel verteilen. Mit einigen Thymianstängeln belegen, dann wie unter Punkt 4+5 beschrieben die Päckchen verschließen und **bei angegebener Backofentemperatur etwa 15 Minuten garen.**

(Fortsetzung Seite 276)

(Fortsetzung von Seite 274)

Zucchinipäckchen

700 g Zucchini abspülen, abtrocknen, Enden abschneiden. Zucchini der Länge nach in knapp 1 cm dicke Längsscheiben schneiden. Jeweils 6 Scheiben auf vorbereitete Alu-, Backpapierbögen wie unter Punkt 3 + 4 beschrieben legen und 30 g Butter in Stückchen darauf verteilen. 100 g Gorgonzola zerkleinern. 150 g Tomaten abspülen, abtropfen lassen, Stängelansätze herausschneiden. Tomaten würfeln.

Beides auf den Zucchinischeiben verteilen. Mit Salz und Pfeffer würzen. Dann wie unter Punkt 4 + 5 beschrieben die Päckchen verschließen und **bei angegebener Backofentemperatur etwa 15 Minuten garen**.

Staudensellerie-Möhren-Päckchen

400 g Staudensellerie putzen, abspülen, abtropfen lassen, Sellerieblätter grob hacken. Stangen in kleine Stücke schneiden. 400 g Möhren putzen, schälen, abspülen, abtropfen lassen und längs in dünne Scheiben schneiden. Das Gemüse wie unter Punkt 3 + 4 beschrieben auf vorbereitete Alu-, Backpapierbögen legen. Mit Salz und Pfeffer würzen. 30 g Butter in Stückchen darauf verteilen. Mit Sellerieblättern bestreuen. Dann wie unter Punkt 4 + 5 beschrieben die Päckchen verschließen und **bei angegebener Backofentemperatur etwa 25 Minuten garen**.

Hummus

ORIENTALISCHE SPEZIALITÄT – 10 PORTIONEN

Vorbereitung: max. 1 Woche im Voraus Zubereitungszeit: etwa 25 Minuten

**400 g abgetropfte Kichererbsen (aus der Dose)
1 Knoblauchzehe
5 Stängel Minze
80 g Tahini (Sesampaste)
4 EL Olivenöl, 1 TL Salz
gem. Pfeffer, Chiliflocken
1 TL Paprikapulver
rosenscharf
1 TL gem. Kreuzkümmel
(Cumin)
4–5 EL kaltes Wasser
3 EL Zitronensaft**

Pro Portion:
E: 5 g, F: 9 g, Kh: 8 g,
kJ: 579, kcal: 139, BE: 0,5

1 Die Kichererbsen in ein Sieb geben, mit kaltem Wasser abspülen und gut abtropfen lassen. Knoblauch abziehen. Minze abspülen und trocken tupfen. Die Blättchen von den Stängeln zupfen, Blättchen klein schneiden.

2 Kichererbsen in einen Rührbecher geben. Tahinipaste, Olivenöl, Salz, 1 Messerspitze Pfeffer, 1 Messerspitze Chiliflocken, Paprika, Kreuzkümmel, Wasser und Zitronensaft hinzugeben.

3 Die Zutaten mit einem Pürierstab fein pürieren. Minze unterrühren. Hummus zugedeckt in den Kühlschrank stellen.

TIPPS:

Hummus mit Paprikapulver rosenscharf und gerösteten Sesamsamen bestreuen.
Die Tahinipaste vor dem Gebrauch durchrühren. Hummus zu gerösteten Baguettescheiben reichen.

Tofu-Päckchen

8 STÜCK

Zubereitungszeit:
etwa 60 Minuten,
ohne Abkühlzeit
Backzeit: etwa 30 Minuten

250 g Spitzkohl
200 g Kohlrabi
3 Frühlingszwiebeln
3 EL Erdnussöl
50 g Rosinen
2 EL Sojasauce
Salz
gem. Pfeffer
250 g Tofu (natur oder
geräuchert)
8 rechteckige Blätter Filoteig
(etwa 200 g)

1 Eiweiß (Größe M)
1 Eigelb (Größe M)
1 EL Milch

Pro Stück:

E: 9 g, F: 8 g, Kh: 23 g,
kJ: 842, kcal: 201, BE: 2,0

1 Den Backofen vorheizen.
Ober-/Unterhitze: etwa 180 °C
Heißluft: etwa 160 °C

2 Spitzkohl putzen, den Kohl vierteln und den Strunk herausschneiden. Kohl abspülen und abtropfen lassen. Kohlrabi schälen, abspülen und abtropfen lassen. Kohl und Kohlrabi in kleine Streifen bzw. Würfel schneiden. Frühlingszwiebeln putzen, abspülen, abtropfen lassen und in feine Scheiben schneiden.

3 Erdnussöl in einem Topf erhitzen. Das vorbereitete Gemüse darin etwa 3 Minuten unter Rühren dünsten. Rosinen hinzugeben und mit der Sojasauce ablöschen. Mit Salz und Pfeffer würzen. Die Gemüsemasse in eine Schüssel geben und etwas abkühlen lassen.

4 Tofu in 8 gleich große Stücke schneiden. Zum Füllen der Teigblätter nur 2 Blätter parallel füllen, da der Teig zu schnell austrocknet. Die Blätter jeweils zur Hälfte umklappen, sodass sie doppelt gelegt sind. Die Teigränder mit verschlagenem Eiweiß bestreichen. Je 2 Esslöffel von der Gemüsemasse mittig auf einem Teigblatt verteilen (Foto 1) und 1 Tofustück daraufsetzen. Dann den Teig über der Füllung zusammenschlagen (Foto 2) und zu einem Päckchen andrücken (Foto 3).

5 Die Tofupäckchen auf ein Backblech (mit Backpapier belegt) legen. Eigelb mit Milch verschlagen. Die Tofupäckchen damit bestreichen. Das Backblech in den Backofen schieben.
Einschub: unteres Drittel
Backzeit: etwa 30 Minuten

TIPPS:

Wenn Sie Tofu natur nehmen, diesen salzen und pfeffern. Servieren Sie dazu einen gemischten Blattsalat und Tomatensauce.
Den Tofu durch Schafskäse ersetzen.

Burger mit Maisküchlein
(im Foto vorn)

RAFFINIERT

Zubereitungszeit:
etwa 40 Minuten

75 g Crème fraîche
2 TL Feigensenf
½ Bund Rucola (Rauke)
1 Tomate, 1 Zwiebel
4 Burgerbrötchen mit Sesam

Für die Küchlein:
2 Eiweiß (Größe M)
Salz
140 g abgetropfter
Gemüsemais (aus der Dose)
2 Eigelb (Größe M)
gem. Pfeffer, Chiliflocken
1 EL klein geschnittene
Petersilie
50 g Polenta (Maisgrieß)
1 EL Butterschmalz

Außerdem:
evtl. 4 Holzspieße

Pro Portion:
E: 10 g, F: 18 g, Kh: 42 g,
kJ: 1548, kcal: 371, BE: 3,5

1 Crème fraîche mit Feigensenf verrühren. Rucola putzen und die dicken Stiele entfernen. Rucola abspülen, trocken tupfen und die Blätter etwas kleiner zupfen. Tomate abspülen, trocken tupfen und den Stängelansatz herausschneiden. Tomate in Scheiben schneiden. Zwiebel abziehen, zuerst in Scheiben schneiden, dann in Ringe teilen.

2 Die Burgerbrötchen nach Packungsanleitung aufbacken, dann waagerecht durchschneiden.

3 Für die Küchlein Eiweiß mit 1 Prise Salz sehr steif schlagen. Mais mit Eigelb, ½ Teelöffel Salz, Pfeffer, Chiliflocken, Petersilie und Polenta in eine Rührschüssel geben und mit dem Mixer (Rührstäbe) zu einer Masse verrühren. Eischnee unterheben.

4 Butterschmalz in einer Pfanne erhitzen. Aus der Masse insgesamt 4 Küchlein backen. Dafür jeweils ein Viertel der Masse in einen Ausstechring (∅ etwa 9 ½ cm) füllen, in die Pfanne setzen und in dem erhitzten Butterschmalz anbraten. Sobald die Masse stockt, den Ausstechring abziehen und das nächste Küchlein wie beschrieben in die Pfanne setzen und anbraten. Anschließend die 4 Küchlein von beiden Seiten bei schwacher Hitze braten.

5 Die unteren Brötchenhälften mit etwas von der Feigensenf-Creme bestreichen und mit etwas Rucola belegen. Die Küchlein darauflegen. Wieder etwas von der Feigensenf-Creme daraufstreichen. Dann die Tomatenscheiben, Feigensenf-Creme, Zwiebelringe, den restlichen Rucola und restliche Feigensenf-Creme daraufschichten.

6 Zuletzt die oberen Brötchenhälften darauflegen und evtl. mit je einem Spieß fixieren.

Burger mit Halloumi-Grillkäse
(im Foto hinten)

KLASSIKER MAL ANDERS

Zubereitungszeit:
etwa 30 Minuten

75 g Crème fraîche
2 TL Feigensenf
8 Kopfsalatblätter
1 Tomate, 1 Zwiebel
4 Burgerbrötchen mit Sesam

1 Crème fraîche mit Feigensenf verrühren. Kopfsalatblätter abspülen und trocken tupfen. Tomate abspülen, trocken tupfen und den Stängelansatz herausschneiden. Tomate in Scheiben schneiden. Zwiebel abziehen, zuerst in Scheiben schneiden, dann in Ringe teilen.

2 Die Burgerbrötchen nach Packungsanleitung aufbacken, dann waagerecht durchschneiden.

3 Den Grillkäse in 4 Scheiben schneiden, in einer erhitzten Grillpfanne von beiden Seiten braten.

(Fortsetzung Seite 282)

(Fortsetzung von Seite 280)

250 g Halloumi-Grillkäse
4 Radicchioblätter
1 TL Olivenöl
1 EL Balsamico-Essig

Pro Portion:
E: 22 g, F: 28 g, Kh: 28 g,
kJ: 1888, kcal: 452, BE: 2,5

4 Radicchioblätter abspülen und gut trocken tupfen. Olivenöl in einer Pfanne erhitzen. Die Radicchioblätter darin von beiden Seiten anbraten, anschließend mit Essig ablöschen.

5 Die unteren Brötchenhälften mit etwas von der Feigensenf-Creme bestreichen und mit je 2 Salatblättern belegen. Die Käsescheiben darauflegen. Wieder etwas von der Feigensenf-Creme daraufstreichen. Dann die gebratenen Radicchioblätter, Tomatenscheiben, Feigensenf-Creme, Zwiebelringe und restliche Feigensenf-Creme daraufschichten.

6 Zuletzt die oberen Brötchenhälften darauflegen.

Gemüse-Linsen-Curry mit Dip

EXOTISCH – MIT FEINER SCHÄRFE

Vorbereitung:
max. 1 Tag im Voraus
Zubereitungszeit:
etwa 25 Minuten
Garzeit: etwa 10 Minuten

6 Frühlingszwiebeln
400 g Möhren
2 Knoblauchzehen
4 TL Olivenöl
225 g TK-Erbsen
160 g rote Linsen
4 TL Currypulver
1 TL Cayennepfeffer
1 TL Kreuzkümmel (Cumin)
400 ml Kokosmilch (ungesüßt)
Salz

Für den Dip:
1 Topf Minze
300 g Joghurt (3,5 % Fett)
1 Pck. Dr. Oetker Finesse
Geriebene Zitronenschale
Zitronensaft

Pro Portion:
E: 20 g, F: 25 g, Kh: 43 g,
kJ: 2034, kcal: 489, BE: 3,0

1 Frühlingszwiebeln putzen, abspülen, abtropfen lassen und schräg in Stücke schneiden. Möhren putzen, schälen, abspülen, abtropfen lassen und in feine, schräge Scheiben schneiden. Knoblauch abziehen und fein hacken.

2 Olivenöl in einer Pfanne oder einem Topf erhitzen. Frühlingszwiebelstücke und Möhrenscheiben darin kurz dünsten. Gefrorene Erbsen, Linsen, Knoblauch, Curry, Cayennepfeffer und Kreuzkümmel hinzugeben und mitdünsten. Mit Kokosmilch ablöschen. Mit Salz würzen. Gemüse-Linsen-Curry zugedeckt etwa 10 Minuten bei schwacher Hitze garen.

3 Für den Dip Minze abspülen und trocken tupfen. Die Blättchen von den Stängeln zupfen. Blättchen in feine Streifen schneiden. Joghurt mit Zitronenschale und Minze verrühren, mit Salz abschmecken.

4 Gemüsecurry mit etwas Zitronensaft und den Gewürzen abschmecken, mit dem Joghurt-Dip servieren.

TIPPS:
Als Hauptgericht reicht das Curry für 4 Portionen, als Beilage für 6 Portionen.
Servieren Sie das Curry in kleinen Gläsern als Snack für Gäste.

Steinpilze (Foto)

VEGAN

Zubereitungszeit:
etwa 30 Minuten
Bratzeit: 5–7 Minuten
je Portion

500 g Steinpilze
1 Knoblauchzehe
150 g Tomaten
5 EL Olivenöl
Salz
gem. Pfeffer
1 EL klein geschnittene
Petersilie

Pro Portion:
E: 4 g, F: 13 g, Kh: 2 g,
kJ: 574, kcal: 137, BE: 0,0

1 Pilze putzen (Foto 1), mit Küchenpapier abreiben (Foto 2) oder mit einem Pinsel abbürsten (Foto 3). Pilze in Scheiben schneiden. Knoblauch abziehen und fein hacken. Tomaten kreuzweise einschneiden und mit kochendem Wasser übergießen. Nach 1–2 Minuten herausnehmen, mit kaltem Wasser abschrecken. Tomaten häuten, halbieren, Stängelansätze herausschneiden. Tomaten würfeln.

2 Jeweils die Hälfte des Olivenöls in einer Pfanne erhitzen. Die Pilzscheiben darin in 2 Portionen bei mittlerer Hitze 5–7 Minuten braten, mit Salz und Pfeffer würzen, herausnehmen, auf vorgewärmten Tellern anrichten und warm stellen.

3 Knoblauch in dem verbliebenen Bratfett andünsten. Tomatenwürfel hinzugeben und erhitzen. Petersilie unterrühren, mit Salz und Pfeffer würzen. Die Tomatenmasse auf den Pilzen verteilen.

TIPPS:
Steinpilze noch am selben Tag verarbeiten.
Beim Putzen der Steinpilze auf Wurmeinstiche achten, diese Steinpilze dann nicht verwenden.

Pilze in Rahmsauce (ohne Foto)

Zubereitungszeit:
etwa 35 Minuten
Garzeit: 8–10 Minuten

800 g Pilze (z. B. Champignons,
Austernpilze, Pfifferlinge)
2 Zwiebeln
1 Bund Frühlingszwiebeln
30 g Butter
100 ml Gemüsebrühe
Salz, gem. Pfeffer
150 g Crème fraîche
1 Msp. Cayennepfeffer
Worcestersauce
etwa 1 TL Zitronensaft

Pro Portion:
E: 8 g, F: 18 g, Kh: 10 g,
kJ: 957, kcal: 231, BE: 0,5

1 Pilze putzen, evtl. kurz abspülen, gut trocken tupfen. Champignons in Scheiben, Austernpilze in Streifen schneiden. Pfifferlinge evtl. halbieren. Zwiebeln abziehen, würfeln. Frühlingszwiebeln putzen, abspülen, abtropfen lassen, in Scheiben schneiden.

2 Butter in einem breiten Topf zerlassen. Zwiebelwürfel darin kurz andünsten. Pilze evtl. in 2 Portionen hinzugeben, unter Rühren dünsten. Brühe hinzugießen. Pilze ohne Deckel bei schwacher Hitze 6–8 Minuten unter Rühren garen. Mit Salz und Pfeffer würzen.

3 Frühlingszwiebelscheiben hinzufügen und 1–2 Minuten mitdünsten. Crème fraîche unterrühren und erhitzen. Mit Cayennepfeffer, Worcestersauce und Zitronensaft abschmecken.

TIPPS:
Die Pilze in Rahmsauce zu Semmelknödeln (S. 240) servieren.
Statt Gemüsebrühe Weißwein verwenden.
Auf diese Weise können Sie auch Wildpilze zubereiten.

Ratatouille

KLASSISCH

Vorbereitung:
max. 1 Tag im Voraus
Zubereitungszeit:
etwa 30 Minuten
Garzeit: etwa 15 Minuten

300 g Gemüsezwiebeln
2 Knoblauchzehen
je 1 rote und grüne
Paprikaschote (je etwa 150 g)
250 g Zucchini
250 g Auberginen
300 g Tomaten
4 EL Olivenöl
1 Lorbeerblatt
Salz
gem. Pfeffer
2–3 TL Kräuter der Provence

Pro Portion:
E: 4 g, F: 11 g, Kh: 10 g,
kJ: 652, kcal: 155, BE: 0,0

1 Gemüsezwiebeln und Knoblauch abziehen, in Scheiben schneiden. Paprikaschoten halbieren, entstielen, entkernen und die weißen Scheidewände entfernen. Schoten abspülen, abtropfen lassen und in mundgerechte Stücke schneiden. Zucchini und Auberginen abspülen, abtrocknen, die Enden bzw. Stängelansätze abschneiden. Zucchini und Auberginen in mundgerechte Stücke schneiden.

2 Tomaten kreuzweise einschneiden und mit kochendem Wasser übergießen. Nach 1–2 Minuten herausnehmen und mit kaltem Wasser abschrecken. Tomaten häuten, halbieren und die Stängelansätze herausschneiden. Tomaten in Stücke schneiden.

3 Olivenöl in einem flachen Topf erhitzen. Zwiebel- und Knoblauchscheiben darin unter Rühren kurz andünsten. Paprika-, Auberginenstücke, Lorbeerblatt, Salz, Pfeffer und 2 Teelöffel Kräuter der Provence hinzugeben, unter Rühren mitdünsten. Das Gemüse zugedeckt bei schwacher Hitze etwa 10 Minuten dünsten, dabei gelegentlich umrühren.

4 Zucchinistücke hinzugeben, zugedeckt weitere 5 Minuten dünsten. Tomatenstücke unterheben und aufkochen lassen. Das Gemüse mit Salz, Pfeffer und Kräutern der Provence abschmecken.

TIPP:
Ratatouille als veganes Hauptgericht mit Reis oder Baguette servieren.

» REZEPTVARIANTE:

Backofengemüse

Den Backofen vorheizen. **Ober-/Unterhitze: etwa 180 °C, Heißluft: etwa 160 °C.** 1 kg festkochende, mittelgroße Kartoffeln gründlich waschen, evtl. abbürsten, trocken tupfen und längs vierteln. Kartoffelviertel in eine Fettpfanne legen, mit Salz und Pfeffer bestreuen, mit 2 Esslöffeln Olivenöl beträufeln. Das Backblech in den Backofen schieben. **Einschub: Mitte, Garzeit: 20–25 Minuten.** Inzwischen 400 g rote Paprikaschoten und 200 g gelbe Paprikaschoten vierteln, entstielen, entkernen, weiße Scheidewände entfernen. Schoten abspülen, abtropfen lassen, in kleine Stücke schneiden. 400 g Zucchini abspülen, abtrocknen, Enden abschneiden, Zucchini in kleine Stücke schneiden. Das vorbereitete Gemüse mit Salz und Pfeffer würzen und mit 5 Esslöffeln Olivenöl vermengen. 4 Stängel Rosmarin abspülen, trocken tupfen. 4 Knoblauchzehen abziehen. Knoblauch mit dem Gemüse und dem Rosmarin zu den vorgegarten Kartoffeln geben und untermengen. Das Backblech wieder in den Backofen schieben. Das Gemüse **bei gleicher Backofentemperatur weitere 20–25 Minuten garen.**

Buntes Ofengemüse mit Käsehäubchen

FÜR KINDER

**Zubereitungszeit:
etwa 45 Minuten
Backzeit: etwa 45 Minuten**

**750 g große Kartoffeln
250 g Möhren
250 g Zucchini
1 Bund Frühlingszwiebeln
Salzwasser
100 ml Milch (3,5 % Fett)
150 g Crème légère
2 Eier (Größe M)
20 g Speisestärke
Salz
gem. Pfeffer
ger. Muskatnuss
100 g ger. Gouda**

Pro Portion:
E: 16 g, F: 19 g, Kh: 40 g,
kJ: 1692, kcal: 404, BE: 3,0

1 Den Backofen vorheizen.
**Ober-/Unterhitze: etwa 200 °C
Heißluft: etwa 180 °C**

2 Kartoffeln schälen, abspülen, abtropfen lassen. Möhren putzen, schälen, abtropfen lassen. Kartoffeln und Möhren in dünne Scheiben schneiden oder hobeln. Zucchini abspülen, abtrocknen und die Enden abschneiden. Zucchini ebenfalls in dünne Scheiben schneiden. Frühlingszwiebeln putzen, abspülen, abtropfen lassen und in Scheiben schneiden.

3 Kartoffel- und Möhrenscheiben in kochendes Salzwasser geben und zugedeckt bei mittlerer Hitze etwa 3 Minuten vorgaren. Anschließend in ein Sieb geben, mit kaltem Wasser abschrecken (Foto 1) und abtropfen lassen.

4 Das vorbereitete Gemüse mit den Kartoffeln in eine flache Auflaufform (gefettet, etwa 30 x 22 cm) schichten. Milch mit Crème légère, Eiern und Speisestärke verschlagen. Mit Salz, Pfeffer und Muskat kräftig würzen.

5 Die Eiermilch über die eingeschichteten Zutaten gießen (Foto 2). Den Käse darauf verteilen. Die Form auf dem Rost in den Backofen schieben.
**Einschub: unteres Drittel
Backzeit: etwa 45 Minuten**

TIPP:
Den Auflauf evtl. zum Ende der Backzeit mit Alufolie (Foto 3) oder Backpapier zudecken, damit der Käse nicht zu dunkel wird.

Kohlrouladen mit Bulgur-Füllung

KLASSIKER MAL ANDERS – 6 PORTIONEN

Zubereitungszeit:
etwa 30 Minuten
Garzeit: etwa 45 Minuten

Wasser
Salz
1 Kopf Wirsing oder
Weißkohl (etwa 1 ½ kg)

1 Zwiebel
2 EL Rapsöl
125 g Bulgur
2 TL Currypulver
400 ml Gemüsefond
150 g Crème fraîche
1 Ei (Größe M)
5 Stängel Minze
150 g Tomaten
Salz
gem. Pfeffer
1–2 TL Speisestärke
2 EL kaltes Wasser

Außerdem:
Küchenpapier
Küchengarn oder
Rouladennadeln

Pro Portion:
E: 9 g, F: 14 g, Kh: 23 g,
kJ: 1070, kcal: 257, BE: 2,0

1 In einem großen Topf reichlich Wasser zum Kochen bringen. Salz hinzufügen (auf 1 l Wasser 1 Teelöffel Salz). Inzwischen von dem Wirsing oder Weißkohl die äußeren welken Blätter entfernen. 18 große Blätter lösen, Blattrippen entfernen oder flach schneiden. Kohlblätter etwa 3 Minuten in das kochende Salzwasser legen, mit einer Schaumkelle herausnehmen und die Blätter trocken tupfen. Restlichen Wirsing oder Kohl (etwa 500 g) in feine Streifen schneiden.

2 Zwiebel abziehen und klein würfeln. Rapsöl in einem Topf erhitzen. Zwiebelwürfel mit dem Bulgur und den Kohlstreifen darin unter Rühren andünsten. Curry hinzugeben. Mit 300 ml vom Gemüsefond ablöschen und alles einmal aufkochen lassen. Den Topf von der Kochstelle nehmen. Bulgur zugedeckt etwa 12 Minuten quellen lassen, dabei häufig umrühren. Crème fraîche und das Ei unter die Bulgurmasse rühren.

3 Minze abspülen und trocken tupfen. Die Blättchen von den Stängeln zupfen, Blättchen klein schneiden. Tomaten abspülen, trocken tupfen, halbieren und die Stängelansätze herausschneiden. Tomaten in Würfel schneiden. Minze und Tomatenwürfel unter die Bulgurmasse geben, mit Salz und Pfeffer würzen.

4 Den Backofen vorheizen.
Ober-/Unterhitze: etwa 160 °C
Heißluft: etwa 140 °C

5 Zwei Blätter Küchenpapier auf eine Arbeitsfläche legen. Jeweils 3 Kohlblätter übereinander auf das Küchenpapier legen, je ein Sechstel der Bulgurmasse darauf verteilen. Die Blätter seitlich einschlagen und aufrollen. Die Rouladen mit Küchengarn umwickeln oder mit Rouladennadeln feststecken. Die Kohlrouladen in eine große Auflaufform (gefettet) legen und den restlichen Gemüsefond hinzugießen. Die Form auf dem Rost in den Backofen schieben.
Einschub: Mitte
Garzeit: etwa 45 Minuten

6 Die gegarten Rouladen aus der Form nehmen, Küchengarn oder Rouladennadeln entfernen. Rouladen auf eine vorgewärmte Platte legen und warm stellen.

7 Den Bratenfond in einem kleinen Topf aufkochen lassen. Speisestärke mit Wasser anrühren, in den Fond rühren, unter Rühren aufkochen und etwa 5 Minuten bei schwacher Hitze kochen lassen. Die Sauce mit Salz und Pfeffer würzen und mit den Rouladen servieren.

BEILAGE:
Salzkartoffeln (S. 230), Semmelknödel (S. 240) oder Kartoffelklöße (S. 238).

Rucola mit Parmesan (Foto)

SOMMERLICHES GÄSTEESSEN

Zubereitungszeit:
etwa 25 Minuten,
ohne Abkühlzeit

30 g Pinienkerne
125 g Rucola (Rauke)
200 g Cocktailtomaten
30 g Parmesan, im Stück
2–3 EL Balsamico-Essig
½ TL flüssiger Honig
Salz, gem. Pfeffer
5 EL Olivenöl

Pro Portion:
E: 5 g, F: 19 g, Kh: 3 g,
kJ: 849, kcal: 203, BE: 0,0

1 Pinienkerne in einer Pfanne ohne Fett unter Rühren goldbraun rösten, herausnehmen und auf einem Teller erkalten lassen.

2 Rucola verlesen und die dicken Stiele abschneiden. Rucola abspülen, trocken schleudern oder trocken tupfen. Größere Blätter einmal durchschneiden. Cocktailtomaten abspülen, abtrocknen und halbieren. Parmesan hobeln.

3 Essig mit Honig, Salz und Pfeffer verrühren. Olivenöl unterschlagen.

4 Rucola auf einer Platte anrichten. Tomatenhälften darauf verteilen und mit der Salatsauce beträufeln. Pinienkerne und Parmesan darauf verteilen.

TIPPS:
Den Salat als Vorspeise oder zu Risotto (S. 312) servieren. Pinienkerne können Sie auch durch gestiftete Mandeln oder grob gehackte Walnusskerne ersetzen.

Kichererbsen-Salat (ohne Foto)

VERBLÜFFEND EINFACH

Vorbereitung:
max. 1 Tag im Voraus
Zubereitungszeit:
etwa 30 Minuten,
ohne Durchziehzeit

1 Möhre (etwa 100 g)
1 kleine gelbe Paprikaschote
1 Knoblauchzehe
200 g Staudensellerie
400 g Kichererbsen
1 EL gehackte Petersilie
1 TL gehackter Oregano
3 EL Obstessig
1 TL flüssiger Honig
Salz, gem. Pfeffer
Kreuzkümmel, 3 EL Rapsöl

Pro Portion:
E: 8 g, F: 10 g, Kh: 23 g,
kJ: 936, kcal: 224, BE: 2,0

1 Möhre putzen, schälen, abspülen, abtropfen lassen. Paprikaschote halbieren, entstielen, entkernen und die weißen Scheidewände entfernen. Knoblauch abziehen. Staudensellerie putzen, abspülen, abtropfen lassen. Das vorbereitete Gemüse mit dem Knoblauch in kleine Würfel schneiden.

2 Kichererbsen in ein Sieb geben, mit kaltem Wasser abspülen und abtropfen lassen. Kichererbsen mit den Gemüsewürfeln in eine Schüssel geben. Petersilie und Oregano hinzugeben.

3 Essig mit Honig, Salz, Pfeffer und Kreuzkümmel verrühren, dann das Rapsöl unterschlagen. Die Marinade mit den Salatzutaten vermischen. Salat etwas durchziehen lassen. Vor dem Servieren nochmals mit den Gewürzen abschmecken.

Knackiger Gemüsesalat (Foto)

EINFACH LECKER

Vorbereitung:
1 Tag im Voraus
Zubereitungszeit:
etwa 30 Minuten

etwa 600 g gemischtes
Gemüse, z.B. Fenchel,
Möhren, Staudensellerie,
Kohlrabi, Kürbis
50 g Sprossen, z.B.
Rote-Bete- oder Sojasprossen

150 g Crème fraîche
2 EL Schlagsahne oder Milch
1–2 EL Essig, z.B. Sherryessig
Salz, gem. Pfeffer, Zucker
2 EL gehackte Kräuter, z.B.
Kerbel, Estragon, Basilikum

Pro Portion:
E: 4 g, F: 13 g, Kh: 7 g,
kJ: 663, kcal: 160, BE: 0,0

1 Gemüse (außer Sprossen) putzen (je nach Gemüse schälen), abspülen und abtropfen lassen.

2 Gemüse (z. B. Möhren) der Länge nach in dünne Streifen schneiden oder Gemüse (z. B. Fenchel, Kürbis) in dünne Scheiben schneiden. Sprossen abspülen und trocken tupfen.

3 Crème fraîche mit Sahne oder Milch und Essig verrühren. Mit Salz, Pfeffer und 1 Prise Zucker würzen. Kräuter unterrühren.

4 Die Salatzutaten auf einer Platte anrichten und die Sauce darauf verteilen. Mit den Sprossen garnieren.

TIPPS:
Den Salat als Snack mit Baguette oder Fladenbrot servieren.
Um Kalorien zu sparen, können Sie Crème fraîche durch Joghurt (3,5 % Fett) ersetzen.

» ABWANDLUNG:
In der Spargelsaison können Sie weißen Spargel verwenden. Spargel von oben nach unten dünn schälen. Darauf achten, dass die Schalen vollständig entfernt, die Köpfe aber nicht verletzt werden. Die unteren Enden abschneiden (holzige Stellen vollkommen entfernen). Spargel abspülen, abtropfen lassen und schräg in sehr dünne Scheiben schneiden.

Eiersalat mit Porree (ohne Foto)

LECKERER ABENDSNACK – 6 PORTIONEN

Zubereitungszeit:
etwa 30 Minuten

300 g Porree (Lauch)
300 g Möhren
etwa 150 g Eisbergsalat
6 hart gekochte Eier
100 g Salatmayonnaise
150 g Joghurt (3,5 % Fett)
2 EL Zitronensaft
Salz, gem. Pfeffer, Zucker
1 EL Schnittlauchröllchen

Pro Portion:
E: 9 g, F: 16 g, Kh: 6 g,
kJ: 862, kcal: 206, BE: 0,5

1 Porree putzen, die Stangen längs halbieren, gründlich waschen, abtropfen lassen und in sehr feine Streifen schneiden. Möhren putzen, schälen, abspülen, abtropfen lassen und grob raspeln.

2 Von dem Eisbergsalat die äußeren welken Blätter entfernen. Den Salat in feine Streifen schneiden, abspülen und trocken schleudern. Eier pellen und in Sechstel schneiden.

3 Mayonnaise mit Joghurt und Zitronensaft verrühren, mit Salz, Pfeffer und Zucker würzen. Die vorbereiteten Salatzutaten (außer Eier) in einer Schüssel mit der Salatsauce vermengen und nochmals abschmecken. Die Eierspalten darauf verteilen und mit Schnittlauchröllchen bestreuen.

Bulgur-Kräuter-Salat

WÜRZIG – AROMATISCH – 6 PORTIONEN

VEGAN

Vorbereitung:
max. 1 Tag im Voraus
Zubereitungszeit:
30 Minuten, ohne Abkühl-
und Durchziehzeit

200 g Bulgur
etwa 400 ml Gemüsebrühe
500 g Tomaten
1 kleines Bund
Frühlingszwiebeln
½ Bund Petersilie
½ Bund Minze
½ Salatgurke (etwa 180 g)
oder 1 Mini-Gurke

Für die Salatsauce:
6 EL Zitronensaft
2 EL Olivenöl
Salz
gem. Pfeffer
½ TL Kreuzkümmel (Cumin)

Pro Portion:
E: 4 g, F: 4 g, Kh: 29 g,
kJ: 724, kcal:173, BE: 2,0

1 Bulgur mit der Gemüsebrühe in einem Topf nach Packungsanleitung zubereiten. Den gegarten Bulgur in eine Salatschüssel geben und abkühlen lassen.

2 Tomaten abspülen, abtropfen lassen, halbieren und die Stängelansätze herausschneiden. Die Tomaten entkernen und das Fruchtfleisch in kleine Würfel schneiden.

3 Frühlingszwiebeln putzen, abspülen, abtropfen lassen und in feine Scheiben schneiden. Petersilie und Minze abspülen und trocken tupfen. Die Blättchen von den Stängeln zupfen, Blättchen grob zerschneiden.

4 Die Salatgurke abspülen, abtrocknen und das Ende abschneiden. Die Gurke längs halbieren, evtl. entkernen und in kleine Würfel schneiden.

5 Den beiseitegestellten Bulgur mit 2 Gabeln etwas auflockern. Tomatenwürfel, Frühlingszwiebelscheiben, Gurkenwürfel und Kräuter unterheben.

6 Für die Sauce Zitronensaft mit Olivenöl verrühren, mit Salz, Pfeffer und Kreuzkümmel würzen. Die Sauce zum Salat geben, untermischen und abschmecken.

7 Salat zugedeckt im Kühlschrank etwa 30 Minuten durchziehen lassen.

TIPPS:

Statt in Gemüsebrühe lässt sich Bulgur auch einfach in kochendem Salzwasser garen.
Statt Bulgur können Sie auch Couscous verwenden.

Griechischer Bauernsalat (Foto)

WECKT DAS FERNWEH – 6 PORTIONEN

Vorbereitung:
max. 1 Tag im Voraus
Zubereitungszeit:
etwa 20 Minuten

375 g Salatgurken
400 g Cocktailtomaten
125 g Gemüsezwiebeln
200 g griechischer Schafskäse
75 g abgetropfte Oliven

Für die Sauce:
2 EL Weißweinessig
Salz, gem. Pfeffer, Zucker
5 EL Olivenöl
frische Thymianblättchen

Pro Portion:
E: 7 g, F: 19 g, Kh: 4 g,
kJ: 924, kcal: 220, BE: 0,0

1 Gurken schälen und die Enden abschneiden. Gurken längs halbieren, evtl. die Kerne mit einem Löffel herausschaben. Gurkenhälften in dünne Scheiben schneiden. Tomaten abspülen, abtrocknen, halbieren und die Stängelansätze herausschneiden.

2 Gemüsezwiebel abziehen und in dünne Scheiben schneiden. Schafskäse ebenfalls in dünne Scheiben schneiden. Die vorbereiteten Zutaten mit den Oliven auf einer großen Platte oder in einer Schüssel anrichten.

3 Für die Sauce Essig mit Salz, Pfeffer und Zucker verrühren. Olivenöl unterschlagen. Die Sauce auf den angerichteten Salatzutaten verteilen und mit abgespülten, trocken getupften Thymianblättchen bestreuen.

TIPP:
Den Bauernsalat als kleines Gericht, z. B. mit aufgebackenem Fladenbrot (Pide) servieren. Gemüsezwiebeln können durch rote Zwiebeln oder Schalotten ersetzt werden.

Chinakohlsalat mit Frischkäse
(ohne Foto)

AROMATISCH – FRUCHTIG

Zubereitungszeit:
etwa 25 Minuten

600 g Chinakohl
175 g abgetropfte Mandarinen
(aus der Dose)

Für die Sauce:
100 g Kräuter-Frischkäse
4 EL Schlagsahne
4 EL Mandarinenflüssigkeit
(aus der Dose)
1–2 EL Weißweinessig
Salz, Zucker, gem. Pfeffer

Pro Portion:
E: 4 g, F: 10 g, Kh: 12 g,
kJ: 682, kcal: 162, BE: 1,0

1 Von dem Chinakohl die äußeren welken Blätter entfernen, den Kohl halbieren, den Strunk heraus- schneiden. Chinakohl abspülen, gut abtropfen lassen, evtl. trocken tupfen und in schmale Streifen schneiden.

2 Von den Mandarinen den Saft auffangen und 4 Esslöffel Saft für die Sauce abmessen.

3 Für die Sauce Frischkäse mit Sahne und Mandarinensaft verrühren, mit Essig, Salz, Zucker und Pfeffer würzen. Die Sauce mit den Salatzutaten vermengen und den Salat sofort servieren.

Kartoffelgratin

FÜR GÄSTE

Zubereitungszeit:
etwa 30 Minuten
Garzeit: etwa 45 Minuten

1 Knoblauchzehe
800 g festkochende Kartoffeln
150 ml Milch (3,5 % Fett)
100 g Schlagsahne
Salz
gem. Pfeffer
ger. Muskatnuss
3 EL ger. Parmesan

Pro Portion:
E: 7 g, F: 15 g, Kh: 26 g,
kJ: 1148, kcal: 274, BE: 2,0

1 Den Backofen vorheizen.
Ober-/Unterhitze: etwa 180 °C
Heißluft: etwa 160 °C

2 Knoblauch abziehen, halbieren und eine flache, runde Auflaufform (gefettet) mit dem Knoblauch einreiben (Foto 1).

3 Kartoffeln schälen, abspülen, trocken tupfen und in dünne Scheiben schneiden. Die Kartoffelscheiben dachziegelartig schräg in die vorbereitete Auflaufform einschichten (Foto 2).

4 Milch mit Sahne verrühren, mit Salz, Pfeffer und Muskat würzen und über die Kartoffelscheiben gießen (Foto 3). Mit Parmesan bestreuen. Die Form auf dem Rost in den Backofen schieben.
Einschub: Mitte
Garzeit: etwa 45 Minuten

TIPPS:
Das Kartoffelgratin zu Gemüsegerichten servieren. Statt Milch und Sahne können Sie auch etwa 250 ml Gemüsebrühe mit 2 Esslöffeln Weißwein oder Crème fraîche verrühren und über die Kartoffelscheiben gießen. Mit Parmesan bestreuen und wie im Rezept beschrieben backen.

» **REZEPTVARIANTEN:**
Kartoffelgratin mit Steinpilzen
Dafür 20 g getrocknete Steinpilze in ein Sieb geben, mit kaltem Wasser abspülen, abtropfen lassen und in 250 ml Gemüsebrühe aufkochen, dann die Steinpilze zugedeckt im Topf abkühlen lassen. Die Steinpilzbrühe statt Milch und Sahne über die Kartoffelscheiben geben, Parmesan daraufstreuen, 40 g Butterflöckchen darauf verteilen und wie im Rezept beschrieben backen.

Kartoffel-Möhren-Gratin
300 g Kartoffeln durch vorbereitete, in dünne Scheiben geschnittene Möhren ersetzen. Die Möhren mit den Kartoffelscheiben und 1 Esslöffel Thymianblättchen einschichten.

Blechkartoffeln mit Kräuterquark

EINFACH LECKER – 8 PORTIONEN

Zubereitungszeit:
etwa 20 Minuten,
ohne Durchziehzeit
Garzeit: etwa 40 Minuten

**1,2 kg mittelgroße
festkochende Kartoffeln**

Für die Marinade:
2 Knoblauchzehen
4 Stängel Thymian
2 Stängel Rosmarin
5 EL Olivenöl
Salz
gem. Pfeffer
1 Msp. Chiliflocken

Für den Kräuterquark:
500 g Magerquark
150 g Crème fraîche
**je 2 TL klein geschnittener
Kerbel, Petersilie und Dill**
2 TL Schnittlauchröllchen
Salz
gem. Pfeffer
½ TL gem. Kümmel

Pro Portion:
E: 12 g, F: 12 g, Kh: 25 g,
kJ: 1105, kcal: 265, BE: 2,0

1 Den Backofen vorheizen.
Ober-/Unterhitze: etwa 200 °C
Heißluft: etwa 180 °C

2 Kartoffeln unter fließendem kalten Wasser gründlich abbürsten und abtrocknen.

3 Für die Marinade Knoblauch abziehen und klein hacken. Thymian und Rosmarin abspülen, trocken tupfen, Blättchen bzw. Nadeln von den Stängeln zupfen. Blättchen und Nadeln grob zerschneiden.

4 Olivenöl mit den Kräutern, Knoblauch, Salz, Pfeffer und Chiliflocken verrühren. Die Kartoffeln mit der Schale der Länge nach halbieren, in die Marinade geben, vermengen und mindestens 30 Minuten durchziehen lassen.

5 Kartoffelhälften mit der Schnittfläche nach oben auf ein Backblech (gefettet) legen. Mit der restlichen Marinade beträufeln. Das Backblech in den Backofen schieben.
Einschub: Mitte
Garzeit: etwa 40 Minuten

6 In der Zwischenzeit für den Kräuterquark Quark mit Crème fraîche und den Kräutern verrühren. Kräuterquark mit Salz, Pfeffer und Kümmel würzen. Den Kräuterquark zu den Blechkartoffeln servieren.

TIPPS:
Die Blechkartoffeln mit Gemüse oder Blattsalat als Hauptgericht oder als Partygericht servieren. Die Blechkartoffeln statt mit Kräuterquark mit Zaziki (S. 335) oder Kräuterbutter servieren.

EXTRA-TIPP:
Um die Garzeit zu verkürzen, Kartoffeln schälen, ganz lassen und etwa 10 Minuten vorkochen. Kartoffeln in einem Sieb abgießen, mit der Marinade vermengen und durchziehen lassen. Die Garzeit im Backofen beträgt dann nur etwa 20 Minuten. Nach der Hälfte der Garzeit die Kartoffeln wenden.

» REZEPTVARIANTE:
Für **Kartoffelspalten mit roten Zwiebeln** Kartoffeln wie beschrieben vorbereiten, allerdings in Achtel schneiden und die Marinade nur aus Meersalz, Pfeffer und Olivenöl zubereiten. 500 g rote Zwiebeln abziehen und in Scheiben schneiden. Nach der Hälfte der Garzeit die Zwiebeln und 3 Stängel abgespülten, trocken getupften Rosmarin hinzugeben.

Maultaschen mit Spinatfüllung

DAS MÖGEN KINDER – 6 PORTIONEN (24 STÜCK)

Vorbereitung:
max. 1 Tag im Voraus
Zubereitungszeit:
etwa 75 Minuten,
ohne Auftau- und
Teigruhezeit
Garzeit: etwa 15 Minuten
je Portion

Zum Vorbereiten:
600 g TK-Blattspinat

Für den Teig:
300 g Weizenmehl
3 Eier (Größe M)
1 EL Speiseöl, z.B.
Sonnenblumenöl
½ gestr. TL Salz
evtl. etwas Wasser

Für die Spinatfüllung:
2 Zwiebeln
2 Knoblauchzehen
2 EL Speiseöl, z.B.
Sonnenblumen- oder Olivenöl
Salz
gem. Pfeffer
ger. Muskatnuss
1 Eigelb (Größe M)
1 Eiweiß (Größe M)

etwa 3 l Gemüsebrühe
evtl. 1 EL Schnittlauch-
röllchen, geschmälzte
Zwiebeln (von Käsespätzle)

Pro Portion:
E: 19 g, F: 15 g, Kh: 58 g,
kJ: 1892, kcal: 452, BE: 4,5

1 Zum Vorbereiten für die Spinatfüllung Blattspinat nach Packungsanleitung auftauen.

2 Für den Teig Mehl in eine Rühr-schüssel geben. Eier, Speiseöl und Salz hinzufügen. Die Zutaten mit einem Mixer (Knethaken) zunächst kurz auf niedrigster, dann auf höchster Stufe in etwa 3 Minuten zu einem glatten Teig verarbeiten, evtl. noch etwas Wasser hinzu-geben. Teig zugedeckt etwa 40 Minuten ruhen lassen.

3 In der Zwischenzeit für die Spinat-füllung den aufgetauten Blattspinat gut ausdrücken und grob hacken. Zwiebeln und Knoblauch abziehen, klein würfeln.

4 Speiseöl in einem Topf erhitzen. Zwiebel- und Knoblauchwürfel darin unter Rühren andünsten. Spinat hinzugeben und zugedeckt bei schwacher Hitze etwa 3 Minuten dünsten. Mit Salz, Pfeffer und Muskat würzen, etwas abkühlen lassen. Dann das Eigelb unterrühren.

5 Den Teig auf der bemehlten Arbeitsfläche dünn zu einem Rechteck (mind. 40 x 60 cm) (Foto 1) ausrollen. Dann etwa 10 x 10 cm große Quadrate daraus ausrädeln. Etwas von der Füllung auf jedes Teigquadrat geben. Eiweiß mit einer Gabel verschlagen und die Teigränder damit bestreichen (Foto 2). Die Teigquadrate zu Dreiecken übereinanderklappen und die Ränder andrücken (Foto 3).

6 Gemüsebrühe in einem großen Topf erhitzen. Die Maultaschen portionsweise hineingeben und ohne Deckel bei schwacher bis mittlerer Hitze etwa 15 Minuten garen. Die gegarten Maultaschen mit einer Schaumkelle aus der Brühe nehmen und warm stellen. Die restlichen Maultaschen genauso verarbeiten.

7 Die fertigen Maultaschen mit etwas von der Brühe in Suppentellern, evtl. mit Schnittlauchröllchen und geschmälzten Zwiebeln, servieren.

TIPPS:
Die gegarten Maultaschen ab-tropfen lassen, von beiden Seiten in zerlassener Butter anbraten und mit in Butter gebräunten Semmelbröseln und in Butter-schmalz oder Speiseöl braun gebratenen Zwiebelringen (von 6–8 Zwiebeln) servieren.
Den Nudelteig nach der Ruhezeit am besten mithilfe einer Nudelmaschine ausrollen.

Gedünsteter Reis (im Foto vorn)

EINFACH

Vorbereitung:
max. 1 Tag im Voraus
Zubereitungszeit:
etwa 5 Minuten
Quellzeit: 15–20 Minuten

1 Zwiebel
20 g Butter oder Margarine
200 g Langkornreis
400 ml Gemüsebrühe
evtl. Salz

Pro Portion:
E: 4 g, F: 5 g, Kh: 40 g,
kJ: 916, kcal: 219, BE: 3,5

1 Zwiebel abziehen und klein würfeln. Butter oder Margarine in einem Topf zerlassen. Zwiebelwürfel und Reis darin kurz dünsten.

2 Gemüsebrühe hinzugießen und zum Kochen bringen. Den Reis zugedeckt 15–20 Minuten bei schwacher Hitze quellen lassen. Den gegarten Reis evtl. mit Salz abschmecken.

TIPPS:

Den gedünsteten Reis als Beilage zu Gemüsegerichten servieren oder als Basis für Reissalate verwenden. Anstelle von geschältem Reis können Sie auch Natur-Langkornreis verwenden. Wegen des Silberhäutchens hat er eine bräunliche Farbe, darunter stecken Vitamine und Mineralstoffe. Die Garzeit beträgt 25–30 Minuten (Packungsanleitung beachten).

» REZEPTVARIANTEN:

Curryreis (im Foto oben)
Zwiebelwürfel und Reis wie im Rezept beschrieben dünsten. 1 Esslöffel Currypulver darüberstreuen und kurz mitdünsten. Dann die Gemüsebrühe hinzugießen und den Reis wie im Rezept beschrieben garen.

Kräuterreis (im Foto Mitte)
Nach dem Garen je 2 Esslöffel klein geschnittene Petersilie, Dill oder Pfefferminze unter den Reis geben.

Bunter Reis
200 g Möhren putzen, schälen, abspülen, abtropfen lassen. 3 Frühlingszwiebeln putzen, abspülen, abtropfen lassen. Möhren und Frühlingszwiebeln in Scheiben schneiden. 20 g Butter in einem Topf zerlassen. 140 g abgetropften Gemüsemais aus der Dose mit dem vorbereiteten Gemüse darin andünsten. 200 g Reis hinzufügen. 400 ml Gemüsebrühe hinzugießen, zum Kochen bringen. Reis zugedeckt 15–20 Minuten bei schwacher Hitze quellen lassen, dabei ab und zu umrühren. Gegarten Reis evtl. mit Salz abschmecken.

Gewürzreis

1 Knoblauchzehe abziehen, klein würfeln. 20 g frischen Ingwer schälen, fein hacken. 1 Chilischote längs halbieren, entstielen, entkernen, abspülen, abtropfen lassen und fein hacken. 20 g Butter oder Margarine in einem Topf zerlassen. 200 g Reis, Knoblauch, Ingwer und Chili darin andünsten. 400 ml Kokosmilch (ungesüßt) hinzugießen. 1 Stück Sternanis, 1 Stange Zimt, je ½ Teelöffel Currypulver, Kreuzkümmel und Salz hinzufügen, zum Kochen bringen. Reis zugedeckt 15–20 Minuten bei schwacher Hitze quellen lassen, dabei ab und zu umrühren. Den gegarten Reis evtl. mit Salz und den Gewürzen abschmecken. 50 g Cashewkerne mit 1 Esslöffel Olivenöl in einer Pfanne leicht bräunen, mit je ½ Teelöffel Currypulver und Schwarzkümmel bestreuen. Reis mit den Cashewkernen garniert servieren.

Tomatenreis mit Auberginen

EINFACH ZUZUBEREITEN

VEGAN

Zubereitungszeit:
etwa 25 Minuten

1 ½ l Wasser
Salz
250 g Reis

1 Aubergine (etwa 400 g)
1 Knoblauchzehe
3 EL Olivenöl
1 Zwiebel
2 Stangen Porree (Lauch)
2 EL Tomatenmark
400 g stückige Tomaten
(aus der Dose)
100 ml Kochflüssigkeit
(von dem Reis)
gem. Pfeffer
½ Bund glatte Petersilie

Pro Portion:
E: 9 g, F: 9 g, Kh: 57 g,
kJ: 1438, kcal: 344, BE: 4,5

1 Wasser in einem Topf zum Kochen bringen, dann Salz und Reis hinzufügen. Den Reis zugedeckt bei mittlerer Hitze nach Packungsanleitung garen. Den gegarten Reis abgießen, dabei 100 ml von der Kochflüssigkeit auffangen. Reis warm halten.

2 In der Zwischenzeit Aubergine abspülen, abtrocknen und den Stängelansatz entfernen. Aubergine in etwa ½ cm große Würfel schneiden, mit 1 Teelöffel Salz bestreuen und einige Minuten ziehen lassen.

3 Knoblauch abziehen und in kleine Würfel schneiden. Olivenöl in einem Topf erhitzen. Knoblauch- und Auberginenwürfel darin andünsten.

4 Zwiebel abziehen und in kleine Würfel schneiden. Porree putzen, die Stangen längs halbieren, gründlich waschen, abtropfen lassen und in feine Streifen schneiden. Zwiebelwürfel und Porreestreifen zu den Auberginenwürfeln geben und mitdünsten lassen. Tomatenmark hinzugeben.

5 Stückige Tomaten sowie die Kochflüssigkeit zu dem Gemüse in den Topf geben und kurz mitdünsten.

6 Den warm gestellten Reis unterheben. Mit Salz und Pfeffer kräftig würzen. Tomatenreis zugedeckt bei schwacher Hitze etwa 2 Minuten ziehen lassen.

7 Petersilie abspülen und trocken tupfen. Die Blättchen von den Stängeln zupfen, Blättchen klein schneiden. Den Tomatenreis mit klein geschnittener Petersilie bestreut servieren.

Cremige Polenta

ITALIEN AUF DEM TELLER – 6 PORTIONEN

Zubereitungszeit:
etwa 30 Minuten
Garzeit: etwa 15 Minuten

1 Zwiebel
3 EL Olivenöl
1 Lorbeerblatt
1,2 l Gemüsebrühe oder Milch
150 g Polenta (Maisgrieß)
Salz
gem. Pfeffer
ger. Muskatnuss
30 g ger. Parmesan

Pro Portion:
E: 8 g, F: 11 g, Kh: 24 g,
kJ: 927, kcal: 221, BE: 2,0

1 Zwiebel abziehen und klein würfeln. Olivenöl in einem Topf erhitzen, die Zwiebelwürfel darin bei mittlerer Hitze andünsten. Lorbeerblatt hinzufügen. Brühe oder Milch hinzugießen und zum Kochen bringen. Lorbeerblatt entfernen.

2 Polenta einstreuen und unter ständigem Rühren mit einem Schneebesen nochmals aufkochen lassen. Polenta zugedeckt etwa 15 Minuten bei schwacher Hitze quellen lassen, dabei ab und zu umrühren. Die Polenta soll eine weiche, cremige Konsistenz erhalten. Polenta mit Salz, Pfeffer und Muskat würzen. Kurz vor dem Servieren den Parmesan hinzufügen.

TIPP:
Servieren Sie die Polenta mit einer Ratatouille (S. 286).

Pikante Arme Ritter

KLASSISCH – PREISWERT – 6 STÜCK

Zubereitungszeit:
etwa 40 Minuten

300 ml Milch (3,5 % Fett)
2 Eier (Größe M)
1 gestr. TL Salz
gem. Pfeffer, ger. Muskatnuss
6 etwa 1 ½ cm dicke Scheiben
Kastenweißbrot (2–5 Tage alt)
100 g gem. Sonnenblumen-
kerne oder 75 g abgezogene,
gem. Mandeln
50 g Butterschmalz

Pro Stück:
E: 9 g, F: 16 g, Kh: 22 g,
kJ: 1110, kcal: 265, BE: 2,0

1 Milch mit Eiern verschlagen, mit Salz, Pfeffer und Muskat würzen. Weißbrotscheiben in eine Schale legen, mit der Eiermilch übergießen und einweichen (dabei 1–2-mal vorsichtig wenden), bis die Milch aufgesogen ist (die Scheiben dürfen nicht zu weich werden).

2 Die eingeweichten Brotscheiben in Sonnenblumenkernen oder Mandeln wenden.

3 Etwas Butterschmalz in einer beschichteten Pfanne zerlassen. Die Brotscheiben darin portionsweise bei mittlerer Hitze von jeder Seite etwa 4 Minuten knusprig braun braten. Die armen Ritter heiß servieren.

TIPP:
Herzhafte Arme Ritter eignen sich auch als Beilage zu Suppen oder Ratatouille (S. 286).

Risotto

KLASSISCH

Zubereitungszeit:
etwa 10 Minuten
Quellzeit: etwa 20 Minuten

1 kleine Zwiebel
50 g Butter
200 g Risottoreis, z.B. Arborio
400–500 ml heiße
Gemüsebrühe
Salz
1 EL gemischte, klein
geschnittene Kräuter,
z.B. Petersilie, Basilikum,
Schnittlauch

Pro Portion:
E: 4 g, F: 11 g, Kh: 40 g,
kJ: 1155, kcal: 276, BE: 3,5

1 Zwiebel abziehen und würfeln. Butter in einem Topf zerlassen. Zwiebelwürfel darin kurz andünsten. Reis hinzufügen und glasig dünsten (Foto 1).

2 So viel von der heißen Brühe hinzugießen, dass der Reis bedeckt ist (Foto 2). Den Reis ohne Deckel bei schwacher Hitze kochen, bis die Flüssigkeit fast aufgesogen ist, dabei gelegentlich umrühren. Mit der restlichen Brühe ebenso verfahren, bis der Reis nach etwa 20 Minuten gar ist.

3 Risotto mit Salz abschmecken, in eine vorgewärmte Schüssel füllen und mit Kräutern bestreuen.

TIPP:

Risotto mit einem gemischten Salat als Hauptgericht servieren.

» REZEPTVARIANTEN:
Risi-Pisi

Etwa 5 Minuten vor Ende der Garzeit zusätzlich 150 g TK-Erbsen unter den Reis mischen und fertig garen. 3 Esslöffel geriebenen Parmesan und 20 g kalte Butter untermischen. Risi-Pisi mit 1 Esslöffel klein geschnittener Petersilie bestreuen.

Risotto mit Champignons

Dafür zusätzlich 300 g geputzte, in Scheiben geschnittene Champignons mit den Zwiebelwürfeln in der Butter dünsten. Den Reis hinzufügen, mit 3 Esslöffeln Weißwein ablöschen, Brühe hinzugießen und wie im Rezept beschrieben garen. Zum Schluss 1 Esslöffel geriebenen Greyerzer-Käse unterrühren, nochmals mit Salz abschmecken und mit 1 Esslöffel Schnittlauchröllchen bestreut servieren.

Mailänder Risotto

125 ml Weißwein und 1 Messerspitze gemahlenen Safran zum glasig gedünsteten Reis geben, ohne Deckel zum Kochen bringen und bei schwacher Hitze etwa 20 Minuten garen. Wenn die Flüssigkeit verkocht ist, nach und nach etwa 500 ml Gemüsebrühe hinzugießen. 30 g geriebenen Parmesan mit 1–2 Esslöffeln Crème fraîche verrühren und unter den fertigen Risotto mischen. Mit Salz und Pfeffer abschmecken.

Rührei

**Zubereitungszeit:
etwa 10 Minuten
Garzeit: etwa 3 Minuten**

**6 Eier (Größe M)
6 EL Milch oder Schlagsahne
Salz
gem. Pfeffer
40 g Butter oder Margarine
2 EL Schnittlauchröllchen**

Pro Portion:
E: 15 g, F: 27 g, Kh: 2 g,
kJ: 1301, kcal: 311, BE: 0,0

1 Eier mit Milch oder Sahne, Salz und Pfeffer verschlagen (Foto 1). Butter oder Margarine in einer Pfanne (Ø 26–28 cm) zerlassen. Die Eierflüssigkeit hineingeben und bei schwacher Hitze stocken lassen.

2 Sobald die Masse zu stocken beginnt, sie mit einem Pfannenwender oder Holzspatel vom Pfannenboden lösen (Foto 2), dabei die Masse immer wieder vom Rand zur Mitte schieben, bis keine Flüssigkeit mehr vorhanden ist (Garzeit insgesamt etwa 3 Minuten). Das Rührei sollte großflockig und innen noch saftig sein. Rührei mit Schnittlauchröllchen bestreut servieren.

TIPPS:

Rührei als Hauptgericht für 3 Portionen, z. B. zu Bratkartoffeln (S. 236) und gemischtem Salat oder für 4–6 Portionen mit Vollkornbrot als kleines Gericht servieren. Statt Milch oder Sahne können Sie auch Mineralwasser mit Kohlensäure verwenden, dadurch wird das Rührei besonders luftig.

» REZEPTVARIANTEN:
Knoblauchrührei

2–3 Knoblauchzehen abziehen, fein hacken, in der Butter oder Margarine andünsten. Eier mit Milch oder Sahne, Salz und Pfeffer verschlagen, zum Knoblauch in die Pfanne gießen und das Rührei wie im Rezept beschrieben garen.

Mexikanisches Rührei

2 Knoblauchzehen und 1 kleine Zwiebel abziehen, beides klein würfeln. 2 Tomaten kreuzweise einschneiden und mit kochendem Wasser übergießen. Nach 1–2 Minuten herausnehmen und mit kaltem Wasser abschrecken. Tomaten häuten, halbieren und die Stängelansätze herausschneiden. Tomaten in Würfel schneiden. 1 rote Paprikaschote halbieren, entstielen, entkernen und die weißen Scheidewände entfernen. Schote abspülen, abtropfen lassen und ebenfalls würfeln. Knoblauch- und Zwiebelwürfel in der Butter oder Margarine andünsten. Paprikawürfel hinzugeben und bei schwacher Hitze etwa 3 Minuten dünsten. Eier mit 3 Esslöffeln Milch oder Sahne, ½ Teelöffel Chiliflocken, Salz und Pfeffer verschlagen. Tomatenwürfel hinzufügen. Die Eiermasse in die Pfanne geben und wie im Rezept beschrieben garen. Mit 2 Esslöffeln klein geschnittener, glatter Petersilie bestreut servieren.

Pochierte Eier (Verlorene Eier)

RAFFINIERT – 8 STÜCK

Vorbereitung:
als Suppeneinlage
max. 1 Tag , sonst
Frischverzehr
Zubereitungszeit:
etwa 10 Minuten
Ziehzeit: 3–4 Minuten

1 l Wasser
3 EL Essig, z.B. Weißweinessig
8 Eier (Größe M)
evtl. 1 EL klein geschnittene
Kräuter, z.B. Schnittlauch,
Petersilie oder Kerbel

Pro Stück:
E: 7 g, F: 6 g, Kh: 1 g,
kJ: 355, kcal: 85, BE: 0,0

1 Wasser mit Essig in einem Topf zum Kochen bringen. Eier einzeln in einer Kelle aufschlagen, vorsichtig in das siedende (nicht sprudelnd kochende) Wasser gleiten lassen (Foto 1). Eiweiß sofort mit 2 Esslöffeln an das Eigelb schieben (Foto 2). Die Eier bei schwacher Hitze 3–4 Minuten ohne Deckel gar ziehen lassen (maximal 4 Eier auf einmal garen).

2 Die gegarten Eier mit einem Schaumlöffel herausnehmen, kurz in kaltes Wasser tauchen, abtropfen lassen und die Ränder glatt schneiden (Foto 3). Eier auf Tellern anrichten und nach Belieben mit Kräutern bestreuen.

TIPPS:

Pochierte Eier als Einlage für Suppen reichen oder zu Bratkartoffeln (S. 236) servieren. Verwenden Sie möglichst frische Eier, das Eiweiß zieht sich dann besser um das Eigelb herum zusammen.

» REZEPTVARIANTEN:

Pochierte Eier mit gemischtem Salat (Foto)
Dazu von je ½ Kopf Lollo Rossa und Bionda die äußeren welken Blätter entfernen. Den Salat abspülen, trocken tupfen oder trocken schleudern und in mundgerechte Stücke teilen. 250 g Cocktailtomaten abspülen, abtrocknen und vierteln. 250 g Salatgurke abspülen, trocken tupfen und die Enden abschneiden. Die Gurke in Scheiben schneiden. 200 g dünne Bundmöhren putzen, schälen, abspülen, abtropfen lassen und in dünne Scheiben schneiden oder hobeln. 1 Zwiebel abziehen und würfeln. Die vorbereiteten Salatzutaten in einer Schüssel vermengen. 2–3 Esslöffel Sherryessig mit Salz, Pfeffer und 1 Teelöffel flüssigem Honig verrühren, 5 Esslöffel Olivenöl unterschlagen. Die Sauce mit den Salatzutaten vermengen, auf 4 Tellern verteilen und je 2 Eier auf gerösteten Ciabattascheiben anrichten. Eier und Salat mit abgespülten, trocken getupften Dillspitzen garnieren.

Pochierte Eier auf geröstetem Brot

Dazu 4 Scheiben Sandwichbrot toasten. Die heißen Brotscheiben dünn mit je ½ Teelöffel Pesto (S. 270) bestreichen und mit je 2 Tomatenscheiben belegen. Die Eier wie im Rezept beschrieben pochieren (aber nicht abschrecken), sofort auf die Tomatenscheiben legen, mit etwas geriebenem Parmesan und Pfeffer bestreuen und sofort servieren.

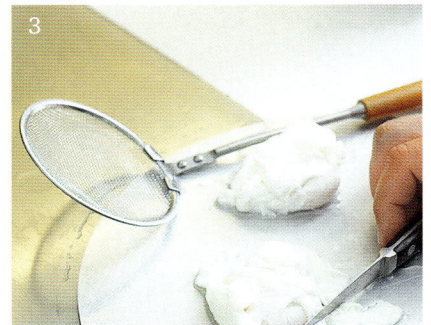

Pfannkuchen (Eierkuchen)

FÜR KINDER – ETWA 7 STÜCK

Vorbereitung:
max. 1 Tag im Voraus
Zubereitungszeit:
etwa 40 Minuten,
ohne Teigruhezeit

250 g Weizenmehl
1 gestr. TL Salz
375 ml Milch
125 ml Mineralwasser
(mit Kohlensäure)
4 Eier (Größe M)
etwa 80 g Butterschmalz oder
8 EL Speiseöl, z.B.
Sonnenblumenöl

Pro Stück:

E: 9 g, F: 17 g, Kh: 30 g,
kJ: 1309, kcal: 313, BE: 2,5

1 Mehl mit Salz, Milch und Wasser in einer Rührschüssel mit einem Schneebesen verrühren (Foto 1). Eier hinzugeben und nochmals verschlagen. Den Teig 20–30 Minuten ruhen lassen.

2 Etwas Butterschmalz oder Speiseöl in einer beschichteten Pfanne (Ø etwa 24 cm) erhitzen. Eine dünne Teiglage mit einer drehenden Bewegung gleichmäßig auf dem Boden der Pfanne verteilen (Foto 2). Sobald die Ränder goldgelb sind, den Pfannkuchen vorsichtig mit einem Pfannenwender oder einem Holzspatel wenden oder auf einen Teller gleiten lassen, umgedreht wieder in die Pfanne geben (Foto 3). Die zweite Seite ebenfalls goldgelb backen. Bevor der Pfannkuchen gewendet wird, wieder etwas Fett in die Pfanne geben.

3 Den restlichen Teig auf die gleiche Weise backen, dabei den Teig vor jedem Backen umrühren.

TIPP:
Pfannkuchen mit Fruchtkompott (S. 350), Zimt-Zucker, Ahornsirup oder Früchten servieren.

EXTRA-TIPPS:
Die Pfannkuchen werden zarter und lockerer, wenn Sie die Eier trennen und zuerst nur das Eigelb in den Teig rühren. Das Eiweiß kurz vor dem Backen steif schlagen und unter den Teig heben. Bereits gebackene Pfannkuchen im vorgeheizten Backofen bei Ober-/Unterhitze: etwa 80 °C oder Heißluft: etwa 60 °C warm halten. Die einzelnen Pfannkuchen vor dem Stapeln mit wenig (Zimt-)Zucker bestreuen. So kleben sie nicht zusammen.

» REZEPTVARIANTEN:
Apfelpfannkuchen
(etwa 7 Stück)
Den Pfannkuchenteig wie im Rezept beschrieben zubereiten. Zusätzlich 1 kg säuerliche Äpfel (z. B. Boskop) schälen, vierteln, entkernen, längs in dünne Scheiben schneiden und in 7 Portionen teilen. Etwas von dem Fett in der Pfanne erhitzen. 1 Portion Apfelscheiben darin 2–3 Minuten dünsten. Dann eine dünne Teiglage darübergießen und bei mittlerer Hitze stocken lassen, dabei gelegentlich den Pfannkuchen vom Boden lösen, wenden und wie beschrieben fertig backen. Restliche Äpfel und restlichen Teig auf die gleiche Weise verarbeiten. Die Pfannkuchen mit Zimt-Zucker bestreut servieren.

Kaiserschmarren

KLASSISCH – 2 PORTIONEN

Zubereitungszeit:
etwa 30 Minuten

4 Eier (Größe M)
100 g Weizenmehl
Salz
1 Pck. Dr. Oetker
Vanillin-Zucker
200 g Schlagsahne oder
200 ml Milch
50 g Rosinen
etwa 50 g Butterschmalz oder
4 EL Speiseöl, z.B.
Sonnenblumenöl
Puderzucker

Pro Portion:
E: 22 g, F: 52 g, Kh: 70 g,
kJ: 3574, kcal: 854, BE: 6,0

1 Eier trennen. Eiweiß steif schlagen. Eigelb mit Mehl, 1 Prise Salz, Vanillin-Zucker, Sahne oder Milch in eine Rührschüssel geben und mit einem Mixer (Rührstäbe) zu einem glatten Teig verrühren. Eischnee und Rosinen unterheben (Foto 1).

2 Etwas Butterschmalz oder Speiseöl in einer Pfanne (Ø 28 cm) erhitzen. Die Hälfte des Teiges hineingeben und bei mittlerer Hitze auf der Unterseite hellgelb backen. Den an der Oberfläche noch etwas „flüssigen" Teig mit 2 Pfannenwendern zuerst vierteln, dann wenden (Foto 2) und goldgelb backen, evtl. noch etwas Fett in die Pfanne geben.

3 Dann den Schmarren mit 2 Pfannenwendern in kleine Stücke reißen (Foto 3), auf einem Teller anrichten und warm stellen. Den restlichen Teig auf die gleiche Weise zubereiten. Den Kaiserschmarren mit Puderzucker bestreut servieren.

TIPPS:

Den Kaiserschmarren als süßes Hauptgericht für 2 oder als Dessert für 4 Portionen servieren. Pflaumenkompott dazureichen. Sie können die Rosinen vor der Verwendung in 1–2 Esslöffeln erwärmten, braunen Rum geben und etwa 30 Minuten durchziehen lassen. Die Rosinen (mit dem Rum) wie im Rezept angegeben unter den Teig geben.

EXTRA-TIPP:

Zum Steif schlagen von Eiweiß müssen Schüsseln und Rührbesen absolut fettfrei sein und es darf keine Spur von Eigelb im Eiweiß sein. Eiweiß immer erst kurz vor der Verwendung steif schlagen.

» REZEPTVARIANTEN:

Kaiserschmarren mit Nuss-Nougat

Statt der Rosinen 100 g Nuss-Nougat würfeln und zusammen mit 50 g gehackten Mandeln unter den Teig heben. Den Kaiserschmarren wie im Rezept beschrieben zubereiten.

Kaiserschmarren mit Apfel und Sauerkirschen

Nur 150 g Schlagsahne oder 150 ml Milch verwenden und statt der Rosinen einen geriebenen Apfel und 75 g getrocknete Sauerkirschen unter den Teig heben und den Kaiserschmarren wie im Rezept beschrieben zubereiten.

Vegane Mousse au chocolat (Foto)

FÜR SÜSSE NASCHKATZEN

VEGAN

Zubereitungszeit:
etwa 25 Minuten,
ohne Kühlzeit

200 g Sojasahne,
zum Aufschlagen
150 g vegane
Zartbitter-Schokolade
(etwa 60 % Kakaoanteil)

Pro Portion:
E: 4 g, F: 23 g, Kh: 17 g,
kJ: 1236, kcal: 296, BE: 1,5

1 Sojasahne in den Kühlschrank stellen. Schokolade in kleine Stücke brechen, in einem kleinen Topf im Wasserbad bei schwacher Hitze unter Rühren schmelzen. Die Schokolade in eine Rührschüssel füllen und leicht abkühlen lassen (nicht im Kühlschrank).

2 Die sehr kalte Sojasahne in einem hohen Rührbecher cremig aufschlagen. Die Sojasahne mit einem Schneebesen unter die noch flüssige Schokolade rühren. Die Schokoladenmasse in eine große, flache Schüssel füllen und mit Frischhaltefolie zugedeckt etwa 1 ½ Stunden in den Kühlschrank stellen.

3 Vor dem Servieren von der Mousse au chocolat mit einem Esslöffel Nocken abstechen und auf Desserttellern verteilen.

TIPPS:

Zu der Mousse au chocolat eine **Himbeersauce** reichen. Dafür 125 g TK-Himbeeren auftauen lassen, mit einer Gabel zerdrücken, 1 Esslöffel Agavendicksaft hinzugeben und unterrühren.

Weintrauben-Crumble (ohne Foto)

FRUCHTIGER GENUSS

VEGAN

Zubereitungszeit:
etwa 30 Minuten,
ohne Durchzieh- und Kühlzeit

200 g Sojasahne,
zum Aufschlagen
je 150 g blaue und grüne
kernlose Weintrauben
25 g Agavendicksaft
200 g Sojajoghurt
1 Pck. Dr. Oetker
Bourbon-Vanille-Zucker
1 TL Zitronensaft
80 g vegane Schoko-
Orangen-Dinkelkekse
1 Pck. Sahnesteif
evtl. einige vegane
Schoko-Orangen-Dinkelkekse

Pro Portion:
E: 6 g, F: 14 g, Kh: 35 g,
kJ: 1244, kcal: 298, BE: 3,0

1 Die Sojasahne in den Kühlschrank stellen.

2 Weintrauben abspülen, abtropfen lassen, entstielen, halbieren. Weintrauben mit Agavendicksaft verrühren, etwa 15 Minuten durchziehen lassen. Sojajoghurt mit Vanille-Zucker und Zitronensaft verrühren. Die Schoko-Orangen-Dinkelkekse in grobe Stücke hacken.

3 Die sehr kalte Sojasahne in einem hohen Rührbecher mit Sahnesteif cremig aufschlagen und mit einem Schneebesen unter die Joghurtmasse heben.

4 Je 1 Esslöffel Keksbrösel und Weintrauben mit Saft in 4 Dessertgläsern verteilen. Dann etwa 2 Esslöffel von der Joghurtcreme daraufgeben. Die restlichen Keksbrösel und Weintrauben mit Saft, bis auf einen Esslöffel, auf die Joghurtcreme schichten und mit der restlichen Creme bedecken. Die restlichen Weintrauben auf den Crumble verteilen. Das Dessert etwa 30 Minuten in den Kühlschrank stellen.

5 Weintrauben-Crumble nach Belieben mit Schoko-Orangen-Dinkelkeksen garnieren und sofort servieren.

Süßer Couscous-Salat (Foto)

FRUCHTIGER GENUSS

VEGAN

Zubereitungszeit:
etwa 25 Minuten,
ohne Quell-, Abkühl-
und Durchziehzeit

100 g Couscous
300 ml Reis-, Mandel-
oder Sojadrink
10 g Agavendicksaft
40 g Rosinen
275 g Pflaumen (etwa 4 Stück)
1 Birne (etwa 180 g)
10 g Agavendicksaft
gem. Zimt

Pro Portion:
E: 5 g, F: 2 g, Kh: 41 g,
kJ: 852, kcal: 203, BE: 3,5

1 Couscous in eine Rührschüssel geben.

2 Reis-, Mandel- oder Sojadrink mit Agavendicksaft in einem Topf zum Kochen bringen. Die heiße Milch auf den Couscous gießen (Foto 1) und den Couscous etwa 10 Minuten quellen lassen. Die Rosinen unter den warmen Couscous heben (Foto 2), die Couscous-Rosinen-Masse erkalten lassen.

3 In der Zwischenzeit Pflaumen und Birne abspülen und abtropfen lassen. Pflaumen halbieren, entsteinen, Birne schälen, vierteln und entkernen. Das Obst in kleine Stücke schneiden (Foto 3), mit dem Agavendicksaft verrühren und unter die erkaltete Couscous-Rosinen-Masse geben.

4 Den Couscous-Salat mit etwas Zimt abschmecken und etwa 30 Minuten durchziehen lassen.

5 Den Couscous-Salat in Portions-schälchen anrichten.

Milchreis (ohne Foto)

KLASSIKER – BELIEBT BEI GROSS UND KLEIN – 6 PORTIONEN

Zubereitungszeit: 30 Minuten

Für den Milchreis:
1 l Milch (1, 5 % Fett)
Salz, 2 EL Zucker
1 Pck. Dr. Oetker
Vanillin-Zucker
dünn abgeschälte Schale
von 1 Bio-Zitrone
(unbehandelt, ungewachst)
175 g Milchreis
(Rundkornreis)

Pro Portion:
E: 8 g, F: 3 g, Kh: 37 g,
kJ: 869 , kcal: 206 , BE: 3,0

1 Für den Reis die Milch mit 1 Prise Salz, Zucker, Vanillin-Zucker und Zitronenschale in einem Topf zum Kochen bringen.

2 Reis hinzugeben, unter Rühren zum Kochen bringen und mit halb aufgelegtem Deckel bei schwacher Hitze etwa 35 Minuten quellen lassen. Dabei gelegentlich umrühren. Zitronenschale entfernen.

TIPPS:
Den Milchreis als Dessert oder süßes Hauptgericht mit gebräunter Butter und Zimt-Zucker, Pflaumenkompott (S. 350) oder Obst servieren.

Die Milch durch Sojamilch ersetzen.

Grießschnitten mit Ananas

VEGAN

SCHMECKT AUCH KINDERN

**Zubereitungszeit:
etwa 35 Minuten,
ohne Quell- und Kühlzeit**

¼ Vanilleschote
250 ml Sojadrink
20 g Voll-Rohrzucker
abgeriebene Schale
von ½ Bio-Zitrone
(unbehandelt, ungewachst)
60 g Hartweizengrieß (Vegan)
etwa 50 g vegane Margarine
(Dreiviertelfett mit
Raps- und Walnussöl)
etwa 250 g Ananasscheiben
(aus dem Kühlregal)
einige Zitronenmelisse-
blättchen

Pro Portion:
E: 4 g, F: 9 g, Kh: 25 g,
kJ: 830, kcal: 198, BE: 2,0

1 Vanilleschote mit einem Messer längs aufschneiden, das Mark mit dem Messerrücken herausschaben. Sojadrink mit Zucker, Zitronenschale und Vanillemark in einem Topf zum Kochen bringen. Grieß unter Rühren einstreuen und kurz aufkochen. Den Topf von der Kochstelle nehmen. Den Grieß etwa 5 Minuten quellen lassen.

2 Den Grießbrei mit einem angefeuchteten Messer etwa 1 cm dick in einer flachen Schale (etwa 15 x 18 cm, mit Wasser ausgespült) verstreichen (Foto 1) und mit Frischhaltefolie zugedeckt etwa 30 Minuten in den Kühlschrank stellen.

3 Von der Grießplatte die Folie entfernen und die Grießplatte in kleine Quadrate, Dreiecke oder Rauten schneiden. Jeweils etwas Margarine in einer Pfanne zerlassen. Die Grießschnitten darin portionsweise von beiden Seiten goldbraun braten (Foto 2), herausnehmen und warm stellen.

4 Ananasscheiben halbieren (dicke Ananasscheiben nochmals quer halbieren) und in dem verbliebenen Bratfett von beiden Seiten goldbraun braten (Foto 3).

5 Die Grießschnitten mit den Ananasscheiben auf Tellern anrichten und nach Belieben mit abgespülten, trocken getupften Zitronenmelisseblättchen garniert sofort servieren.

TIPPS:
Die Grießschnitten vor dem Servieren mit Puderzucker bestreuen. Bio-Mango-Apfelmus aus dem Glas dazureichen.

1

2

3

Schnelle Vielfalt mit wenig Aufwand

—

Es gibt viele schmackhafte Möglichkeiten, die Wartezeit auf das Hauptgericht zu verkürzen oder einfach mal einen kleinen Snack zu zaubern. Klassiker wie Bruschetta mit Tomaten, Tomaten mit Mozzarella oder Gemüsesticks mit Dip kommen immer gut an, aber auch Lachs-Wraps oder Sesam-Falafel finden garantiert begeisterte Abnehmer.

Gemüsesticks mit Dips

FÜR GÄSTE

Vorbereitung:
max. 1 Tag im Voraus
Zubereitungszeit:
etwa 40 Minuten

800 g Gemüse, z.B.
Staudensellerie, Möhren,
Salatgurke, Paprikaschoten,
Kohlrabi

Für den Ziegenfrischkäse-Dip:
100 g Ziegenfrischkäse
125 g Crème fraîche Kräuter
1 Chilischote
etwas Tabascosauce
Salz
gem. Pfeffer

Für den Knoblauch-Dip:
2 Knoblauchzehen
1 EL abgetropfte Kapern
2 EL klein geschnittene
Petersilie
2 EL Schnittlauchröllchen
100 g Doppelrahm-Frischkäse
75 g Joghurt (3,5 % Fett)
Salz
gem. Pfeffer

Für den Honig-Senf-Dip:
150 g Crème fraîche oder
Crème légère
1 EL körniger Senf
1 EL flüssiger Honig
gem. Kurkuma (Gelbwurz)
Salz
gem. Pfeffer

Pro Portion
(Gemüse mit den Dips):
E: 9 g, F: 33 g, Kh: 15 g,
kJ: 1630, kcal: 393, BE: 1,0

1 Das Gemüse putzen, schälen, abspülen, abtropfen lassen, in Stifte schneiden und zum Beispiel in Gläsern anrichten.

2 Für den Ziegenfrischkäse-Dip (im Foto vorn) den Ziegenfrischkäse mit Crème fraîche verrühren. Chilischote halbieren, entstielen und entkernen. Schote abspülen, abtropfen lassen, in feine Ringe schneiden und unterrühren. Den Dip mit Tabascosauce, Salz und Pfeffer würzen.

3 Für den Knoblauch-Dip (im Foto Mitte) Knoblauch abziehen, durch eine Knoblauchpresse drücken. Kapern fein hacken. Beides mit Petersilie, Schnittlauchröllchen, Frischkäse und Joghurt verrühren. Mit Salz und Pfeffer würzen.

4 Für den Honig-Senf-Dip (im Foto hinten) Crème fraîche oder Crème légère mit Senf und Honig verrühren, mit Kurkuma, Salz und Pfeffer würzen.

5 Die Gemüsesticks mit den Dips servieren.

Bruschetta mit Tomaten
(im Foto vorne links)

GRÜSSE AUS ITALIEN

Vorbereitung:
Belag max. 1 Tag im Voraus
Zubereitungszeit:
etwa 20 Minuten
Röstzeit: etwa 5 Minuten

5 reife Tomaten
1 Knoblauchzehe
1 EL fein geschnittene
Basilikumblättchen
etwa 3 EL Olivenöl
Salz
gem. Pfeffer
8 große Scheiben Baguette
oder Ciabatta
einige Basilikumblättchen

Pro Portion:
E: 4 g, F: 8 g, Kh: 26 g,
kJ: 837, kcal: 199, BE: 2,0

1 Den Backofen vorheizen.
Ober-/Unterhitze: etwa 220 °C
Heißluft: etwa 200 °C

2 Tomaten kreuzweise einschneiden, mit kochendem Wasser übergießen. Nach 1–2 Minuten herausnehmen, mit kaltem Wasser abschrecken. Tomaten häuten, halbieren, Stängelansätze herausschneiden. Tomaten würfeln. Knoblauch abziehen, fein hacken, mit Basilikum und Olivenöl unter die Tomatenwürfel rühren. Mit Salz und Pfeffer würzen.

3 Brotscheiben auf ein Backblech legen, in den Backofen schieben.
Einschub: Mitte
Röstzeit: etwa 5 Minuten

4 Die Tomatenmasse auf den Brotscheiben verteilen, mit abgespülten, trocken getupften Basilikumblättchen garnieren, sofort servieren.

» **REZEPTVARIANTEN:**
Bruschetta mit Gemüse
(16 Brotscheiben, im Foto hinten rechts)
Je 1 Aubergine und Zucchini (je etwa 200 g) abspülen, abtrocknen. Stängelansatz bzw. die Enden abschneiden. Aubergine und Zucchini klein würfeln. 1 Zwiebel und 2 Knoblauchzehen abziehen, klein würfeln, in 4–5 Esslöffeln Olivenöl dünsten. Auberginen- und Zucchiniwürfel hinzufügen,

5 Minuten unter gelegentlichem Rühren mitdünsten. 2 Tomaten wie unter Punkt 2 beschrieben würfeln und unter das Gemüse heben. 1 Stängel Rosmarin und einige Stängel Thymian abspülen, trocken tupfen, Nadeln bzw. Blättchen von den Stängeln zupfen, klein schneiden. Gemüse mit den Kräutern, Salz und Pfeffer würzen, auf 16 gerösteten Brotscheiben verteilen. Nach Belieben mit frisch gehobeltem Parmesan bestreuen.

Bruschetta Toskana
(8 Brotscheiben, im Foto Mitte)
Den Backofen vorheizen.
Ober-/Unterhitze: etwa 200 °C,
Heißluft: etwa 180 °C.
200 g Austernpilze putzen, evtl. kurz abspülen, trocken tupfen und etwas kleiner schneiden. Eine Knoblauchzehe abziehen, klein würfeln. 2 Esslöffel Olivenöl in einer Pfanne erhitzen, die Pilze darin braten. Mit Salz und Pfeffer würzen, Knoblauch hinzugeben. 150 g abgetropfte, getrocknete Tomaten (in Öl) in Streifen schneiden. 125 g abgetropften Mozzarella in Scheiben schneiden. Die gerösteten Brotscheiben mit 4 gehäuften Teelöffeln Olivenpaste bestreichen, mit den Pilzen, Tomatenstreifen und Mozzarellascheiben belegen. Mit 25 g geraspeltem Parmesan bestreuen, auf ein Backblech legen und wie unter Punkt 3 beschrieben etwa 6 Minuten überbacken.

Tomaten mit Mozzarella

KLASSISCH

Zubereitungszeit:
etwa 15 Minuten

7 Tomaten
250 g abgetropfter Mozzarella
einige Basilikumblättchen
Salz
gem. Pfeffer
etwa 1 EL Balsamico-Essig

2 EL Olivenöl

Pro Portion:
E: 12 g, F: 18 g, Kh: 6 g,
kJ: 992, kcal: 236, BE: 0,0

1 Tomaten abspülen, abtrocknen und die Stängelansätze herausschneiden. Tomaten in Scheiben schneiden. Mozzarella ebenfalls in Scheiben schneiden. Tomaten- und Mozzarellascheiben mit abgespülten, trocken getupften Basilikumblättchen abwechselnd auf einer Platte anrichten.

2 Tomaten mit Mozzarella mit Salz und Pfeffer würzen, mit Essig und Olivenöl beträufeln.

TIPP:
Mit Ciabatta servieren.

» REZEPTVARIANTE:
Tomaten und Zucchini mit Mozzarella
Zusätzlich 200 g Zucchini abspülen, abtrocknen und die Enden abschneiden. Zucchini in Scheiben schneiden. Zucchinischeiben in 2 Esslöffeln erhitztem Olivenöl kurz von beiden Seiten braten, mit Salz bestreuen und abkühlen lassen. Zucchinischeiben mit den Tomaten- und Mozzarellascheiben und Basilikumblättchen anrichten.

Tapenade

AROMATISCH – WÜRZIG – 8 PORTIONEN

Vorbereitung:
max. 4 Tage im Voraus
Zubereitungszeit:
etwa 20 Minuten

2 Knoblauchzehen
200 g abgetropfte, schwarze
Oliven ohne Stein, z.B.
Kalamata
1 EL abgetropfte Kapern
5 Sardellen
1 TL flüssiger Honig
2 EL Olivenöl
½ TL Thymianblättchen
gem. Pfeffer
evtl. Salz

Pro Portion:
E: 1 g, F: 7 g, Kh: 2 g,
kJ: 335, kcal: 80, BE: 0,0

1 Knoblauch abziehen. Knoblauch, Oliven, Kapern und Sardellen grob hacken.

2 Die vorbereiteten Zutaten mit Honig, Olivenöl und Thymian in einen Rührbecher geben und mit einem Pürierstab pürieren. Mit Pfeffer und evtl. mit Salz abschmecken.

TIPPS:
Verfeinern Sie die Paste zusätzlich mit 50 g geschmolzener Zartbitter-Schokolade und 50 g getrockneten, in Öl eingelegten, klein geschnittenen Tomaten. Dann zusätzlich noch etwa 2 Esslöffel Olivenöl unterrühren.
Wenn Sie keinen Pürierstab haben, können Sie die Zutaten für die Paste auch klein hacken.
Tapenade ist eine provenzalische Olivenpaste, die traditionell aus Oliven, Kapern und Anchovis hergestellt wird.

Zaziki

KLASSISCH – 10 PORTIONEN

Vorbereitung:
max. 2 Tage im Voraus
Zubereitungszeit:
etwa 15 Minuten,
ohne Durchziehzeit

½ Salatgurke (etwa 350 g)
Salz
2 Knoblauchzehen
500 g griechischer Joghurt
(10 % Fett)
250 g Magerquark
2 EL Olivenöl
gem. Pfeffer

Pro Portion:
E: 5 g, F: 7 g, Kh: 3 g,
kJ: 412, kcal: 98, BE: 0,0

1 Gurkenhälfte abspülen, abtrocknen und auf einer Haushaltsreibe fein reiben, in eine kleine Schüssel mit 1 Teelöffel Salz geben und etwa 3 Minuten ziehen lassen, damit die Gurke Flüssigkeit verliert. Knoblauch abziehen und fein hacken.

2 Joghurt mit Quark, Olivenöl und Knoblauch verrühren. Geriebene Gurke gut ausdrücken und unterrühren, mit Salz und Pfeffer abschmecken. Zaziki zugedeckt im Kühlschrank etwas durchziehen lassen.

Meerrettichsahne

SCHNELL

Zubereitungszeit:
etwa 10 Minuten

250 g gekühlte Schlagsahne
(mind. 30 % Fett)
3 EL ger. Meerrettich
(aus dem Glas) oder
1 EL frisch ger. Meerrettich
Salz
gem. Pfeffer
etwas Zitronensaft

Pro Portion:
E: 1 g, F: 20 g, Kh: 3 g,
kJ: 864, kcal: 207, BE: 0,5

1. Sahne steif schlagen, mit Meerrettich verrühren. Meerrettichsahne mit Salz, Pfeffer und Zitronensaft abschmecken.

TIPP:
Soll die Sahne länger stehen, z. B. auf einem kalten Büffet, die Sahne mit 1 Päckchen Sahnesteif steif schlagen.

VERWENDUNG:
Die Meerrettichsahne schmeckt zu kaltem Braten, geräucherter Putenbrust, Räucherfisch oder kaltem Gemüse.

» **REZEPTVARIANTEN:**
Senfsahne
Die steif geschlagene Sahne mit 1–2 Esslöffeln körnigem Senf verrühren und mit flüssigem Honig oder Zucker abschmecken.

Pfeffersahne
Dafür nur 4 Esslöffel Schlagsahne verwenden. Sahne steif schlagen. 150 g Crème fraîche und 1–2 Teelöffel eingelegten gehackten, grünen Pfeffer unterrühren. Sahne abschmecken.

Lachs-Wraps

LECKERER ABENDSNACK – 8 STÜCK

Zubereitungszeit:
etwa 40 Minuten

je 1 rote und gelbe
Paprikaschote (je etwa 200 g)
250 g Rucola (Rauke)
1 Kästchen Kresse
8 Weizentortillas

Für die Sauce:
300 g Crème fraîche
2–3 EL Sahnemeerrettich
(aus dem Glas)
Salz
gem. Pfeffer
Zucker

250 g Räucherlachs
in Scheiben

Pro Stück:
E: 12 g, F: 16 g, Kh: 27 g,
kJ: 1268, kcal: 304, BE: 2,0

1 Paprikaschoten halbieren, entstielen, entkernen, weiße Scheidewände entfernen. Schoten abspülen, abtropfen lassen, in Streifen schneiden. Rucola verlesen, abspülen, trocken schleudern. Kresse abspülen, abschneiden, trocken tupfen.

2 Tortillas im Backofen oder nacheinander in einer Pfanne ohne Fett beidseitig kurz erwärmen.

3 Für die Sauce Crème fraîche mit Meerrettich verrühren, mit Salz, Pfeffer und Zucker würzen. Die Tortillas mit der Hälfte der Sauce bestreichen, Rucola und Kresse darauf verteilen. Je 1–2 Lachsscheiben darauflegen, Paprikastreifen darauf verteilen, restliche Sauce daraufgeben (Foto 1). Die Tortillas an den Seiten einschlagen, fest aufrollen (Foto 2+3), halbieren und sofort servieren.

» REZEPTVARIANTEN:
Zucchini-Tunfisch-Wraps
135 g abgetropften Tunfisch im eigenen Saft (aus der Dose) mit 400 g Doppelrahm-Frischkäse und 100 g Ajvar (Paprikamus) pürieren. Mit Salz, Pfeffer und Cayennepfeffer würzen. 200 g vorbereitete Zucchini raspeln. Erwärmte Tortillas mit der Frischkäsecreme bestreichen, mit Zucchiniraspeln bestreuen. Vorbereitete Blättchen von ½ Topf Basilikum darauf verteilen. Tortillas fest aufrollen, halbieren, servieren.

Pilz-Wraps
250 g Putenbrustfilet mit Küchenpapier abtupfen, in Streifen schneiden. 1 Bund Frühlingszwiebeln putzen, abspülen, abtropfen lassen, in dünne Scheiben schneiden. 200 g vorbereitete Champignons in Scheiben schneiden. 4 vorbereitete Tomaten klein würfeln. 1 Esslöffel Olivenöl in einer Pfanne erhitzen, das Fleisch darin kräftig anbraten. Frühlingszwiebelscheiben hinzufügen. 1 Knoblauchzehe abziehen, durch eine Knoblauchpresse drücken, hinzugeben. Fleisch mit Salz und Pfeffer würzen, aus der Pfanne nehmen. Wieder 1 Esslöffel Olivenöl in der Pfanne erhitzen, Pilze darin kräftig anbraten, mit Salz und Pfeffer würzen. Tortillas mit 150 g Crème légère bestreichen. Fleischmischung, Pilze, Tomaten und 1 Kästchen vorbereitete Kresse darauf verteilen. Tortillas fest aufrollen, halbieren, servieren.

Curry-Wraps
1 kleines Bund Koriander abspülen, trocken tupfen, Blättchen von den Stängeln zupfen. 150 g Crème fraîche mit 50 g Mango-Chutney verrühren, mit 1 Teelöffel Currypulver, Salz und Pfeffer würzen. Tortillas damit bestreichen. Je 1 großes Salatblatt auf die Tortillas geben, Koriander, 340 g abgetropfte Ananasstücke und 100 g vorbereitete Mungobohnen- oder Sojasprossen darauf verteilen. Tortillas fest aufrollen, halbieren, servieren.

1

2

3

Omeletts mit Pilzfüllung

PREISWERT – 2 PORTIONEN

Zubereitungszeit:
etwa 60 Minuten

Für die Füllung:
400 g Pilze, z.B. Champignons
1 Zwiebel
20 g Butterschmalz oder
2 EL Speiseöl, z.B.
Sonnenblumenöl
50 durchwachsene
Speckwürfel
Salz
gem. Pfeffer
50 g (4 EL) Schlagsahne
2 EL klein geschnittene
Petersilie

Für die Omeletts:
6 Eier (Größe M)
Paprikapulver edelsüß
30 g Butterschmalz oder
3 EL Speiseöl, z.B.
Sonnenblumenöl

Pro Portion:
E: 34 g, F: 59 g, Kh: 4 g,
kJ: 2822, kcal: 674, BE: 0,0

1 Für die Füllung Pilze putzen, evtl. kurz abspülen, trocken tupfen und in Scheiben schneiden. Zwiebel abziehen und würfeln.

2 Butterschmalz oder Speiseöl in einem Topf erhitzen. Speckwürfel darin leicht ausbraten. Zwiebelwürfel und Pilzscheiben hinzufügen, kurz mitdünsten. Mit Salz und Pfeffer würzen und etwa 8 Minuten bei mittlerer Hitze dünsten, dabei gelegentlich umrühren.

3 Sahne unterrühren, nochmals mit Salz und Pfeffer abschmecken. Petersilie unterrühren und die Füllung warm stellen.

4 Für die Omeletts Eier mit je 1 Prise Salz und Paprika verschlagen (Foto 1).

5 Die Hälfte von dem Butterschmalz oder Speiseöl in einer beschichteten Pfanne (Ø 22–24 cm) erhitzen. Die Hälfte der Eiermasse hineingeben und zugedeckt bei schwacher Hitze 4–5 Minuten stocken lassen (Foto 2). Die untere Seite muss bräunlich gebacken sein (Foto 3).

6 Das Omelett auf einen vorgewärmten Teller gleiten lassen, die Hälfte der Pilzfüllung daraufgeben, das Omelett zusammenklappen und warm stellen. Das zweite Omelett auf die gleiche Weise zubereiten.

TIPPS:
Die Omeletts als Hauptgericht mit gemischtem Blattsalat oder Feldsalat (S. 204) servieren. Omeletts dann erst kurz vor dem Anrichten zubereiten.
Wenn das Omelett lockerer sein soll, das Eiweiß steif schlagen und unter die Eigelbmasse heben.

» REZEPTVARIANTE:
Omeletts mit Mozzarella und Tomaten
Dafür 125 g abgetropften Mozzarella in dünne Scheiben schneiden. 2 Tomaten abspülen, abtrocknen und die Stängelansätze herausschneiden. Tomaten in Scheiben schneiden. Jeweils auf eine Omeletthälfte die Hälfte der Mozzarella- und Tomatenscheiben legen, mit Salz und Pfeffer bestreuen, die Omeletts zusammenklappen. Omeletts nach Belieben mit abgespülten, trocken getupften Basilikumblättchen garnieren.

1

2

3

Fladenbrot-Pizza

HERZHAFTER ABENDSNACK

Zubereitungszeit:
etwa 20 Minuten
Backzeit: etwa 25 Minuten

1 Fladenbrot
4 Tomaten
½ Bund Frühlingszwiebeln
200 g abgetropfter Fetakäse
oder Schafskäse
50 g trocken eingelegte,
schwarze Oliven
250 g Thüringer Mett
(gewürztes Schweinemett)
100 g Zaziki
etwas Gyros-Gewürz

Außerdem:
Backpapier

Pro Portion:
E: 31 g, F: 31 g, Kh: 67 g,
kJ: 2805, kcal: 670, BE: 5,0

1 Das Fladenbrot auf ein Backblech (mit Backpapier belegt) legen. Den Backofen vorheizen.
Ober-/Unterhitze: etwa 180 °C
Heißluft: etwa 160 °C

2 Tomaten abspülen, abtrocknen und die Stängelansätze herausschneiden. Tomaten in dünne Scheiben schneiden. Frühlingszwiebeln putzen, abspülen, abtropfen lassen und in Scheiben schneiden.

3 Feta- oder Schafskäse klein würfeln. Oliven entsteinen, grob zerteilen und mit den Käsewürfeln vermengen.

4 Mett gleichmäßig dünn auf dem Fladenbrot verteilen. Zaziki in Klecksen daraufgeben. Mit Tomaten- und Frühlingszwiebelscheiben belegen und mit Gyros-Gewürz bestreuen.

5 Die Oliven-Käse-Mischung darauf verteilen. Das Backblech in den Backofen schieben.
Einschub: Mitte
Backzeit: etwa 25 Minuten

6 Zum Servieren die Fladenbrot-Pizza in Stücke schneiden.

TIPP:

Servieren Sie z. B. Blattsalat, Gurkensalat (S. 205) oder eingelegte Kürbisstücke dazu.

» REZEPTVARIANTEN:

Fladenbrot-Pizza mit Hähnchenstreifen

Statt Thüringer Mett 250 g Hähnchenbrustfilet verwenden. Hähnchenbrustfilet mit Küchenpapier abtupfen, dann in dünne, kurze Streifen schneiden und unter Rühren in 2 Esslöffeln erhitztem Olivenöl anbraten. Mit Salz, Pfeffer und Paprikapulver edelsüß würzen, abkühlen lassen und anstelle des Metts auf dem Fladenbrot verteilen. Das Fladenbrot wie im Rezept beschrieben mit den übrigen Zutaten belegen und wie im Rezept angegeben backen.

Fladenbrot-Pizza mit Paprika und Salami

250 g passierte Tomaten mit 1 Esslöffel Tomatenmark und 1 Teelöffel Pizza-Gewürz oder getrockneten Kräutern verrühren und auf dem Fladenbrot verstreichen. 100 g Salami in Scheiben darauf verteilen. 200 g Champignons putzen, evtl. kurz abspülen, trocken tupfen und in Scheiben schneiden. Je 1 rote und gelbe Paprikaschote halbieren, entstielen, entkernen und die weißen Scheidewände entfernen. Schoten abspülen, abtropfen lassen und in Würfel schneiden. Champignons und Paprikawürfel ebenfalls auf dem Fladenbrot verteilen, mit 200 g geriebenem Käse (z. B. Gouda oder Parmesan) bestreuen und wie im Rezept beschrieben backen.

Spiegeleier

KLASSISCH – 4 STÜCK

Zubereitungszeit:
etwa 5 Minuten
Bratzeit: etwa 3 Minuten

**20 g Butterschmalz oder
Margarine
4 Eier (Größe M)
Salz**

Pro Stück:
E: 7 g, F: 11 g, Kh: 0 g,
kJ: 540, kcal: 129, BE: 0,0

1 Butterschmalz oder Margarine in einer Pfanne (Ø 28 cm) zerlassen. Die Eier vorsichtig aufschlagen und nebeneinander in das Fett gleiten lassen (Foto 1).

2 Eiweiß mit Salz bestreuen und die Eier etwa 3 Minuten bei mittlerer Hitze braten, bis das Eiweiß fest ist. Die Spiegeleier aus der Pfanne nehmen und sofort servieren.

TIPP:
Als Hauptgericht pro Portion 2 Eier verwenden, z. B. mit Gemüsesalat oder Bratkartoffeln (S. 236), eingelegten Gurken oder zu Blattspinat (S. 185) servieren.

» REZEPTVARIANTEN:
**Spiegeleier mit
Schinkenspeck**
Zusätzlich 4 Scheiben Schinkenspeck in dem Fett anbraten, die Eier aufschlagen, daraufgeben, mit Pfeffer würzen, wie im Rezept beschrieben braten. Spiegeleier mit Schnittlauchröllchen garniert servieren.

Bauarbeiterbrötchen
(Foto 2)
Etwa 100 g Gemüse (z. B. Möhren, Radieschen) und Salat (z. B. Eisbergsalat, Rucola) vorbereiten und klein schneiden. 8 Scheiben Bacon in einer Pfanne ohne Fett knusprig braten, herausnehmen. Die Eier wie im Rezept beschrieben braten, dann wenden und weitere etwa 2 Minuten braten. 4 Brötchen halbieren und mit 50 g Butter bestreichen. Die unteren Hälften mit dem vorbereiteten Gemüse und Salat, dem Bacon und den Eiern belegen. Mit etwas frisch gemahlenem Pfeffer bestreuen und mit den oberen Hälften bedecken.

Gekochte Eier

EINFACH

Vorbereitung:
1 Tag, dann Verzehr kalt

4 frische Eier (Größe M)

Pro Stück:
E: 7 g, F: 6 g, Kh: 0 g,
kJ: 355, kcal: 85, BE: 0,0

1 Eier am dicken runden Ende mit einer Nadel oder einem Eierpick anstechen (Foto 3), damit sie beim Kochen nicht platzen. Wasser in einem Topf zum Kochen bringen.

2 Eier auf eine Schaumkelle legen, vorsichtig in das kochende Wasser gleiten lassen (Foto 4). Eier sollten mit Wasser bedeckt sein. Wasser wieder zum Kochen bringen, Eier ohne Deckel bei schwacher Hitze kochen. Kochzeiten für Eier Größe M betragen für weiche Eier **etwa 5 Minuten**, für wachsweiche Eier **etwa 8 Minuten**, für harte Eier **etwa 10 Minuten**. Bei größeren Eiern die Garzeit jeweils um etwa 1 Minute verlängern.

3 Die gekochten Eier mit der Schaumkelle herausnehmen und in kaltem Wasser abschrecken, damit der Garprozess unterbrochen wird und die Eier nicht nachgaren. Kalt oder warm servieren.

Sesam-Falafel mit Salat und Joghurt-Dip

EXOTISCH – 16 PORTIONEN

**Zubereitungszeit:
60 Minuten,
ohne Einweich-
und Abkühlzeit**

200 g getrocknete
Kichererbsen
4 Frühlingszwiebeln
je ½ Bund Minze, Dill,
glatte Petersilie und
Koriander
200 g abgetropfte,
weiße Bohnen (aus der Dose)
Salz
gem. Pfeffer
1 EL gem. Kreuzkümmel
(Cumin)
1 EL Dr. Oetker Backin
2 EL Wasser
40 g Sesamsamen, ungeschält

etwa 1 l Speiseöl, z.B.
Sonnenblumenöl

**Für den Joghurt-Dip
und den Salat:**
500 g Sahnejoghurt (10 % Fett)
1 EL gem. Kreuzkümmel
(Cumin)
450 g Cocktailtomaten
450 g Radieschen
5 EL Zitronensaft
6 EL Olivenöl

Pro Portion:
E: 5 g, F: 12 g, Kh: 11 g,
kJ: 723, kcal: 173, BE: 1,0

1 Die Kichererbsen etwa 12 Stunden in kaltem Wasser einweichen. Anschließend gut abtropfen lassen.

2 Frühlingszwiebeln putzen, abspülen und abtropfen lassen. Die Hälfte davon in feine Scheiben schneiden. Restliche Frühlingszwiebeln beiseitelegen.

3 Minze, Dill, Petersilie und Koriander abspülen und trocken tupfen. Von jeder Kräutersorte ein Drittel abnehmen und jeweils die Blättchen von den Stängeln bzw. Spitzen abzupfen. Blättchen und Spitzen grob zerschneiden. Restliche Kräuter beiseitelegen.

4 Bohnen in ein Sieb geben, mit kaltem Wasser abspülen und sehr gut abtropfen lassen. Bohnen mit Kichererbsen, Frühlingszwiebelscheiben, geschnittenen Kräutern, Salz, reichlich Pfeffer und Kreuzkümmel sehr fein pürieren.

5 Das Backpulver in dem Wasser auflösen, zum Bohnenpüree geben und mit den Händen gleichmäßig unter die Masse arbeiten. Aus der Bohnenpüree-Masse 16 glatte Kugeln formen. Jeweils eine Kugelseite fest in den Sesam drücken.

6 Speiseöl in einem Topf oder in der Fritteuse auf etwa 175 °C erhitzen. Die Falafel darin in 2–3 Portionen jeweils 4–5 Minuten goldbraun backen, dabei einmal wenden. Die fertigen Falafel mit einer

Schaumkelle herausnehmen, auf Küchenpapier abtropfen und erkalten lassen.

7 Für den Joghurt-Dip und Salat Joghurt mit Kreuzkümmel und Salz verrühren.

8 Beiseitegelegte Frühlingszwiebeln in sehr feine Scheiben schneiden. Tomaten abspülen, abtrocknen und die Stängelansätze herausschneiden. Radieschen putzen, abspülen und abtropfen lassen. Radieschen und Tomaten in kleine Stücke schneiden.

9 Von den beiseitegelegten Kräutern die Blättchen bzw. Spitzen von den Stängeln zupfen und evtl. etwas kleiner schneiden. Tomaten, Radieschen, Frühlingszwiebeln und Kräuter in eine Schüssel geben, mit Zitronensaft und Olivenöl mischen, mit etwas Salz und Pfeffer würzen. Die Sesam-Falafel portionsweise mit dem Salat und dem Joghurt anrichten.

Das Beste kommt am Schluss

Widerstand zwecklos! Süßspeisen und Desserts sind als Krönung eines schönen Essens oder als kleine Belohnung zwischendurch immer eine verführerische Versuchung. Ob Rote Grütze oder Himbeersorbet, Tiramisu oder Bayerische Creme, Obstsalat oder Bratäpfel – sie zergehen auf der Zunge und machen garantiert gute Laune bei Gästen, Freunden und der Familie.

Tipps & Tricks

> *Fester Eischnee:*
> *Die Konsistenz wird besser, wenn ein paar Tropfen Zitronensaft oder eine Prise Salz hinzugefügt werden.*

> *Festes Eis:*
> *Bei selbst gemachtem Eis ist die genaue Einhaltung der Zutatenmengen entscheidend. Es wird körnig, wenn zu wenig Zucker verwendet wird und nicht fest bei Zugabe von zu viel Zucker.*

> *Feste Reihenfolge:*
> *Steif geschlagene Sahne oder Eischnee in Gelatinespeisen erst einrühren, wenn die Masse zu gelieren beginnt.*

Nachtisch:
Süßes für die Seele

Ob Früchte oder Schokolade, ob warm oder kalt – zum Abschluss eines Menüs sind der Fantasie und Kreativität keine Grenzen gesetzt.

Klassisch:
Pudding (Flammeri):

Puddingduft in der Küche erinnert an die Kindheit und lässt sich schnell wieder hervorzaubern: Ein Flammeri (Kochpudding) wird aus Speisestärke, Zucker, Milch und Eiern zubereitet oder kann mit fertigen Pudding-Pulvern hergestellt werden. Instant-Pudding wird entsprechend der Packungsanleitung kalt angerührt, nicht gekocht und ist meist sofort verzehrfertig. So wird Pudding auf jeden Fall noch besser:

» *Eischnee hinzufügen:* Für einen gekochten Pudding muss Eischnee so steif geschlagen werden, dass ein Messerschnitt sichtbar bleibt. Er sollte unter die kochend heiße Masse gehoben werden, sonst setzt er sich ab und verflüssigt den Pudding.

» *Pudding stürzen:* In eine große, kalt ausgespülte Sturzform oder 4 Portionsförmchen füllen, mindestens 4 Stunden in den Kühlschrank stellen. Vor dem Stürzen den Rand des Puddings mit einem Messer leicht lösen.

Rot, gelb oder grün:
Fruchtgrütze

Beeren oder klein geschnittene Früchte mit Obstsaft aufkochen, mit angerührter Speisestärke andicken. Oder besser: Saft für die Grütze andicken, die Früchte erst unter den angedickten Saft mischen, aber nicht aufkochen – so bleiben das Aroma und die kräftigen Farben der Früchte erhalten. Bei tiefgekühlten Früchten muss der Saft sehr stark angedickt und die gefrorenen Früchte unter den kochend heißen, angedickten Saft gemischt werden, ohne sie aufzukochen.

Erfrischend:
Eis und Sorbet

Das kann man auch einfach selbst machen – mit und ohne Eismaschine.
Eis stellt man aus Zucker, Eier, Milch oder Sahne und geschmacks-gebenden Zutaten wie z. B. Vanille, Schokolade, Zitrone oder Erdbeere her. Zuerst im heißen Wasserbad aufschlagen und dann durch Ein-frieren festigen.
Sorbet wird aus Fruchtpüree, Zucker-sirup und eventuell Eischnee zu-bereitet und tiefgefroren. Während der Gefrierzeit mehrmals umrühren, damit es cremig wird.

Wie süß!
Frucht- und Obstsalat

Bei Fruchtsalaten sollte man darauf achten, Produkte von verschiedener Konsistenz und Farbe und unterschiedlichem Geschmack zusammenzustellen – also saftige Pfirsiche, knackige Äpfel, cremige Bananen, säuerliche Kiwis. Es gibt zwei Zubereitungsmöglichkeiten: Entweder erst etwas frisch gepressten Grapefruit-, Zitronen-, Limetten- oder Orangensaft in die Schüssel geben, danach die frischen Früchte untermischen. Oder statt des Saftes zunächst saft ziehende Früchte wie Trauben, Melonen oder Erdbeeren nehmen – die Säure bewirkt, dass empfindliche Früchte wie Bananen oder Äpfel ihre Farbe behalten und nicht braun werden.

Fest und durchsichtig: Gelatine

Für die Zubereitung von Cremes, Fruchtgelees und Süßspeisen ist die geruchs- und geschmacksneutrale Gelatine unverzichtbar. Es gibt gemahlene und Blattgelatine. Als Faustregel gilt: 500 ml Flüssigkeit wird mit 6 Blatt oder 1 Päckchen gemahlener Gelatine sturzfest. Immer auch die Packungsanleitung und das Rezept beachten.

Schritte zur perfekten Gelatine

» *Einweichen:* Blattgelatine in kaltem Wasser etwa 5 Minuten einweichen. Gemahlene Gelatine mit 6 Esslöffeln kaltem Wasser oder Saft in einem kleinen Topf anrühren und 5 Minuten quellen lassen.

» *Auflösen:* Gequollene Blattgelatine leicht ausdrücken, tropfnass in einem kleinen Topf unter Rühren bei schwacher Hitze auflösen.

» *Festigen* von kalten Flüssigkeiten: 2–3 Esslöffel von der zu festigenden Flüssigkeit zu der lauwarmen Gelatinelösung geben und verrühren. Dann mit einem Schneebesen unter die übrige Flüssigkeit rühren.

» *Festigen* von heißen Flüssigkeiten: Ausgedrückte Blattgelatine oder gequollene, gemahlene Gelatine unaufgelöst in die heiße, aber nicht mehr kochende Flüssigkeit geben, unter Rühren vollständig auflösen.

» *Erkalten und Ausgelieren:* Mehrere Stunden möglichst in den Kühlschrank stellen.

Apfelmus (im Foto vorn)

KLASSISCH

Vorbereitung:
3 Tage im Voraus
Zubereitungszeit:
etwa 15 Minuten
Garzeit: etwa 10 Minuten

750 g säuerliche Äpfel, z.B.
Boskop oder Elstar
5 EL Wasser
etwa 50 g Zucker

Pro Portion:
E: 0 g, F: 1 g, Kh: 30 g,
kJ: 537, kcal: 129, BE: 2,5

1 Äpfel schälen, vierteln, entkernen und in kleine Stücke schneiden. Die Apfelstücke mit Wasser in einem Topf zum Kochen bringen und zugedeckt bei schwacher Hitze etwa 10 Minuten kochen.

2 Die Apfelmasse nach Belieben pürieren und das Apfelmus mit Zucker abschmecken.

TIPPS:

Apfelmus pur als Dessert oder zu Kartoffelpuffern (S.232) servieren.
1 Stange Zimt mitkochen.
Sie können auch ungeschälte Äpfel verwenden. Die Äpfel dann gründlich abspülen, Stiele und Blütenansätze entfernen. Die Äpfel in Stücke schneiden und wie im Rezept beschrieben kochen. Die Masse dann durch ein Sieb streichen.

Obst- oder Fruchtkompott
(Apfel- oder Birnenkompott) (im Foto hinten)

SCHMECKT IN JEDER JAHRESZEIT

Vorbereitung:
3 Tage im Voraus
Zubereitungszeit:
etwa 10 Minuten,
ohne Abkühlzeit
Garzeit: 5–8 Minuten

500 g Äpfel oder Birnen
½ Vanilleschote
250 ml Wasser
etwa 20 g Zucker
1 Stange Zimt
2 EL Zitronensaft

Pro Portion:
E: 0 g, F: 0 g, Kh: 17 g,
kJ: 301, kcal: 72, BE: 1,5

1 Äpfel oder Birnen entstielen, schälen, halbieren, entkernen und in Achtel schneiden. Vanilleschote mit einem Messer der Länge nach aufschneiden und das Mark mit dem Messerrücken herausschaben. Wasser mit Zucker, Vanilleschote, Vanillemark und Zimtstange in einem Topf zum Kochen bringen.

2 Die Apfel- oder Birnenstücke hineingeben, wieder zum Kochen bringen und zugedeckt bei schwacher Hitze in 5–8 Minuten weich kochen. Zitronensaft unterrühren. Kompott erkalten lassen. Vanilleschote und Zimtstange entfernen.

TIPP:

Die Hälfte des Wassers durch 125 ml Weißwein ersetzen.

» REZEPTVARIANTEN:

Pflaumenkompott
(im Foto Mitte)
500 g Pflaumen abspülen, abtropfen lassen, entstielen, halbieren und entsteinen. 125 ml Wasser oder Rotwein mit 40 g Zucker, ½ Vanilleschote und Vanillemark in einem Topf zum Kochen bringen. Die Pflaumenhälften und 1 Stange Zimt hineingeben, wieder zum Kochen bringen und zugedeckt bei schwacher Hitze etwa 3 Minuten dünsten. Das Kompott erkalten lassen. Vanilleschote und Zimtstange entfernen.

Rote Grütze

FÜR DEN BEERENHUNGER – ETWA 6 PORTIONEN

Vorbereitung:
max. 2 Tage im Voraus
Zubereitungszeit:
etwa 20 Minuten,
ohne Kühlzeit

je 250 g Brombeeren,
Johannisbeeren, Himbeeren,
Erdbeeren (alle Früchte
vorbereitet gewogen)
35 g Speisestärke
80 g Zucker
500 ml Fruchtsaft, z.B.
Sauerkirsch- oder
Johannisbeersaft

Pro Portion:
E: 2 g, F: 1 g, Kh: 35 g,
kJ: 706, kcal: 169, BE: 3,0

1 Brombeeren verlesen, evtl. vorsichtig abspülen und gut abtropfen lassen. Johannisbeeren abspülen, gut abtropfen lassen und die Beeren von den Rispen streifen. Himbeeren verlesen, evtl. kurz abspülen und trocken tupfen. Erdbeeren abspülen, abtropfen lassen, entstielen und je nach Größe der Früchte halbieren oder vierteln.

2 Speisestärke mit Zucker mischen, dann mit 4 Esslöffeln von dem Saft anrühren (Foto 1). Den restlichen Saft in einem Topf zum Kochen bringen. Die angerührte Speisestärke unterrühren (Foto 2). Den Saft unter Rühren aufkochen lassen, dann den Topf von der Kochstelle nehmen. Die Beeren unterrühren.

3 Die Rote Grütze in eine Glasschale oder in Dessertschälchen füllen und in den Kühlschrank stellen.

TIPPS:

Die Rote Grütze als Dessert mit Vanillesauce oder Sahne servieren. Oder als süße Mahlzeit (dann nur 4 Portionen) mit Milch servieren. Für eine **Vanillesauce** 1 Vanilleschote mit einem Messer der Länge nach aufschneiden und das Mark mit dem Messerrücken herausschaben. 25 g Speisestärke mit 50 g Zucker mischen. Von 500 ml Milch 3 Esslöffel abnehmen und mit der Speisestärke-Zucker-Mischung anrühren. Restliche Milch mit dem Vanillemark in einem Topf zum Kochen bringen. Topf von der Kochstelle nehmen und die angerührte Speisestärke mit einem Schneebesen einrühren. Sauce unter Rühren kurz aufkochen lassen. Die Sauce heiß servieren oder unter gelegentlichem Rühren erkalten lassen.

» REZEPTVARIANTE:

Grüne Grütze
500 g Stachelbeeren abspülen und gut abtropfen lassen. Blüten- und Stängelansätze entfernen. 250 g Kiwis schälen, halbieren und in Stücke schneiden. 250 g kernlose grüne Weintrauben abspülen, abtropfen lassen, entstielen, große Trauben halbieren. 20 g Speisestärke mit 130 g Zucker mischen. Von 375 ml hellem Traubensaft 4 Esslöffel abnehmen und mit der Speisestärke-Zucker-Mischung verrühren. Den restlichen Saft zum Kochen bringen, angerührte Speisestärke unterrühren und aufkochen lassen. Stachelbeeren und Weintrauben unterrühren, einmal kurz aufkochen lassen. Den Topf von der Kochstelle nehmen und Kiwis unterrühren. Die Grütze in eine Schale füllen und in den Kühlschrank stellen.

Himbeersorbet (im Foto vorn)

DAMIT ÜBERRASCHEN SIE GÄSTE

Vorbereitung:
mit Maschine 2 Tage,
ohne Maschine 2 Stunden
Zubereitungszeit:
etwa 30 Minuten,
ohne Abkühl- und Gefrierzeit

150 ml Wasser
160 g Zucker
Schale von ½ Bio-Zitrone
(unbehandelt, ungewachst)
500 g Himbeeren

Pro Portion:
E: 2 g, F: 0 g, Kh: 46 g,
kJ: 839, kcal: 201, BE: 4,0

1 Wasser mit Zucker und Zitronen-schale in einem kleinen Topf zum Kochen bringen und ohne Deckel bei starker Hitze etwa 5 Minuten sirupartig einkochen lassen (ergibt etwa 100 ml Sirup). Sirup erkalten lassen, die Zitronenschale entfernen.

2 Himbeeren verlesen, evtl. kurz abspülen und trocken tupfen. Himbeeren mit der Hälfte des Sirups in einen Rührbecher geben und pürieren. Die Masse nach Belieben durch ein Sieb streichen und den restlichen Sirup unterrühren.

3 Die Masse in eine gefriergeeignete Schüssel geben und etwa 1 Stunde gefrieren lassen, dann umrühren und noch weitere etwa 3 Stunden gefrieren lassen. Dabei mehrmals umrühren, sodass eine cremige Masse entsteht.

4 Das Himbeersorbet nach Belieben mit einem Esslöffel oder Eis-portionierer in 4 Portionsschüsseln verteilen.

TIPPS:
Sie können das Sorbet auch in der Eismaschine in etwa 30 Minuten (je nach Modell, Herstellerhinweise beachten) zubereiten.
Zusätzlich 250 ml Sekt auf die Schälchen mit dem Sorbet verteilen.
Die Sorbetmasse nach Belieben mit 1 Esslöffel Himbeergeist verfeinern.

» REZEPTVARIANTEN:
Erdbeersorbet
Statt Himbeeren Erdbeeren verwenden (abspülen, abtropfen lassen, entstielen und pürieren. Erdbeeren nicht durch ein Sieb streichen). Für den Sirup nur 100 g Zucker verwenden. Das Sorbet wie im Rezept beschrieben zubereiten.

Mangosorbet (im Foto hinten)
Einen Sirup aus 125 ml Wasser, 80 g Zucker, Schale von ½ Bio-Limette (unbehandelt, ungewachst) und 2 Esslöffeln Limettensaft wie im Rezept beschrieben einkochen (ergibt etwa 80 ml Sirup) und erkalten lassen. Limettenschale entfernen. Von 2 Mangos das Fruchtfleisch vom Stein schneiden. Fruchtfleisch schälen, würfeln und pürieren. Mangopüree und Sirup verrühren, in eine Schüssel geben, etwa 4 Stunden gefrieren lassen. Nach der ersten Stunde 1–2-mal umrühren.

Vanilleeis

FÜR SÜSSE NASCHKATZEN – 8 PORTIONEN

Vorbereitung:
1 Woche im Voraus
Zubereitungszeit:
etwa 30 Minuten, ohne Gefrierzeit

1 Vanilleschote
4 Eigelb (Größe M)
500 g Schlagsahne
80 g Zucker

Pro Portion:
E: 3 g, F: 23 g, Kh: 12 g,
kJ: 1118, kcal: 267, BE: 1,0

1 Vanilleschote mit einem Messer der Länge nach aufschneiden. Das Mark mit dem Messerrücken herausschaben. Eigelb mit 3 Esslöffeln von der Sahne, Zucker und Vanillemark in einer Edelstahlschüssel oder einem Edelstahltopf verrühren. Masse im Wasserbad bei mittlerer Hitze mit einem Schneebesen zu einer dicklichen Masse aufschlagen (Wasser und Eigelbmasse dürfen nicht kochen, da die Masse sonst gerinnt).

2 Die Schüssel oder den Topf aus dem Wasserbad nehmen und in kaltes Wasser setzen. Die Eigelbmasse mit dem Schneebesen so lange weiterschlagen, bis sie abgekühlt ist.

3 Die restliche Sahne steif schlagen und unterheben. Die Masse in eine flache Gefrierdose (etwa 1 l Inhalt) füllen und mindestens 3 Stunden gefrieren lassen.

HINWEIS:
Nur ganz frische Eier verwenden (Legedatum beachten, mind. 23 Tage Resthaltbarkeit).

TIPPS:
Das Eis mit frischen Früchten, Puderzucker, Schokoladensauce, mit etwas Eierlikör oder Schlagsahne servieren.
Sie können das Eis auch in einer Eismaschine in etwa 40 Minuten (je nach Modell, Herstellerhinweise beachten) zubereiten. Dann nur die Eigelbmasse im heißen Wasserbad aufschlagen, die restliche Sahne nicht steif schlagen, sondern flüssig unterrühren.

» **REZEPTVARIANTE:**
Schokoladeneis
Zusätzlich 100 g Zartbitter-Schokolade grob zerkleinern und in einer Edelstahlschüssel im Wasserbad bei schwacher Hitze unter Rühren schmelzen. 50 g Vollmilch-Schokolade fein hacken. Die Eigelbmasse wie im Rezept beschrieben (aber ohne Vanillemark) im Wasserbad zubereiten. Die geschmolzene Schokolade unterrühren und die Masse etwas abkühlen lassen. Zuerst die steif geschlagene Schlagsahne in 2 Portionen, dann die gehackte Schokolade unterheben. Bei der Zubereitung in einer Eismaschine die flüssige Sahne unter die Schokoladenmasse rühren. Gehackte Schokolade dann erst kurz vor Ende der Gefrierzeit hinzugeben.

Panna cotta mit Beerensauce

GENUSS WIE IM URLAUB

Vorbereitung:
2 Tage im Voraus
Zubereitungszeit:
etwa 25 Minuten,
ohne Kühlzeit

Für die Creme:
600 g Schlagsahne
1 Pck. Dr. Oetker Finesse
Bourbon-Vanille-Aroma
Salz
2 Stück Zitronenschale von
1 Bio-Zitrone
(unbehandelt, ungewachst)
40 g Zucker
4 Blatt weiße Gelatine

Für die Beerensauce:
300 g Beeren, z. B.
Erdbeeren, Himbeeren,
rote Johannisbeeren oder
TK-Beerencocktail
1 Pck. Dr. Oetker
Bourbon-Vanille-Zucker

Pro Portion:
E: 5 g, F: 47 g, Kh: 21 g,
kJ: 2288, kcal: 547, BE: 2,0

1 Für die Creme Sahne mit Aroma, 1 Prise Salz, Zitronenschale und Zucker in einem Topf zum Kochen bringen und ohne Deckel bei schwacher Hitze 10–15 Minuten leicht kochen lassen, dabei gelegentlich umrühren. Gelatine nach Packungsanleitung einweichen.

2 Zitronenschale aus der Sahne nehmen. Gelatine ausdrücken und unter Rühren in der heißen Sahne auflösen. Die Sahne in 4 kalt ausgespülte Förmchen oder Tassen (je etwa 150 ml Inhalt) gießen, etwas abkühlen lassen und mindestens 3 Stunden (am besten über Nacht) in den Kühlschrank stellen.

3 Für die Beerensauce Beeren vorbereiten (Erdbeeren abspülen, abtropfen lassen, entstielen. Himbeeren verlesen, evtl. kurz abspülen, trocken tupfen. Johannisbeeren abspülen, abtropfen lassen und die Beeren von den Rispen streifen. TK-Beerencocktail nach Packungsanleitung auftauen lassen). Beeren pürieren (Foto 1) und mit Vanille-Zucker abschmecken.

4 Die Panna cotta mit einem Messer vom Förmchen- oder Tassenrand lösen (Foto 2). Förmchen oder Tassen kurz in heißes Wasser stellen. Panna cotta auf Dessertteller stürzen und mit der Sauce und evtl. einigen Beeren servieren.

TIPPS:
Panna cotta mit Erdbeersauce oder Orangenfilets servieren oder Panna cotta mit gehobelten, gerösteten Mandeln bestreuen.
Sie können 200 g Schlagsahne durch Milch ersetzen.

» REZEPTVARIANTE:
Vegane Panna cotta
2 g Agar-Agar (Gelierfix) mit 50 g Voll-Rohrzucker in einen Topf geben. 500 ml Soyacuisine mit einem Schneebesen nach und nach unter Rühren hinzufügen. Abgeriebene Schale von ½ Bio-Zitronen (unbehandelt, ungewachst und das Mark von ½ Vanilleschote unterrühren. Die Sojaflüssigkeit unter Rühren zum Kochen bringen und bei schwacher Hitze etwa 5 Minuten unter gelegentlichem Rühren leicht kochen lassen. Die Sojaflüssigkeit in 4 kalt ausgespülte Förmchen (etwa 150 ml Inhalt) gießen, zugedeckt etwa 1 ½ Stunden in den Kühlschrank stellen. In der Zwischenzeit 30 g Agavendicksaft kurz erhitzen. 300 g gefrorene TK-Beerenfrüchte hinzufügen, bei mittlerer Hitze unter Rühren auftauen, anschließend erkalten lassen. Panna Cotta wie unter Punkt 4 beschrieben stürzen und mit dem Beerenkompott anrichten (Foto 3).

1

2

3

Grießpudding

FÜR KINDER

Vorbereitung:
max. 1 Tag im Voraus
Zubereitungszeit:
etwa 20 Minuten,
ohne Kühlzeit

½ Vanilleschote
500 ml Milch (3,5 % Fett)
50 g Zucker
abgeriebene Schale von
½ Bio-Zitrone
(unbehandelt, ungewachst)
50 g Weichweizengrieß
1 Ei (Größe M)

Pro Portion:
E: 7 g, F: 6 g, Kh: 27 g,
kJ: 803, kcal: 192, BE: 2,5

1 Vanilleschote mit einem Messer längs aufschneiden, das Mark mit dem Messerrücken herausschaben. Milch mit Zucker, Zitronenschale, Vanilleschote und Vanillemark in einem Topf zum Kochen bringen. Grieß unter Rühren einstreuen, wieder zum Kochen bringen, etwa 1 Minute unter Rühren kochen lassen.

2 Den Topf von der Kochstelle nehmen, die Vanilleschote entfernen. Ei trennen, anschließend das Eigelb zügig unter den Grießpudding rühren. Eiweiß steif schlagen und unter den heißen Pudding heben.

3 Den Grießpudding in eine mit kaltem Wasser ausgespülte Puddingform, Schale oder in Portionsförmchen füllen. Den Grießpudding abkühlen lassen und etwa 3 Stunden in den Kühlschrank stellen.

4 Vor dem Servieren den Pudding mit einem Messer vorsichtig vom Rand lösen und auf einen Teller stürzen.

HINWEIS:
Nur ganz frische Eier verwenden (Legedatum beachten, mind. 23 Tage Resthaltbarkeit). Die fertige Speise im Kühlschrank aufbewahren.

TIPPS:
Den Grießpudding mit frischem Obst und Schlagsahne, Pflaumenkompott (S. 350) oder Aprikosenhälften servieren.
Da die Grießmasse beim Kochen spritzen kann, eignet sich ein Löffel oder Schneebesen mit langem Stiel besonders gut zum Umrühren.

» REZEPTVARIANTEN:

Maisgrießpudding
Milch, Zucker, Zitronenschale, Vanilleschote, Vanillemark und zusätzlich 20 g Butter zum Kochen bringen. Anstelle von Weizengrieß 50 g Maisgrieß (Polentagrieß) verwenden und den Pudding wie im Rezept beschrieben zubereiten.

Grieß-Quark-Pudding
Nach dem Eischnee zusätzlich 125 g Speisequark (20 % Fett i. Tr.) unter den lauwarmen Pudding rühren (evtl. etwas nachsüßen).

Grießpudding mit Zimt
Anstelle der Vanilleschote 1 Stange Zimt verwenden.

Leichtes Tiramisu

MIT ALKOHOL – 6 PORTIONEN

Vorbereitung:
max. 1 Tag im Voraus
Zubereitungszeit:
etwa 30 Minuten,
ohne Durchziehzeit

500 g Mascarpone light
(ital. Frischkäse)
100 ml Milch (1,5 % Fett)
50 g Zucker
1 Pck. Dr. Oetker
Bourbon-Vanille-Zucker
4 EL Amaretto (Mandellikör)
125 ml kalter Espresso oder
starker Kaffee
200 g Löffelbiskuits
1 geh. EL gesiebtes
Kakaopulver

Pro Portion:
E: 10 g, F: 27 g, Kh: 40 g,
kJ: 1935, kcal: 462, BE: 3,5

1 Mascarpone mit Milch, Zucker, Vanille-Zucker und der Hälfte des Amarettos in einer Schüssel mit einem Mixer (Rührstäbe) auf niedrigster Stufe glatt rühren. Hinweis: Als Spritzschutz mit Küchenpapier zudecken.

2 Restlichen Amaretto mit Espresso oder Kaffee verrühren. Die Hälfte der Löffelbiskuits in eine flache, eckige Auflaufform (etwa 18 x 30 cm) legen, mit der Hälfte der Kaffee-Amaretto-Mischung beträufeln (Foto 1) und mit der Hälfte der Mascarponecreme bedecken (Foto 2). Die restlichen Zutaten in gleicher Reihenfolge daraufschichten.

3 Tiramisu mit Frischhaltefolie zugedeckt in den Kühlschrank stellen und einige Stunden oder über Nacht durchziehen lassen. Vor dem Servieren das Tiramisu dick mit Kakao bestreuen.

TIPPS:
Ein Tiramisu eignet sich gut als Partydessert.
Wenn Sie eine größere Auflaufform verwenden, können Sie das Tiramisu auch nur mit einer Schicht zubereiten.
Sie können die Hälfte des Mascarpones durch 250 g Speisequark (20 % Fett i. Tr.) ersetzen.
Sie können das Tiramisu auch mit klassischem Mascarpone (nicht fettreduziert) zubereiten.

» REZEPTVARIANTEN:

Tiramisu mit Pfirsichen
Zusätzlich 470 g abgetropfte Pfirsichhälften (aus der Dose) in dünne Scheiben schneiden. Die Mascarponecreme wie im Rezept beschrieben zubereiten. Die Hälfte der Löffelbiskuits in die Form schichten, mit der Hälfte der Kaffee-Amaretto-Mischung beträufeln. Die Hälfte der Pfirsichscheiben darauflegen, mit der Hälfte der Mascarponecreme bedecken. Restliche Pfirsichscheiben mit den restlichen Zutaten in gleicher Reihenfolge einschichten. Wie unter Punkt 3 beschrieben fortfahren.

Kokos-Kirsch-Tiramisu
500 g Mascarpone, 150 ml Kokoslikör oder Kokosmilch und 1 Päckchen Dr. Oetker Bourbon-Vanille-Zucker wie im Rezept beschrieben zu einer Creme verrühren. Etwa 300 g Kokoszwieback in eine flache, eckige Auflaufform legen, mit 175 ml Limettensaft tränken. 500 g Kirschgrütze darauf verteilen, dann die Mascarponecreme auf der Kirschgrütze verstreichen. Tiramisu mit 3 Esslöffeln in einer Pfanne ohne Fett gerösteten Kokosraspeln bestreuen.

Bayerische Creme, gestürzt

(im Foto unten)

KLASSISCH – 4–5 PORTIONEN

Vorbereitung:
max. 2 Tage im Voraus
Zubereitungszeit:
etwa 40 Minuten,
ohne Kühlzeit

1 Vanilleschote
250 ml Milch (3,5 % Fett)
6 Blatt weiße Gelatine
3 Eigelb (Größe M)
50 g Zucker
200 g kalte Schlagsahne

Pro Portion:
E: 7 g, F: 23 g, Kh: 21 g,
kJ: 1374, kcal: 329, BE: 1,5

1 Vanilleschote mit einem Messer der Länge nach aufschneiden und das Mark mit dem Messerrücken herausschaben (Foto 1). Vanillemark mit Milch in einem Topf zum Kochen bringen. Gelatine nach Packungsanleitung einweichen.

2 Eigelb mit Zucker in einer Edelstahlschüssel mit einem Schneebesen verrühren. Die heiße Milch unter Rühren hinzugießen. Alles im heißen Wasserbad bei mittlerer Hitze unter ständigem Schlagen erhitzen, bis die Masse leicht dicklich und weiß ist (Foto 2). Wasser und die Eigelb-Milch-Masse dürfen nicht kochen, da die Masse sonst gerinnt. Den Topf von der Kochstelle nehmen.

3 Die Gelatine gut ausdrücken, in die noch heiße Eigelb-Milch-Masse geben (Foto 3) und unter Rühren auflösen. Die Masse anschließend durch ein feines Sieb geben und abkühlen lassen, dabei gelegentlich umrühren.

4 Sahne steif schlagen. Sobald die Masse zu gelieren beginnt, die Sahne unterheben. Die Creme in 4–5 mit kaltem Wasser ausgespülte Portionsförmchen oder Tassen (150–200 ml Inhalt) füllen und im Kühlschrank etwa 3 Stunden fest werden lassen.

5 Zum Servieren die Creme mit einem spitzen Messer vom Rand lösen. Die Förmchen kurz in heißes Wasser stellen und die Creme auf Dessertteller stürzen.

TIPPS:
Die Bayerische Creme mit steif geschlagener Schlagsahne und Früchten, Fruchtpüree, Schokospänen, Melisseblättchen oder Schokoladensauce anrichten. Wenn Sie von der Bayerischen Creme Nocken abstechen möchten, verwenden Sie nur 3 Blatt Gelatine.

» REZEPTVARIANTEN:

Bayerische Cappuccino-Creme

Zusätzlich 5 Teelöffel Instant-Espressopulver zusammen mit der Gelatine in der Eigelb-Milch-Masse auflösen und wie im Rezept beschrieben zubereiten. Die Creme in Cappuccinotassen füllen und in den Kühlschrank stellen. Vor dem Servieren 100 g Schlagsahne steif schlagen, als Haube auf die Creme geben und mit Kakaopulver bestreuen.

Bayerische Schokoladencreme (im Foto oben)

Zusätzlich 150 g Zartbitter-Schokolade hacken, vor der Gelatinezugabe in die Eigelb-Milch-Masse geben und unter Rühren schmelzen. Dann Gelatine (nur 4 Blatt Gelatine verwenden, die Masse wird sonst zu fest) darin auflösen und wie im Rezept beschrieben zubereiten (ergibt 6 Portionsförmchen zu je 150 ml).

Mousse au chocolat

MIT ALKOHOL

Zubereitungszeit:
etwa 30 Minuten,
ohne Kühlzeit

100 g Zartbitter-Kuvertüre
50 g Vollmilch-Kuvertüre
3 Eigelb (Größe M)
1 EL Zucker
1 EL Cognac oder Rum
3 Eiweiß (Größe M)
100 g kalte Schlagsahne

Pro Portion:
E: 8 g, F: 25 g, Kh: 23 g,
kJ: 1525, kcal: 365, BE: 2,0

1 Beide Sorten Kuvertüre grob hacken, zusammen in einer Edelstahlschüssel oder einem Edelstahltopf im Wasserbad bei schwacher Hitze unter Rühren schmelzen (Foto 1) und etwas abkühlen lassen.

2 Eigelb mit Zucker und Cognac oder Rum in einer Rührschüssel mit einem Mixer (Rührstäbe) zu einer dicklichen Masse aufschlagen. Die noch warme Kuvertüre mit einem Schneebesen nach und nach unterrühren (Foto 2).

3 Eiweiß so steif schlagen, dass ein Messerschnitt sichtbar bleibt. Sahne steif schlagen und mit dem Eischnee unterheben. Die Creme in eine große, flache Schüssel füllen und mit Frischhaltefolie zugedeckt mindestens 2 Stunden in den Kühlschrank stellen.

4 Vor dem Servieren von der Mousse mit einem Eisportionierer Kugeln oder mit zwei Esslöffeln Nocken formen und auf Tellern verteilen. Evtl. Eisportionierer oder Esslöffel zuvor in kaltes Wasser tauchen.

HINWEIS:
Nur ganz frische Eier verwenden (Legedatum beachten, mind. 23 Tage Resthaltbarkeit). Die fertige Mousse im Kühlschrank aufbewahren.

TIPPS:
Die Mousse au chocolat mit Puderzucker oder Kakaopulver bestreuen und nach Belieben mit einer weißen Schokoladensauce servieren. Dafür 100 g weiße Schokolade in Stücke brechen, mit 100 g Schlagsahne in einem kleinen Topf bei schwacher Hitze unter Rühren zu einer geschmeidigen Masse verrühren und abkühlen lassen. Die Sauce zu der Mousse servieren. Nach Belieben mit Raspelschokolade garnieren (Foto).

» REZEPTVARIANTEN:

Mousse mit Amarettini

Zusätzlich 40 g Amarettini (ital. Mandelmakronen) grob zerkleinern und unter die Mousse heben. Die Mousse mit steif geschlagener Schlagsahne und Amarettini garnieren.

Mousse à la vanille

Anstelle der Zartbitter- und Vollmilch-Kuvertüre 150 g weiße Kuvertüre verwenden und zusätzlich 1 Päckchen Dr. Oetker Bourbon-Vanille-Zucker unterrühren.

Bratäpfel
(Puttäpfel, gebackene Äpfel)

MIT ALKOHOL – 8 PORTIONEN

Zubereitungszeit:
etwa 20 Minuten,
ohne Einweichzeit
Garzeit: etwa 40 Minuten

1 EL Rosinen
etwa 100 ml Rum
8 Äpfel, z.B.
Holsteiner Cox oder Boskop
20 g Butter (zimmerwarm)
20 g Zucker
1 Pck. Dr. Oetker
Vanillin-Zucker
2 EL abgezogene,
gem. Mandeln

2 EL gestiftelte Mandeln

Für die Form:
etwas Fett

Pro Portion:
E: 2 g, F: 7 g, Kh: 23 g,
kJ: 814, kcal: 194, BE: 2,0

1 Rosinen in 2 Esslöffeln von dem Rum über Nacht einweichen.

2 Den Backofen vorheizen.
Ober-/Unterhitze: etwa 200 °C
Heißluft: etwa 180 °C

3 Äpfel entstielen, abspülen und abtrocknen. Von der Blütenseite her mit einem Apfelausstecher das Kerngehäuse ausstechen, aber nicht ganz durchstechen (Foto 1). Die Äpfel in eine Auflaufform (gefettet) setzen.

4 Butter mit Zucker, Vanillin-Zucker, Mandeln und eingeweichten Rosinen mit einem Löffel verrühren und mit einem Teelöffel in die Äpfel füllen (Foto 2). Gestiftelte Mandeln darauf verteilen und leicht andrücken. Restlichen Rum zu den Äpfeln in die Form gießen (Foto 3).

5 Die Form auf dem Rost in den Backofen schieben.
Einschub: unteres Drittel
Backzeit: etwa 40 Minuten

6 Die Form aus dem Backofen nehmen. Die Äpfel in der Form heiß servieren.

TIPPS:
Bratäpfel mit Puderzucker bestreut, mit Vanillesauce (S. 352) oder halb steif geschlagener Schlagsahne servieren.
Bratäpfel eignen sich als Dessert oder zum Tee.
Stechen Sie das Kerngehäuse komplett aus und verschließen Sie das Loch mit etwas Marzipan-Rohmasse.

» REZEPTVARIANTE:
Bratäpfel ohne Alkohol
Die Rosinen in 2 Esslöffeln Orangen- oder Apfelsaft einweichen, abtropfen lassen und wie im Rezept beschrieben verwenden. Anstelle des Rums Orangen- oder Apfelsaft in die Auflaufform gießen.

1

2

3

Crème brulée
CREMIGER ABSCHLUSS

Vorbereitung:
max. 1 Tag im Voraus
ohne karamellisieren
Zubereitungszeit:
etwa 20 Minuten,
ohne Abkühlzeit
Backzeit: etwa 50 Minuten

1 Vanilleschote
200 ml Milch (3,5 % Fett)
20 g Zucker
200 g Schlagsahne
4 Eigelb (Größe M)

Zum Karamellisieren:
etwa 70 g brauner Zucker

Außerdem:
4 flache Förmchen
(Ø etwa 11 cm, Höhe 3 cm)

Pro Portion:
E: 6 g, F: 24 g, Kh: 26 g,
kJ: 1442, kcal: 345, BE: 2,0

1 Den Backofen vorheizen.
Ober-/Unterhitze: etwa 120 °C
Heißluft: etwa 100 °C

2 Vanilleschote mit einem Messer der Länge nach aufschneiden und das Mark mit dem Messerrücken herausschaben (Foto 1). Milch, aufgeschnittene Vanilleschote mit dem Vanillemark und Zucker in einem Topf aufkochen. Sahne mit Eigelb in eine Rührschüssel geben. Heiße Milch durch ein Sieb auf die Sahne-Eigelb Mischung gießen (Foto 2). Mit einem Schneebesen verrühren, dabei darauf achten, dass nicht viel Schaum entsteht. Evtl. entstandenen Schaum abschöpfen, damit die Creme eine glatte Oberfläche bekommt.

3 Die Masse in den 4 Förmchen verteilen. Die Förmchen auf dem Rost in den Backofen schieben.
Einschub: unteres Drittel
Backzeit: etwa 50 Minuten

4 Die Förmchen aus dem Backofen nehmen und die Creme bei Zimmertemperatur erkalten lassen.

5 Zum Karamellisieren den braunen Zucker auf der Creme in den Förmchen verteilen und mit einem Bunsenbrenner den Zucker karamellisieren (Foto 3). Crème brulée sofort servieren, sonst wird die knusprige Karamellschicht wieder flüssig.

Zitronencreme (im Foto vorn)

LÖFFEL FÜR LÖFFEL EIN GENUSS

Vorbereitung:
max. 1 Tag im Voraus
Zubereitungszeit:
etwa 30 Minuten,
ohne Kühlzeit

4 Blatt weiße Gelatine
150 ml Zitronensaft
(von etwa 3 Zitronen)
100 g Zucker
150 g Joghurt (3,5 % Fett)
300 g kalte Schlagsahne

Pro Portion:
E: 5 g, F: 25 g, Kh: 30 g,
kJ: 1556, kcal: 372, BE: 2,5

1 Gelatine nach Packungsanleitung einweichen. Zitronensaft in einem kleinen Topf erwärmen (nicht kochen!).

2 Gelatine gut ausdrücken und unter Rühren in dem heißen Zitronensaft auflösen, dann den Zucker unterrühren. Die Gelatineflüssigkeit etwas abkühlen lassen und dann mit dem Joghurt verrühren. Die Masse mit Frischhaltefolie zugedeckt in den Kühlschrank stellen, dabei ab und zu umrühren.

3 Sobald die Masse anfängt zu gelieren, Sahne steif schlagen und unterheben. Die Creme in eine Glasschüssel oder Portionsgläser füllen und zugedeckt mindestens 3 Stunden in den Kühlschrank stellen.

TIPP:
Die Zitronencreme mit geschlagener Schlagsahne oder mit Zitronen-, Limetten-, oder Orangenfilets (Filetieren von Orangen S. 374) garniert servieren.

» REZEPTVARIANTEN:
Orangen- oder Limettencreme
(im Foto in der Mitte und hinten)
Dafür können Sie den Zitronensaft durch Orangen-, Limetten- oder Grapefruitsaft ersetzen. Dann jedoch nur 80 g Zucker verwenden.

Aprikosencreme
Von 250 g abgetropften Aprikosenhälften (aus der Dose) den Saft auffangen. 2 Aprikosenhälften in Spalten schneiden, restliche Aprikosenhälften würfeln.
3 Blatt weiße Gelatine nach Packungsanleitung einweichen. 250 g Magerquark, 150 g Vanillejoghurt, 4 Esslöffel von der aufgefangenen Aprikosenflüssigkeit, 50 g Zucker und 1 Päckchen Dr. Oetker Vanillin-Zucker verrühren. Eingeweichte Gelatine ausdrücken, in einem kleinen Topf bei schwacher Hitze unter Rühren auflösen. Etwa 4 Esslöffel von der Creme mit der aufgelösten Gelatine verrühren, dann die Gelatine-Creme-Masse unter die restliche Creme rühren. 200 g kalte Schlagsahne steif schlagen und zusammen mit den gewürfelten Aprikosen unterheben. Die Creme in eine Glasschüssel oder in Portionsgläser füllen und mindestens 3 Stunden mit Frischhaltefolie zugedeckt in den Kühlschrank stellen. Die Creme vor dem Servieren mit den Aprikosenspalten garnieren.

Obstsalat (Foto)

FÜR KINDER – 6 PORTIONEN

Vorbereitung:
max. 1 Tag im Voraus
Zubereitungszeit:
etwa 30 Minuten

je 1 Apfel, kleine Mango,
Nektarine, Pfirsich,
Orange, Kiwi, Banane
100 g Erdbeeren
3 EL Zitronensaft
1 Pck. Dr. Oetker
Vanillin-Zucker

Pro Portion:
E: 1 g, F: 1 g, Kh: 20 g,
kJ: 406, kcal: 97, BE: 1,5

1 Apfel schälen, vierteln, entkernen. Das Mangofruchtfleisch vom Stein schneiden, Fruchtfleisch schälen. Nektarine und Pfirsich abspülen, abtrocknen, halbieren, entsteinen. Das vorbereitete Obst in Stücke schneiden. Orange so schälen, dass die weiße Haut mitentfernt wird (Foto 1), dann mit einem scharfen Messer die Filets herausschneiden (Foto 2).

2 Kiwi und Banane schälen, beides in Scheiben schneiden. Erdbeeren abspülen, abtropfen lassen, entstielen und in Stücke schneiden.

3 Das Obst mit Zitronensaft und Vanillin-Zucker vermengen. Obstsalat in eine Schüssel geben und servieren oder mit Frischhaltefolie zugedeckt in den Kühlschrank stellen.

TIPP:
Den Obstsalat mit abgespülten, trocken getupften Pfefferminzblättchen garniert servieren.

EXTRA-TIPP:
Der Obstsalat lässt sich beliebig je nach Saison abwandeln. Sie benötigen insgesamt etwa 1 kg Obst.

Quarkspeise mit Obst (ohne Foto)

EINFACH

Vorbereitung:
max. 1 Tag im Voraus
Zubereitungszeit:
etwa 20 Minuten,
ohne Kühlzeit

470 g abgetropfte
Pfirsichhälften (aus der Dose)
abgeriebene Schale von
½ Bio-Limette oder Bio-Zitrone
(unbehandelt, ungewachst)
2 EL Limetten- oder
Zitronensaft
je 250 g Mager- und
Speisequark (20 % Fett i. Tr.)
150 g Joghurt (3,5 % Fett)
50 g Zucker

Pro Portion:
E: 18 g, F: 5 g, Kh: 36 g,
kJ: 1112, kcal: 266, BE: 3,0

1 Pfirsichhälften in kleine Stücke schneiden, mit Limetten- oder Zitronenschale und -saft vermengen.

2 Beide Quarksorten mit Joghurt und Zucker mit einem Schneebesen verrühren. Die Hälfte der Quarkmasse in eine Glasschüssel füllen. Die Pfirsichmischung darauf verteilen und mit der restlichen Quarkmasse bedecken. Die Quarkspeise zugedeckt mindestens 30 Minuten in den Kühlschrank stellen.

TIPP:
Die Quarkspeise vor dem Servieren mit abgespülten, trocken getupften Zitronenmelisseblättchen garnieren und als Partydessert servieren.

» **REZEPTVARIANTE:**
Schokoladenquark mit Bananen
100 g Zartbitter-Schokolade in Stücke brechen, in einer Edelstahlschüssel im Wasserbad bei schwacher Hitze unter Rühren schmelzen. 500 g Magerquark mit 4–6 Esslöffeln Milch oder Schlagsahne geschmeidig rühren. 1 Päckchen Dr. Oetker Vanillin-Zucker und die Schokolade unterrühren. Die Creme mit etwa 1 ½ Esslöffeln Zucker abschmecken. 4 kleine reife Bananen schälen, auf je 1 Dessertteller legen. Den Schokoladenquark auf und neben die Bananen geben.

Praxistipps für jede Küche

—

Wenn die fertige Mahlzeit genossen werden kann, sind schon viele kleine Schritte passiert: Passend einkaufen, transportieren und lagern, die Technik und die Küchengeräte korrekt benutzen, Rezepte genau verstehen, bei der Zubereitung alles richtig machen und aromatisch würzen. Mit diesen Tipps ist das auch für Anfänger gar kein Problem. Erst lesen, dann kochen!

Einkauf – Lagerung – Resteverwertung

Alle Lebensmittel sollten so frisch wie möglich verarbeitet werden. Es ist sinnvoll, einige Lebensmittel tiefgekühlt oder aus Dosen, Tüten und Gläsern als „eiserne Reserve" einzulagern. Ideal bei Krankheit, spontanem Besuch oder wenn die Zeit zum Einkaufen fehlt.

Einkaufszettel schreiben

Vorräte checken, Einkaufszettel schreiben und möglichst ohne Hunger einkaufen. Frische Ware sollte nicht nur ansprechend aussehen, sondern auch gut riechen – bei verpackten Artikeln immer auf das Mindesthaltbarkeitsdatum (MHD) achten. Nach Möglichkeit immer regionale Produktangebote nutzen.

Frischware bevorzugen

Obst und Gemüse möglichst öfter in kleinen Mengen einkaufen, frisch verzehren und daher nur kurz lagern – am besten im Gemüsefach des Kühlschranks. Ausnahme: Kälteempfindliche Lebensmittel wie Auberginen, Bananen, Kartoffeln, Tomaten und Zitrusfrüchte besser dunkel und kühl lagern. Viele Früchte wie Äpfel, Birnen, Aprikosen und Bananen reifen nach; diese besser von anderen Lebensmitteln trennen.

Konserven ergänzen

Dosenprodukte enthalten trotz des Konservierens noch viele Mineralstoffe und Vitamine; außerdem entfällt beispielsweise bei den Hülsenfrüchten die lange Garzeit. Gegartes Dosengemüse wie Erbsen oder Mais braucht nur warm gemacht und nicht erneut aufgekocht werden. Stark verbeulte und beschädigte Dosen grundsätzlich nicht verwenden!

Tiefkühlkost nutzen

TK-Produkte sind unabhängig von der Saison verfügbar, schon weitgehend vorbereitet, lange haltbar und schnell zubereitet. Die ideale Lagertemperatur beträgt für sie -18 °C. Gefriergeräte regelmäßig (1–2-mal im Jahr) oder bei einer 3–5 Millimeter dicken Eisschicht abtauen, sonst verbrauchen sie zu viel Energie und halten die Temperatur nicht mehr konstant. Am besten die Tiefkühlprodukte erst am Ende des Einkaufs in den Einkaufswagen legen – bei langem Heimweg oder sommerlichen Temperaturen Kühltaschen oder -boxen verwenden oder die Waren in Zeitungspapier einwickeln. Zu Hause Tiefgekühltes sofort ins Gefriergerät legen. Wichtig: Neue TK-Produkte nicht direkt neben bereits eingelagerter Ware lagern; sonst entzieht die neue der älteren die Kälte. Sinnvoll sind separate Schubladen und Körbe oder ein Vorgefrierfach.

Lagern mit System

So macht man nichts falsch:

» Frischwaren wie Milch, Käse, Wurst, Fleisch oder Fisch werden bis zum Verbrauch im Kühlschrank aufbewahrt. Lebensmittel immer verpackt in den Kühlschrank legen. Ausnahme: Eingeschweißtes Gemüse wie Möhren, Pilze, Tomaten aus der Packung nehmen (Schimmelgefahr). Unverpackte tierische und pflanzliche Lebensmittel getrennt voneinander im Kühlschrank lagern, damit keine Keime übertragen werden.

» Nicht zu lange warten: Eiweißreiche Lebensmittel können eher verderben – Schalen- und Krustentiere schneller als Fisch, Fisch wiederum schneller als Fleisch.

» Fette und Öle sind generell empfindlich gegen Wärme, Licht, Sauerstoff und Fremdgeruch. Angebrochenes Öl deshalb stets gut verschließen und bald verbrauchen – sonst wird es ranzig. Wasserhaltige Fette wie Butter, Margarine sowie kalt gepresste Öle mit hohem Gehalt an mehrfach ungesättigten Fettsäuren (z. B. Soja- und Sonnenblumenöl) am besten im Kühlschrank aufbewahren.

» Mehl, Zucker, Kaffee, Suppe, Kartoffelbrei, Backmischungen und andere Tüten und Instant-beutel besser bei Zimmer-temperatur dunkel und trocken lagern. Angebrochene Tüten fest verschließen, in Plastik-dosen weiter aufheben und bald verbrauchen – vor allem Kaffee und Tee sind sehr geruchs-empfindlich.

» Obstgläser möglichst dunkel aufbewahren, da Licht viele Vitamine zerstört.

» Neue Ware immer hinter den bereits eingelagerten Produkten einordnen.

Reste verwerten

» Mahlzeiten nicht über längere Zeit warm halten (maximal 30 Minuten), sondern rasch abkühlen, im Kühlschrank auf-bewahren und später wieder kurz erhitzen. Zum Aufwärmen kleinerer Mengen sind vor allem Mikrowellengeräte geeignet. Viele Reste sind aber auch schon der Anfang einer neuen Idee:

» Altes Brot, Brötchen und Laugengebäck nicht wegwerfen: Daraus Semmelknödel, Arme Ritter, Brotsuppe oder Bruschetta zaubern. Oder klein würfeln, anrösten und als Brotcroûtons über Suppen und Salate streuen.

» Gekochte Kartoffeln werden zu Bratkartoffeln oder Bauern-omelette.

» Braten schmeckt in Streifen geschnitten prima in Salaten.

» Tomatensauce oder Bolognese-Reste dienen als Pizzabelag.

» Vollkorn-Toastbrote (Mischbrote) kann man mit Sauce, Gemüse-streifen und etwas geriebenem Käse belegen. Im Backofen kurz überbacken.Rohe Gemüsereste sind ideal für den Pausenimbiss oder eine Pizza. Oder das Brot mal statt mit Wurst mit ein paar Scheiben Tomaten, Gurke oder Rettich belegen.

» Zu viel Reis oder Nudeln lassen sich sehr gut als Suppeneinlage verwenden.

» Obstreste kann man in Müsli, Quarkspeisen und Desserts „verstecken" oder als Zwischen-durch-Snack genießen. Eine Bananenmilch schmeckt oft sogar noch besser, wenn die Schale etwas unansehnlich braun geworden ist.

» Übrig gebliebene Kräuter verfeinern jedes Gericht und geben auch Milchmixgetränken mehr Geschmack. Alternativ: Kräuter fein schneiden und portionsweise in Eiswürfel-behältern einfrieren.

» Reste von Milch und Milcherzeug-nissen werden in Aufläufen, Suppen, Saucen oder Desserts verarbeitet. Milch z.B. mit Obst, Gemüse oder Kräutern zum Mixgetränk pürieren.

» Kuchen- und Plätzchenreste lassen sich mit selbst gemachtem Pudding und etwas Obst zum Trifle schichten.

Kühlschrank einräumen

Schnell verderbliche Lebensmittel können im Kühlschrank (bei Temperaturen zwischen +2 °C und +8 °C) länger aufbewahrt werden als bei Zimmertemperatur.

» Obst und Gemüse in den dafür vorgesehenen Schalen lagern.

» Pilze in Papiertüten lagern.

» Speisen zudecken, um Aus-trocknung und Geruchsüber-tragung zu vermeiden.

» Geöffnete Konserven oder Kondensmilch (in Weißblech-dosen) vorher in ein anderes Gefäß umfüllen.

» Gegarte Speisen vorher abkühlen.

Einfrieren ohne Verluste

Speisen und Lebensmittel werden durch Tiefgefrieren haltbar gemacht. Wichtig ist, dass sie „schockgefroren" werden. Dabei wird der größte Teil der Zellflüssig-keit im Gefriergut bei mindestens -30 °C so schnell eingefroren, dass sich möglichst kleine Eiskristalle bilden. Ist die Gefriertemperatur nicht niedrig genug, bilden sich größere Eiskristalle, die das Zell-gewebe verändern und zerstören und Aussehen und Nährstoffgehalt nach dem Auftauen beeinträchtigen. Die Lagertemperatur sollte mindestens -18 °C betragen.

Auftauen mit Vorsicht

Aufgetaute Lebensmittel müssen unterschiedlich behandelt werden. Immer beachten:

» Gefriergut sollte nie in der Auftauflüssigkeit liegen. Im Sieb auftauen.

» Aufgetautes innerhalb von 24 Stunden weiterverarbeiten.

» Gemüse gefroren weiterverarbeiten.

» Kleine Fleisch- oder Fischportionen können angetaut weiterverarbeitet werden. Angetautes, nicht vollkommen aufgetautes Fleisch lässt sich sehr gut schneiden (z. B. für Geschnetzeltes oder Gulasch).

» Im Gefrierkochbeutel eingefrorene Speisen im Wasserbad auftauen und erwärmen.

» Vor dem Auftauen in der Mikrowelle Gefrorenes einige Minuten bei Zimmertemperatur stehen lassen.

» Lebensmittel erst nach dem Auftauen würzen – Salz und Zucker entziehen den Speisen Eigensaft und Gewürze verlieren ihren Geschmack.

» TK-Produkte wie Fisch oder Fleisch bereits am Vortag/Abend zuvor in den Kühlschrank legen – so tauen sie schonend auf. Aus der Packung nehmen und zugedeckt auf einem Teller in den Kühlschrank stellen.

Salmonelleninfektion verhindern

» Folgende Verhaltensregeln beim Umgang mit Lebensmitteln immer beachten:

» Leicht verderbliche Lebensmittel tierischer Herkunft immer im Kühlschrank (unter +6 bis +8 °C) aufbewahren.

» Fisch, Geflügel, Krusten-, Schalen- und Weichtiere sowie Wild immer getrennt von anderen Lebensmitteln aufbewahren.

» Gefrorenen Fisch, Fleisch und Geflügel so auftauen, dass das Tauwasser abfließen und nicht andere Lebensmittel verunreinigen kann. Tauwasser wegschütten.
Für Fisch, Fleisch und Geflügel immer ein eigenes Schneidebrett verwenden, anschließend gründlich heiß mit Spülmittel abspülen. Zerkratzte Brettchen ersetzen.

» Fisch, Fleisch und Geflügel immer gut durchbraten. Hackfleisch noch am Tag der Herstellung (Verbrauchsdatum beachten) verbrauchen.

» In der Mikrowelle die Speisen gleichmäßig (auf mindestens 80 °C) erhitzen.

» Für Gerichte mit rohen Eiern nur frische Eier verwenden (Legedatum beachten, mind. 23 Tage Resthaltbarkeit). Fertige Speisen innerhalb von 24 Stunden verzehren und so lange im Kühlschrank aufbewahren.

» Bei Küchenarbeiten auf peinliche Sauberkeit achten und oft die Hände waschen!

Wieder einfrieren – aber nicht alles!

Gegarte Speisereste von zuvor eingefrorenen Zutaten kann man erneut einfrieren. Schnell abkühlen und zurück ins Gefriergerät; allerdings bald verbrauchen. Leicht verderbliche Lebensmittel wie Backwaren mit Füllung, Fleisch, Fisch, Hackfleisch, Salate auf Mayonnaisen-Basis, Speiseeis usw. sollten nach dem Auftauen nicht wieder eingefroren werden.

Ablaufdaten einhalten

Nach Ablauf des Mindesthaltbarkeitsdatums (MHD) sind Produkte manchmal noch lange ohne Risiken essbar. Sorgfältig mit allen Sinnen prüfen und eine kleine Menge im Zweifel probieren. Vorsicht beim Ablauf des MHD für Wurst- und Fleischwaren: Hier kann die Keimbelastung am Ende des MHD hoch sein – deshalb lieber Finger weg. Wenn das Verbrauchsdatum abgelaufen ist, gibt es keinen Spielraum mehr: Lebensmittel sofort entsorgen!

Messer & Küchengeräte

Es gibt unterschiedliche technische Möglichkeiten für funktionale Küchengeräte. Zur Grundausstattung gehört auf jeden Fall das ausreichende ‚Handwerkszeug'.

Das gehört in jede Küche:

» *Kochgeschirr:* Bratentopf bzw. Bräter mit Deckel, je 1 kleine und große, möglichst beschichtete Pfanne plus Deckel, 3–4 Töpfe mit passenden Deckeln (z. B. kleiner und großer Kochtopf, großer, flacher Topf, Stieltopf) und 1–2 Auflaufformen in unterschiedlichen Größen.

» *Messer:* Jeweils 1 Brotmesser, Fleischmesser, kleines und langes Gemüse- bzw. Kochmesser, Schälmesser und/oder Spargel-(Gemüse-)schäler.

» *Küchengeräte:* Mixer (mit Knethaken und Schneebesen), Pürierstab und Küchenwaage.

» *Kleine Helfer:* Backpinsel, Flaschenöffner, Geschirrtücher, Haushaltsschere, Kuchenrost (Kuchengitter), luftdicht verschließbare Gefäße zum Aufbewahren, Kurzzeitwecker, Messbecher, Muskatreibe, Pfannenwender, Rührlöffel, Rührschüssel und -becher, Salatbesteck, Salz- und Pfeffermühle, Schneebesen (möglichst einen kleinen und einen großen), Schöpfkelle, Teigschaber, Topflappen, Wetzstahl, Zitronenpresse.

» *Außerdem:* Dosenöffner, Mehrzweck-Küchenreibe, Salatschleuder, 2–3 mittelgroße Schneidebretter farblich getrennt für Gemüse und Fleisch bzw. Fisch, 1–2 Siebe (Durchschläge, Seiher) zum Abtropfen von Gemüse, Nudeln oder Reis, 1 kleines Teesieb.

» *Schön zu haben:* Apfelausstecher (Entkerner), Eierschneider, Fleischzange (Grillzange), Geflügelschere, Gurkenhobel, Kartoffelpresse, Knoblauchpresse, Kugelausstecher, Passierstab, Saucenlöffel.

» *Ohne sie geht nichts:* Besteck, Gläser, Schüssel-Set, Tassen und Teller.

Messer richtig verwenden

Gute Messer sind scharf, sollten nur entsprechend ihres Verwendungszwecks benutzt werden und liegen gut in der Hand – dabei sind Messergriffe aus hitzebeständigem Material optimal. Möglichst auf stabile, rostfreie Ausführungen achten, bei denen die „Angel" – die spitz zulaufende Verlängerung der Klinge – tief im Griff steckt und mit Nieten fest verbunden ist. Messer müssen gepflegt werden: Regelmäßig mit Wetzstahl oder elektrischen Messerschärfern selbst schleifen oder im Fachhandel schärfen lassen. Sie werden schneller stumpf auf Schneidebrettern aus Glas oder Granit, weil diese härter als der Stahl sind.

So können Verletzungen vermieden werden: Mit trocknen Händen und einem trockenen Messergriff schneiden, Lebensmittel gut festhalten und vom Körper weg arbeiten. Nicht mit einem Messer in der Hand herumlaufen und es nicht mit der Schneide nach oben hinlegen.

Kräuter & Gewürze

Es sind oft die kleinen Kniffe und Zutaten, die beim Kochen den geschmacklichen Unterschied machen. Dazu gehören ganz sicher Kräuter und Gewürze, die auch in kleinen Mengen vielen Gerichten das gewisse Etwas geben. Sie sind nicht nur pikant, würzig und frisch, sondern auch gesundheitsfördernd.

Kräuter lagern und verarbeiten

Damit sich ihre Aromen optimal entfalten können, sollten Kräuter richtig aufbewahrt und behandelt werden.

» Am besten hält man sich einige Kräuter im Garten oder im Topf auf der Fensterbank. Wichtig: Luftig, heller Standort und regelmäßig gießen.

» Kurzfristig bewahrt man fertige Küchenkräuter in einem Gefäß mit Wasser auf oder man wickelt die Kräuter in ein feuchtes Tuch. Gespülte und luftdicht im Plastikbeutel verpackte Kräuter im Kühlschrank lagern.

» Frische Kräuter unter fließendem kalten Wasser sorgfältig abspülen und gründlich trocken tupfen oder schütteln.

» Kleinblättrige Kräuter am oberen Teil des Stängels festhalten und die Blätter mit der Hand von oben nach unten abstreifen (z. B. Thymian, Majoran).

» Erst unmittelbar vor der Weiterverarbeitung mit einem scharfen Messer oder einem Wiegemesser zerkleinern, damit kein Aromaverlust eintritt. Schnittlauch kann auch gut mit einer scharfen, sauberen Küchenschere geschnitten werden.

» Das Hacken von Kräutern sollte man vermeiden, denn durch das Zerquetschen gehen sämtliche ätherische Öle verloren – das sieht man am grün verfärbten Schneidebrett.

» Frische Kräuter erst kurz vor dem Servieren auf Gemüse, Blattsalate, Suppen, Saucen und Kartoffeln streuen: So behalten sie ihr volles vitaminreiches Aroma.

» Getrocknete Kräuter können zusammen mit ein paar Tropfen Speiseöl im Mörser zerstoßen werden, bevor sie mit den anderen Speisen vermengt werden. Das Aroma entfaltet sich dadurch besonders gut.

Fertige Mischungen sind praktisch

Damit bekommen viele Gerichte einen intensiven Geschmack – kleine Mengen genügen. Diese Mischungen sind besonders beliebt:

» Bouquet garni: Ein kleines, gebundenes Sträußchen aus Petersilie, Thymian und Lorbeer – wird oft mitgekocht.
» Frankfurter Saucen-Kräuter: Mischung aus Borretsch, Dill, Estragon, Kerbel, Kresse, Petersilie, Schnittlauch, Zitronen-melisse (kann regional variieren).
» Kräuter der Provence: Mischung aus dem Süden; meist aus Basilikum, Estragon, Kerbel, Lorbeer, Rosmarin, Thymian und anderes mehr.

Gewürze richtig lagern und verarbeiten

Kräuter werden meistens frisch verarbeitet, Gewürze sind in der Regel getrocknete Pflanzenteile, die würzende und färbende Eigen-schaften haben – oft sind sie auch verdauungsfördernd. So behalten sie ihre Aromen:

» Um das volle Aroma nutzen und später schmecken zu können, am besten die Gewürze ungemahlen kaufen und sie trocken in verschlossenen Behältern aufbewahren.
» Erst unmittelbar vor der Ver-wendung mit einer Pfeffermühle, einer Muskatreibe oder in einem Mörser zerkleinern. So entfalten sie sich am besten.
» Gemahlene Gewürze besser in kleinen Mengen kaufen und

sortenrein in geschlossenen Behältern lichtgeschützt auf-bewahren.
» Nicht in unmittelbarer Nähe des Herdes lagern und nicht in einem Streuer direkt über kochende Speisen halten, da sie durch Wasserdampf schnell verklumpen und verkleben. Besser vom Löffel oder aus der Hand in Pfanne oder Topf geben.
» Beim Kochen unbedingt den richtigen Zeitpunkt abwarten: Viele Gewürze, wie z. B. Paprika-pulver werden in zu heißem Fett bitter und verbrennen. Andere wie Anis, Senfsamen oder Kreuzkümmel sollten dagegen angeröstet werden.

Vorsicht bei Allergikern

Bei möglichen Lebensmittel-unverträglichkeiten oder Allergien ist es wichtig, die exakte Zusammensetzung der Gewürze zu kennen und sich auch darauf verlassen zu können, dass diese nicht vom Hersteller verändert wird. Deshalb können fertige Gewürzmischungen, wie z. B. Curry problematisch sein. Manchmal sind auch voll ausgereifte Gewürze wie weißer Pfeffer besser verträglich als der noch unreife, schwarze Pfeffer. Da dies oft individuell verschieden ist, besser nachfragen und im Zweifelsfall die Kräuterkombinationen selbst passend zusammenstellen.

Aufpassen beim Einfrieren

Man kann Gewürze und Kräuter grundsätzlich gut einfrieren,

aber es kommt bei manchen zu geschmacklichen Veränderungen:

» *Stärker:* Basilikum, Dill, Estragon, Salbei oder Thymian.
» *Unverändert:* Cayennepfeffer, Ingwer, Kapern, Kümmel, Lorbeer, Gewürznelken, Piment, Vanille, Zimt oder Zitronenschale.
» *Schwächer:* Anis, Bohnenkraut, Majoran, Muskatnuss, Paprika, Pfeffer und Senf.

Besser nicht zu viel würzen

Bei vielen Kräutern und Gewürzen reichen schon kleine Mengen, um den Gerichten ein fein würziges Aroma zu verleihen. Die folgende Übersicht zeigt die üblichen Mengeneinheiten bei Rezepten:

» 1 *Prise* passt zwischen Daumen und Zeigefinger.
» 1 *Msp. (Messerspitze)* geht genau auf die Spitze eines Messers.
» 1 *gestr. (gestrichener)* TL oder EL ist die Menge, die auf Tee- oder Esslöffel (mit einem Messerrücken) glatt gestrichen passt.
» 1 *geh. (gehäufter)* TL oder EL geht maximal auf einen Tee- oder Esslöffel.

	KRAUT	GESCHMACK	IDEAL FÜR	HINWEIS
	BASILIKUM	aromatisch bis leicht pfeffrig, angenehm frisch	Tomatenrezepte, Nudeln, Salate	möglichst nicht mitkochen
	DILL	frisch-würzig, leicht süß	Gurken, Quark, Kartoffeln, Fisch oder Eier	passt nur zu wenig anderen Gewürzen wie Petersilie, Zwiebel, Zitrone
	KORIANDER	kräftig aromatischer Geschmack	indisch-mexikanische Küche, Weihnachts-backrezepte	wird auch gemahlen angeboten
	(GARTEN-) KRESSE	leicht scharf	Suppen, Saucen, Quark- und Joghurtgerichte	lässt sich nicht einfrieren
	MAJORAN	angenehm würziger Duft, leicht bitter im Geschmack	Pilz- und Tomaten-gerichte, Pizza	wenige Kombinations-möglichkeiten mit anderen Kräutern
	(PFEFFER-) MINZE	kräftiger Geschmack	Hülsenfrüchte, Obstsalate, Tee	sehr geringe Haltbarkeit
	OREGANO	würzig-scharf	Tomate, Fleisch, Käse, Nudelgerichte, Pizza	verträgt sich gut mit Thymian und Rosmarin
	PETERSILIE	typisch süßlich-würziger Geschmack	nahezu alle Gerichte	glatte Sorte würzt 2–3-mal so intensiv wie krause
	ROSMARIN	leicht harzig, würzig	italienische Gerichte	getrocknete Blätter sind intensiver und bitterer als frische
	SALBEI	würzig-bitter	Fisch-, Fleisch- und Gemüserezepte	durch Hitze volles Aroma; getrocknet würzt es noch intensiver
	SCHNITTLAUCH	zwiebelähnlicher Geschmack	Suppen, Saucen, Quark, Eier, Kartoffeln	hitzeempfindlich
	THYMIAN	herb-aromatisch	südländische Gerichte, Wild	gut kombinierbar mit Rosmarin, Muskat, Lorbeer

GEWÜRZ	GESCHMACK	IDEAL FÜR	HINWEISE
CAYENNE-PFEFFER	feurig-scharf	Fleisch, Fisch	das schärfste Gewürz überhaupt
CURRY	scharf-süßlich	Reis, Fleisch, Fisch, Bananen	Curry ist eine Gewürzmischung
GEWÜRZ-NELKEN	würzig-warm	Äpfel, Wild, Kohl	magenfreundlich
INGWER	scharf-frisch	Gerichte aus Indien und China, Suppen	frischer Ingwer sollte eine glatte Schale haben
KREUZKÜMMEL (CUMIN)	scharf-frisch	Gerichte des Orients	möglichst vor der Zubereitung ohne Fett rösten (wg. besserem Aroma)
KÜMMEL	pfeffrig-süß	deftige Gerichte mit Kartoffeln, Kohl	verdauungsfördernd
LORBEER (-BLATT)	bitter-würzig	passt zu allem, was sauer ist: Suppen, Essigfrüchte, Marinaden, Wildgerichte	zerbrochene Blätter verlieren schneller ihr Aroma
MUSKAT	feurig-süßlich, aromatisch-scharf	Kartoffel- und Gemüserezepte	beste Wahl: ganze Nüsse
PAPRIKAPULVER (EDELSÜß ODER SCHARF)	süßlich-bitter bis scharf	Eintöpfe, Gulasch, Fleischgerichte	je dunkler das Pulver, desto milder der Geschmack; verbrennt leicht
PFEFFER	würzig-scharf	Grundgewürz	weißer Pfeffer ist schärfer als schwarzer
VANILLE	süßlich	Desserts	Reste von Vanilleschoten in Zucker einlegen
ZIMT	leicht-süß	süße Milchgerichte, Obstdesserts, Rotkohl	Gerichte mit Zucker, kann man meist auch mit Zimt würzen

Tipps & Tricks

❯ *Legende: Anbraten schließt Poren*
Weit verbreitet ist die Ansicht, man müsse Fleisch heiß anbraten, damit sich die Poren schließen und kein Fleischsaft verloren geht. Fleisch hat aber gar keine Poren. Das scharfe Anbraten hat allerdings den Vorteil, dass dadurch sehr schmackhafte Röststoffe entstehen (Maillard-Reaktion), das Fleisch eine leicht bräunliche Farbe bekommt und die Oberfläche fester wird.

Garmethoden

Abhängig von Zutaten und Gericht können unterschiedliche Garmethoden eingesetzt werden. Im Rahmen einer gesunden Ernährung sollte darauf geachtet werden, die Speisen möglichst fettarm und schonend zu garen, die Garzeit so kurz wie möglich zu halten und zubereitete Speisen nicht lange warm zu halten.

Blanchieren

Kurzes Garen in kochendem Wasser. Dabei behalten Gemüse wie Blumenkohl, Erbsen, Möhren, Brokkoli oder Blattspinat Geschmacks- und Aromastoffe sowie die frische Farbe und feste Struktur. Portionsweise in kochendes Wasser oder Salzwasser (½–1 Teelöffel Salz auf 1 Liter Wasser) eintauchen, 30 Sekunden bis zu 2 Minuten garen, mit einem Schaumlöffel oder Siebeinsatz herausheben, in Eiswasser abschrecken oder mit kaltem Wasser abspülen. Je kälter das Wasser, desto intensiver die Farbe.

Braten

Braten ist das Garen im offenen Topf mit Fetten wie Speiseöl, Schmalz oder Butter bei sehr hohen Temperaturen auf der Kochstelle oder im Backofen – ohne Zufuhr von Flüssigkeiten wie Fond, Wein oder Wasser. Gebraten werden kleine Fleischstücke wie Steaks und Frikadellen, Fisch ganz oder portioniert sowie Eier.

» *Braten im Backofen*
Garen unter Bräunung (mit oder ohne Fettzugabe) in einem offenen Gefäß bei 160–250 °C. Diese Garmethode eignet sich besonders für große Fleischstücke wie Braten und Geflügel im Ganzen.

» *Kurzbraten (Sautieren)*
Garen und Bräunen in wenig Fett bei 100–150 °C ohne Deckel. Damit das Gargut nicht anbrennt, sollte es fortwährend geschwenkt werden. Eignet sich gut für Portionsstücke wie Schnitzel, Koteletts oder Steaks – unpaniert (natur), mehliert (in Mehl gewendet) oder paniert.

Dämpfen

Schonendes Garen im Wasserdampf in einem Siebeinsatz bei Temperaturen um etwa 100 °C. Gewürze und Kräuter in die Dämpfflüssigkeit geben. Ihre Aroma- und Geschmacksstoffe gehen kaum verloren und übertragen sich während des Garens auf das Gargut. Ideal für zarte Gemüsesorten wie Möhren oder Kohlrabi und fettarmen Fisch.

Dünsten

Garen im eigenen Saft oder unter
Zugabe von etwas Fett, wenig
Flüssigkeit und Wasserdampf
im geschlossenen Topf oder in
Brat- bzw. Alufolie im Backofen
bei Temperaturen unter 100 °C.
Perfekt für fettarmes Fleisch, Fisch,
Gemüse, Obst und Reis.

Frittieren (Ausbacken)

Beim Frittieren werden die
Lebensmittel schwimmend im
heißen Fettbad ausgebacken und
von allen Seiten gleichmäßig
gebräunt (z. B. Pommes frites,
Kroketten, panierte Fisch- oder
Fleischportionen). Das Frittiergut
möglichst auf Küchenpapier
abtropfen lassen.

Garziehen

Garen in siedender Flüssigkeit bei
Temperaturen zwischen 80 und
90 °C. Die Flüssigkeit darf nicht
kochen, muss sich nur leicht
bewegen. Ideal für Lebensmittel,

wie z. B. Klöße, die durch das
Kochen zerfallen würden und
Würstchen.

Garen mit der 80-Grad-Methode (Niedrigtemperatur)

Langsames Garen im ge-
schlossenen (!) Backofen.
Das in einem Bräter gut an-
gebratene und gut gewürzte
Fleisch wird im vorgeheizten
Backofen (Ober-/Unterhitze:
80 °C) je nach Größe und Dicke
zwischen ½ und 6–7 Stunden
bei konstanten 80 °C gegart
und dabei nicht mit Flüssigkeit
für die Sauce angegossen. Die
Temperaturangabe muss dabei mit
einem Fleischthermometer genau

kontrolliert werden. Am Ende
der Garzeit muss die Kerntemperatur bei Rind- oder Lammfleisch
mindestens 60 °C betragen. Die
übrigen Fleischsorten benötigen
eine höhere Kerntemperatur.

Tipps & Tricks

> *Fleisch:*
> *Mit Küchenpapier*
> *abtupfen. Krankheits-*
> *erreger im Fleisch*
> *sterben bei einer*
> *Kerntemperatur*
> *von über 70 °C ab.*
> *Die Infektionsgefahr*
> *besteht also bei der*
> *Vorbereitung des rohen*
> *Fleisches. Das kommt*
> *heute so trocken und*
> *sauber in den Handel,*
> *dass es vor dem Braten*
> *nicht mehr abgespült*
> *werden muss – im*
> *Gegenteil: Durch das*
> *Abspülen würde sich*
> *aus lebensmittel-*
> *hygienischer Sicht das*
> *Risiko einer Infektion*
> *sogar erhöhen. Deshalb*
> *ist es besser, das Fleisch*
> *mit Küchenpapier*
> *abzutupfen und das*
> *Papier danach sofort*
> *zu entsorgen.*

Garen in der Folie

Garen in einer hitzebeständigen Folie im Backofen im eigenen Saft bei Temperaturen um 200 °C. Eine sehr nährstoffschonende Garmethode, bei der das Aroma erhalten bleibt. Die Garzeit der Speisen verlängert sich um etwa ein Drittel im Vergleich zu der üblichen Garzeit. In Alufolie gart das Gargut ohne Bräunung – entstehende Säuren können allerdings die Alufolie angreifen, deshalb Backpapier dazwischen legen oder das Gargut in Backpapier einwickeln. Im Gegensatz zur Alufolie bekommen in Bratbeutel oder Bratschlauch zubereitete Speisen durch die Strahlungswärme eine Bräunung. Bei Bratbeuteln und Bratschläuchen immer die Packungsanleitung beachten.

Gratinieren

Krustig mit Sahne, Käse oder Eiermilch und Fett überbacken und dabei bräunen. Gratiniert werden Fisch, Gemüse, Teigwaren, Kartoffeln und Süßspeisen.

Grillen

Fettarme Garmethode unter Bräunung durch Strahlungs- oder Kontakthitze bei hoher Temperatur (etwa 250 °C) unter dem Backofen- oder auf dem Holzkohle- oder Elektrogrill. Dabei die Einschubhöhe im Backofen entsprechend der Herstellerangaben beachten. Das Grillgut nach dem Grillen salzen, da Salz dem Fleisch die Flüssigkeit entzieht und es dann fad und zäh wird.

Kochen

Garen in einer großen Menge siedender Flüssigkeit (Wasser oder Brühe, eventuell mit Essig oder Wein vermischt) bei etwa 100 °C im geschlossenen Topf. Gargut mit Flüssigkeit (fast) bedecken und Gewürze hinzufügen. Perfekt geeignet für größere Fleisch- und Geflügelteile oder Suppen, Saucen, Eintöpfe, Kompott, Gemüse und Kartoffeln – letztere kommen natürlich schon ins kalte Wasser.

Schnellkochen

Garen in einem hermetisch (luft- und wasserdicht) abgeschlossenen Topf unter Druck bei Temperaturen zwischen 108 und 118 °C. Im Topfinnenraum entsteht bei der Erwärmung der Flüssigkeit ein Überdruck, der die Temperatur ansteigen lässt. Durch die hohe Temperatur wird die Garzeit der einzelnen Speisen um etwa zwei Drittel verkürzt. Eignet sich deshalb besonders für Speisen mit einer langen Garzeit wie Hülsenfrüchte, Suppenfleisch, Suppenhuhn.

Pochieren

Garziehen in einem heißen, aber nicht kochenden Fond oder anderer

Flüssigkeit wie Wasser. Sehr gut für Fisch, Würstchen, Gemüse, Klöße und Eier.

Schmoren

Garen durch Anbraten (bei etwa 180 °C) in heißem Fett und anschließendem Weitergaren im geschlossenen Topf auf der Kochstelle oder in einem gut schließenden Bräter im Backofen in wenig siedender Flüssigkeit, – Fond, Wein oder Wasser und Wasserdampf – bei etwa 100 °C. Typische Schmorgerichte sind Gulasch, Rinderschmorbraten, Hasenkeulen oder Kohlrouladen.

Wasserbad

Allmähliches Erwärmen im offenen Topf, der in heißem, nicht kochendem Wasser hängt oder im Simmertopf (80–100 °C). Für Saucen und Cremes, die als Zutat Butter, Eier oder Sahne enthalten (z. B. Hollandaise, Bayerische Creme) und alle Gerichte, die bei der Zubereitung auf der Kochstelle gerinnen oder leicht anbrennen könnten (z. B. Eierstich).

Küchensprache

Rezepte verstehen

Viele Tätigkeiten bei der Vorbereitung und Zubereitung von Gerichten sind in den Rezepten mit genauen küchenspezifischen Begriffen beschrieben. Wenn man nicht sicher ist, was damit genau gemeint ist, einfach in dieser Übersicht der wichtigsten Ausdrücke nachlesen:

Abbrennen

Bei ständiger Wärmezufuhr Mehl- oder Grießbrei so lange rühren, bis sich die Masse als Kloß vom Topfboden löst.

Abdämpfen

Verringerung unerwünschter Flüssigkeit bei gegarten Lebensmitteln (z. B. Kartoffeln).

Abhängen

Fleisch oder Wild müssen teilweise bis zur Weiterverarbeitung eine gewisse Zeit kühl gelagert abhängen. Das ist alt, aber bewährt: Vor dem Zeitalter der Folienschweißgeräte und Vakuumbeutel war dies die übliche Methode der Fleischreifung. Und sie funktioniert immer noch: Das Fleisch wird zarter und saftiger, verliert Wasser, entwickelt mehr Geschmack und kann nach dem Garen vom Körper besser vertragen werden.

Ablöschen

Mehlschwitze, Saucenfond, angebratenes Fleisch oder Karamell unter Rühren mit Flüssigkeit auffüllen.

Abschäumen

Entfernen des Schaumes nach dem ersten Aufkochen (geronnenes Eiweiß) mit einer Schaumkelle, z. B. bei Brühen, Obst.

Abschlagen

Zutaten für Saucen und Cremes im Wasserbad ständig mit dem Schneebesen schlagen, dabei langsam erwärmen, bis eine gebundene Masse entstanden ist.

Abschrecken

Heiße Speisen (Eier, Reis) ganz kurz mit kaltem Wasser abspülen. Eier garen nicht mehr nach und werden genau wie gewünscht, Reis klebt nicht mehr.

Abstechen

Klößchen mit angefeuchteten Löffeln von einem Teig oder einer Masse abnehmen, formen und weiterverarbeiten.

Abziehen

Flüssigkeiten wie Milch, Saucen, Fleischbrühen, pikante Suppen binden, dann mit einer Mischung aus Sahne und Eigelb verrühren. Dann nicht mehr aufkochen.

Ausbacken (Frittieren)

Fleisch, Fisch, Obst, Gemüse – in einer Teighülle, paniert oder ‚natur‘ – in Fett schwimmend garen.

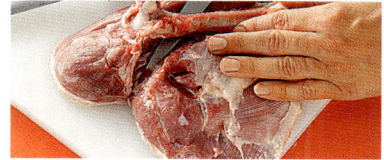

Ausbeinen

Aus rohem Wild, Fleisch oder Geflügel die Knochen herauslösen.

Auslassen

Erwärmen von klein geschnittenen, fetthaltigen Lebensmitteln zur Fettgewinnung (z. B. Speck).

Bardieren

Mageres Fleisch oder Geflügel mit Speckscheiben umwickeln oder belegen, damit es beim Garen nicht austrocknet.

Beizen

Einlegen von Fleisch oder Wild in eine Essig- oder Weinmischung oder in Buttermilch mit Gewürzen (z. B. Rosmarin, Thymian, Piment, Pfeffer und Knoblauch)

Binden, Andicken

Flüssigkeiten durch Zugabe von Bindemitteln (z. B. Mehl, Speisestärke, Saucenbinder) sämig machen.

Blanchieren

Kurzes Vorgaren von Lebensmitteln in kochendem Wasser. Danach rasches Abkühlen in Eiswasser.

Dressieren

Garfertige Lebensmittel mithilfe von Stäbchen, Klammern, Faden oder Nadel in die gewünschte Form bringen (z. B. Geflügel, Rollbraten).

Entfetten
Von einer Brühe oder Sauce das sich oben absetzende Fett mit einem Löffel abnehmen.

Filieren, Filetieren
Rohe, tierische Lebensmittel von Haut, Kopf und Gräten befreien und in Stücke teilen. Oder das Herauslösen von Filets einer Zitrusfrucht.

Flambieren
Speisen mit einer kleinen Menge, meist erwärmter, alkoholhaltiger Flüssigkeit übergießen und anzünden.

Karamellisieren
Speisen mit Zucker überziehen, der zu Karamell (hellbraun) gekocht ist. Geht mit Möhren, Kartoffeln oder Esskastanien und wird für Desserts wie z. B. Crème brulée verwendet.

Klären
Beseitigung von Trübstoffen aus Flüssigkeiten (z. B. Brühen), z. B. durch verschlagenes Eiweiß, das in der Flüssigkeit aufgekocht und dann mit einer Schaumkelle wieder entfernt wird. Das Eiweiß bindet die Trübstoffe.

Legieren
Einrühren von Eigelb, Sahne oder Butter in eine nicht mehr kochende Flüssigkeit.

Marinieren
Fleisch in Marinade einlegen, die im Gegensatz zur Beize beim Kochen als Grundlage einer Sauce verwendet wird. Fleisch reift durch das Marinieren und wird besonders zart. Auch zum Grillen kann man es in einer Ölmarinade einlegen.

Mehlieren
An der Oberfläche trockene Lebensmittel wie Fleisch oder Fisch in Mehl wenden (z. B. Leber oder Schnitzel) als Vorbereitung zum Panieren oder zur Geschmacksverbesserung beim Braten.

Panieren
Umhüllen von gewürzten, z. T. in Mehl und verschlagenem Ei gewendeten Speisen, die gebraten oder frittiert werden sollen, um das Gargut saftig zu halten und eine schmackhafte Kruste zu bilden.

Parieren
Fleisch oder Fisch von Haut, Fett und Sehnen befreien und für die Zubereitung sauber zurechtschneiden.

Passieren
Weiche rohe oder gegarte Lebensmittel oder Speisen durch ein Sieb streichen oder pressen.

Pochieren
Lebensmittel langsam garziehen lassen, ohne sie zu kochen (z. B. Eier ohne Schale).

Reduzieren/Einkochen
Brühen, Suppen und Saucen in einem offenen Gefäß mit großem Durchmesser kochen, bis so viel Flüssigkeit wie gewünscht verdampft ist und sie konzentrierter und sämig sind.

Sautieren
Fleisch-, Geflügel- oder Fischstücke schnell in einer Pfanne oder im Topf in reichlich Fett anbraten.

Schälen, Pellen, Abziehen
Schale von Lebensmitteln entfernen (z. B. bei Kartoffeln, Eiern, Bananen, Zwiebeln).

Schlagen, Aufschlagen
Luft in Lebensmittel einarbeiten (z. B. bei Schlagsahne oder Eiweiß).

Stocken
Verfestigen von Eimasse (z. B. Eierstich) im Wasserbad, im vorgeheizten Backofen oder in der Pfanne (z. B. Rührei).

Tranchieren
Rohe oder gegarte Lebensmittel in Scheiben oder in Teile schneiden.

Unterheben, Unterziehen
Gleichmäßiges Unterheben und Verteilen unter eine Masse. Nicht rühren (z. B. Eischnee oder geschlagene Schlagsahne unter eine Masse heben).

Wässern
Einlegen in Wasser, z. B. Heringe.

KAPITELREGISTER

KAPITELREGISTER

Kleinigkeiten

Süßspeisen

Unser Ratgeber- und Servicetelefon	Wünsche und Anregungen sind uns willkommen! Haben Sie Fragen? Benötigen Sie Hilfe bei der Zubereitung der Rezepte oder möchten Sie uns etwas mitteilen? Die Mitarbeiter des Dr. Oetker Verlages und des Verbraucherservices der Dr. Oetker Versuchsküche beantworten Ihre Fragen gern.

Versuchsküche: Tel. 0 08 00 71 72 73 74
Mo.–Fr. 8:00–18:00 Uhr (gebührenfrei in Deutschland)
Dr. Oetker Verlag: Tel. +49 (0) 521 52 06 50
Mo.–Fr. 9:00–15:00 Uhr

Dr. Oetker Verlag KG, Am Bach 11, 33602 Bielefeld, www.oetker-verlag.de
www.facebook.com/Dr.OetkerVerlag · www.oetker.de

Copyright	© 2014 by Dr. Oetker Verlag KG, Bielefeld
Rezeptentwicklung und Beratung	Dr. Oetker Versuchsküche, Bielefeld
Redaktion	Carola Reich, Annette Riesenberg, Andrea Gloß
Texte und Ratgeber	Klaus Schäfer
Titelfoto	Fotostudio Diercks, Hamburg
Innenfotos	Fotostudio Diercks, Thomas Diercks, Kai Boxhammer, Christiane Krüger, Hamburg
	außer
	Antje Plewinski, Berlin (S. 154, 199 u.)
	Eising-Studio Food Photo & Video, München (S. 155, 171, 198, 199 o., 200, 201, 259 r., 348, 378, 380, 381, 383–387, 388 l.)
Nährwertberechnungen	Nutri Service, Hennef
Titelgestaltung	küstenwerber, Hamburg
Grafisches Konzept und Gestaltung	BCW Gesellschaft für Kommunikation mbH, Hamburg
Satz	Junfermann Druck & Service GmbH & Co. KG, Paderborn
Reproduktionen	Repro Ludwig, Zell am See, Österreich
Druck und Bindung	Mohn Media Mohndruck GmbH, Gütersloh

ISBN: 978-3-7670-0673-7

Mengenangaben

GEWICHTSMENGEN

1000 g	=	1 kg
750 g	=	¾ kg
500 g	=	½ kg
375 g	=	⅜ kg
250 g	=	¼ kg
125 g	=	⅛ kg

FLÜSSIGKEITSMENGEN

1000 ml	=	1 l
750 ml	=	¾ l
500 ml	=	½ l
375 ml	=	⅜ l
250 ml	=	¼ l
100 ml	=	1 dl= etwa 8 EL
10 ml	=	1 cl
12 ml	=	1 EL